ミュゼオロジーの展開
経営論・資料論

金子伸二＋杉浦幸子／編

武蔵野美術大学出版局

はじめに

　本書は武蔵野美術大学造形学部通信教育課程の印刷教材として企画された。この課程の芸術文化学科4年次に開設している授業科目「ミュゼオロジーⅡ」の教科書である。この科目は学芸員養成課程の「博物館に関する科目」のうち「博物館経営論」と「博物館資料論」に該当している。したがって本書の内容も、『学芸員養成の充実方策について 「これからの博物館の在り方に関する検討協力者会議」第2次報告書』（文部科学省、平成21年2月）において示された「大学における学芸員養成科目の改善」の内容を踏まえ構成している。

　本の位置づけとしては、先に刊行された『ミュゼオロジーへの招待』に続くものである。前書が美術館、博物館といったミュージアムの定義や歴史、今後のミュージアム像などを扱ったのに対し、本書ではミュージアムにおける経営と資料の問題に焦点を当て、その基本と実際、課題などを幅広く扱っている。書名を『ミュゼオロジーの展開』とした所以である。

　経営と資料は、ミュージアムの活動を支える両輪と言えるだろう。経営が資料の価値を引き出し、資料が経営の資源となるときに、ミュージアムはその力を発揮する。

　1901年、ギリシアの海中に沈没した古代の船から回収された遺物のなかに歯車を組み合わせた機械が発見された。今日「アンティキテラ島の機械」と呼ばれ、アテネ考古学博物館に所蔵されているそれは、紀元前1世紀頃に制作された、天体の動きを計算する装置であると言われている。

　1990年代からこの機械の構造や機能の解明に多大な貢献をした1人であるマイケル・ライトは、ロンドンにあるサイエンス・ミュージ

アムの学芸員であった。機械工学に長けた彼は、X線撮影による調査と復元模型の制作によって、この機械が太陽や月、惑星の運行を表わす一種のプラネタリウムであることを明らかにした。

　そのライトが2004年、それまで30年以上勤めた職場を退職することになる。

「だがその頃、科学博物館は彼にとってますます居づらい場所になっていた。現代化を推進する一環として、経営コンサルタントのチームが管理部門に呼ばれ、博物館経営の合理化が目指された。学芸員全員に新しい仕事があたえられ、学術的な研究活動は、はっきりと二の次にされた。そして博物館の有効な予算の使い道は、大衆に近づき、できるだけ大勢の客を館に呼び込むことだとはっぱをかけられた。言い換えれば、科学を刺激的で魅力的なものにする新しい手法を考えることだった。双方向的な展示方法、動きの速い刺激的な動画やマルチメディアを駆使した見せ方などである。ガラスケースに入った薄汚い道具類を、背中をまるめてのぞき込む時代遅れの学芸員は、お呼びではなかった。」
（ジョー・マーチャント著、木村博江訳『アンティキテラ　古代ギリシアのコンピュータ』文藝春秋、2009年）

　ここには経営と資料との不幸な乖離がある。両輪がそれぞれ異なる方向へ動いたとき、その上にあるものは引き裂かれていくことになる。そうならないためには、経営の問題と資料の問題を別個にではなく、関連づけて理解し考えていくことが大切だろう。2つの主題をあえて1冊の本として編んだのには、そうした狙いもある。

　本書の企画にあたっては、『ミュゼオロジーへの招待』の編者であ

る武蔵野美術大学の新見隆教授の助言を仰ぎながら、杉浦と金子で内容構成と著者の検討を行い、各分野の第一人者や第一線でご活躍の方々に執筆をお願いした。博物館経営論や博物館資料論についてはすでに多くの書籍が刊行されているが、博物館一般を対象とした概説書が中心であるのに対し、本書では美術館の事例が積極的に取り上げられるとともに、各著者の実践を踏まえた話題が随所に盛り込まれている点で、先行書籍とは異なるユニークな本となっている。学習目的だけでなく、アートやミュージアムに興味のある方が理解を深める上で本書を手に取っていただけたら、編者としての喜びにたえない。

2015 年 12 月
金子伸二

目次

はじめに .... 金子伸二　3

I　ミュージアムと経営

I-1：組織・人材 1
ある船（戦）団の物語
　　――世界変革のためのミュージアムをつくる .... 新見 隆　11

I-2：組織・人材 2
美術館のコミュニケーションを魅力的にするのは誰か .... 河原啓子　30

I-3：行財政 1
ミュージアムに関する国の施策 .... 小松弥生　55

I-4：行財政 2
公立博物館を支える行財政の仕組みとその経営 .... 永山恵一　74

I-5：使命・計画・評価
戦略的博物館経営を可能とするマネジメント体系 .... 村井良子　94

I-6：施設・設備 1
建築と展示空間 .... 児島学敏　123

I-7：施設・設備 2
複合的なメディア空間が提供するもの .... 安斎聡子　148

I-8：連携・協働
相互的な学びの場としての美術館
　　――「アーツ前橋」の例 .... 住友文彦　167

I-9：教育 1
経営の視点から見た博物館の教育活動 .... 杉浦幸子　184

I-10：教育 2
ミュージアムの経営と教育
　　――大英博物館の創設から今日までを探る .... 嘉藤笑子　198

II　ミュージアムと資料

II-1：理念
「モノ」が語る「出来事」
　　　──文化の「レーゾン・デートル」物語 .... 新見 隆　231

II-2：収集1
日本民藝館のコレクション
　　　──柳宗悦の蒐集をめぐって .... 杉山享司　249

II-3：収集2
いま美術館のコレクションにできること .... 蔵屋美香　268

II-4：調査・研究1
調査研究活動の基本 .... 金子伸二　287

II-5：調査・研究2
板橋区立美術館における調査研究活動 .... 弘中智子　302

II-6：調査・研究3
博物館の調査研究
　　　──目の前の資料との向き合い方 .... 小金沢 智　315

II-7：整理
所蔵品の整理について
　　　──武蔵野美術大学 美術館・図書館の事例を中心に .... 北澤智豊　334

II-8：活用
資料の活用──教育の視点から .... 杉浦幸子　358

コラム .... 大竹嘉彦
学芸員の履歴書1　世田谷美術館の3つの分館 119
学芸員の履歴書2　美術館を支援する仕事 224
学芸員の履歴書3　文学との新たな出会いの場 330

おわりに .... 杉浦幸子　377

I　ミュージアムと経営

I-1：組織・人材 1
ある船（戦）団の物語
——世界変革のためのミュージアムをつくる

新見 隆

1. 戦時である、いま、ここ

のっけから私事で恐縮だが、その昔、元のミュージアムの上司にずいぶん僕を買ってくれた人（間違いなく買いかぶりだろうし、勘違いでもあっただろうが）があって、酒を飲んでは「お前のような、胆力のある奴は、いまのような平時にはいろんなものをもて余すだろうが、戦時には力を発揮するだろうがなあ」とよく言われた。それを帰って家で自慢すると、家庭の主婦しかやってきていない女房が、驚くようなことを言ったので、吃驚した。曰く「いまが戦時ではない、というのは、それこそ、間抜けな認識ではないでしょうか？」。

僕はちょうど一昨日、2週間のヨーロッパ出張から戻ったところで、最初の4日間は2週間前にテロ襲撃の大惨事のあった、パリに居た。普段から年中長蛇の列のできるオルセー美術館はひっそりとしていたし、何より日本人観光客（中国や韓国からは、意外にも多かった）の居ないパリに不思議な気分を味わった。旧交を温めた美術館仲間とも、むろんテロの話が出たが、その惨劇にさまざま心を痛めながらも、確認し合ったのは、"Life must go on."（それでも人は、生きてゆかねばならない）という、当たり前の実感だった。

女房の言ったのは、その遥か後に起こった、このテロだけのことでもなく、3.11、東北の大震災と福島の原発事故、それだけのことでもなかっただろう。環境変化の問題や、食料危機、資源不足、貧富の差、

横行する社会的不正の事件や政治不信、そして都市社会に潜む、あるいは蔓延しているように見える、ストレスや心の危機、それらすべての地球規模の問題に対してのこと、だっただろうと、いまは思える。

今回のヨーロッパ訪問では、アムステルダムを経由して、僕は最後の滞在地ウィーンで、美術史美術館の総館長ザビーネ・ハーグさんと久しぶりに歓談して、いろいろお互いの美術館の現況について話し、また、絵画館の館長ヴェッペルマンさんとは、出品交渉をした。

展覧会は、来る2018年、大分県が国民文化祭を迎える一大イヴェントの目玉として予定されているもので、僕らは絵画を中心にして「ヴィーナス」をテーマにしたものにしようと、人間の原理的な欲望の様態である、エロスや食を絡めた大規模な展観を準備している。そのハイライトとなる中心作品として、絵画館から、イタリア・ルネサンス、絵画の黄金期を代表する、ヴェネチア派の巨匠ティツィアーノとその工房による《マルス、ヴィーナス、キューピッド》を借りてくることを、目論んでいる。

この作品のもつメッセージを、昨日、授業で学生にきいてみた。

マルスは言うまでもなく火星を司る、軍神である。この軍神が、キューピッドの仲介を得たからか、ヴィーナスの美しさにほだされ、文字通り「メロメロ」になりながら、ヴィーナスに口づけをしている。ヴィーナスの脚やそれを包む、ねっとりとした熱い空気感はまさしく、ヴェネチア派の夢見るそれである。であるなら、メッセージは何か？ それはずばり、「武器を捨てて、美に平伏せ」である。

僕らは、ミュージアムはただ単なる遊び場、エンタテイメントの施設であるとは、考えていない。それは、全的人間革命を目指す、精神の道場なのである。

ウィーンにおける畏友で兄貴分、美術史家のポール・アゼンバウム博士や、大コレクターであるプロイル博士とも、当然ゆっくりと旧交

を温めた。プロイルさんは、数年前、僕がその企画監修によって、西洋美術振興財団の学術賞を受賞した、パナソニック電工汐留ミュージアム（当時）の「ウィーン工房 1903-1932 ──モダニズムの装飾的精神」展（2011年）に、快く貴重な作品をたくさん貸してくださった方。オープニングにお呼びしたのにお仕事の都合で来日されず、メッセージとして、「震災で心を痛めている日本の方々に、少しでも私のコレクションが役に立てば本望」という言葉を贈ってくださった。彼のコレクションは、オットー・ワーグナーやアドルフ・ロースなど、ウィーンの都市や建築の近代化をすすめたモダニストの抑制の効いた家具デザインから、ジョゼフ・アルバースなど、戦後のミニマル・アートの、さびの利いた逸品まで、造形に思想性を求める、プロイルさんの一貫した強いテイストを反映している、オーストリアでも有数の個人コレクションである。

　2019年には、それらをそのスピリットごと展覧化する提案をしているところだ。題して「純粋への情熱──ウィーンのモダニズムから、ミニマル・アートまで、プロイル・コレクションの禅性」。

　兄貴分ポールが、最近のヨーロッパが、オーストリアも含めて、極めて厳しい管理社会に陥っていて、本来の民主主義がもっている、個人の自由を徹底して尊重する傾向を押し潰そうとしている、と嘆く。

　さすがに、70年代に大学を中座してヒッピーになって、アジアや日本を放浪した経験のある団塊世代。しかも本来の美術の仕事とは別に、友人の幼なじみグルジア人医師と、移民の自立コミュニティーをNPOで起こして自主運営しているポール兄らしい。彼はいつも、美味いものを食い、友人と楽しく酒を飲み、部族芸術の一大コレクションに青年期から執心し、チェンマイで茶園を営む友人ニキ・プラチェンスキーさん（わが家は日本で唯一、彼から世界最高のハイ・マウンテン・ウーロンを個人輸入して楽しんでいるのだが）をしょっちゅう

訪ね、世界中を仕事と楽しみのために飛び回って、人生を謳歌している。だが、決して、社会の暗い側面から目を離そうとせず、心を痛め、何かを次世代のためにやろうとしている。そこが、彼らが、絶対に「自分さえよければ、後はどうなっても構わない」と考える、世界中のブルジョワとは隔絶している点だ。

春からこの方、オーストリア、ウィーンにも、大量の、イランやアフガニスタンなどからの移民、流民が流れ込んで、路上ホームレス生活を送ったそうだ。政府は、何も手を打たなかった。赤ん坊が死に、病人も溢れた。それで動き出したのは、ポールたちを含めた一部の一般市民だったという。プロイルさんは、新たに購入した土地に、その人たちのための自立センターをつくっている。

ナチス・ドイツによるユダヤ人の迫害、アウシュヴィッツを経験したヨーロッパは、共同体とは、自らが立ち上がらねば、生まれないものだ、という歴史の認識を持ち続けている。

翻って、島国であり続ける、日本はいったいどうなんだろうか？

僕は、この問題に対面するのが、今日の芸術とミュージアムの責務、だと思っている。

2. プチ万能を強いられる「公」ミュージアム

わが大分県のミュージアムは、県が100％の出資をしている県の公益財団法人芸術文化スポーツ振興財団によって、委託運営されている。そしてこの財団が抱えている施設は2つあって、1つが2014（平成26）年10月に竣工して、2015年の4月24日に開館したわがミュージアム、もう1つはその前にある、1998（平成10）年に開館した県の総合文化センターで、2,000席程の大ホールと700席程の小ホール

を擁する、九州で最も音響設備が充実していると言われる、上演芸術のためのホールである。

　人事的なことを大雑把に言うと、職員はおよそ70人いて、配置されているのが、ホール半分、美術館半分、という感じだ。その八割から九割が財団の職員で、残りは県庁からの出向職員だ。

　まあ、ほぼ全員が、県行政の心性のなかにある。県行政というのは、乱暴に言うと、県民から税金を徴収して、それを県民のために公的に使う、執行機関である。県民の代行機関とも言えば、言える。そして、そこには「公」という当然というか、当たり前というか、そういう、「全県民」のためをつねに考えるが故の「平等」中心主義があって、その心性がかえって「全」にとらわれすぎて、一方向へ果敢（過激）な方針を取る勇気をもつのがこれまた、なかなかに難しいという基本性格がある。

　それは、ミュージアムの場合はこういうことである。

　ずっと以前、ある日本海に面する県で、「最後の県立美術館」（ここには、博物館はあったが、美術館は無かった。47都道府県で、ほとんど唯一未だに県立美術館が存在していなかった）設立を目指して、検討委員会なるものが立ちあがった。僕も呼ばれて何回か出たが、委員の面子は、僕のような外部の美術（館）関係者、県内の美術専門家。まあ、そのほとんどが、外部なら現役美術館学芸員、県内なら大学の教員だ。それに一般市民から、いわば識者と目されているようなご意見番的人や、自ら応募して参加した人が数名加わる。

　ここで出た論議を総合すると、「敷居の高いミュージアムは嫌い」「市民に開かれた新しいミュージアムが欲しい」「地元で頑張る作家たちに、もっともっと発表のチャンスを与えて欲しい」「地元では滅多に見られない、名画名品をぜひ招来して見せて欲しい」云々かんぬん。

　これはどこでも変わらない現象で、日本が欧米に比べて、風土文化

社会的に、「平等主義＝網羅主義」的な、人間にもプチ・オールマイティを求める（教育制度からそうであって、だから日本の社会は個性をほんとうのところは重視しない、社会協調型の「人の話をよくきいて、それにあわせよう」人間を最良とする人間集団となる、つまりこれがまさしくお弁当的、サシスセソの全部の調味が少しずつ加わった、しかも「出汁」〔社会の味〕がすべてに浸透した、その実ほとんど味の似たり寄ったりの）和食的社会なのだし、また社会がつくる「公」の文化装置も、それに倣う習性があって、何か１つの性格に特化したものには成り難い事情がある訳だ。

　僕は、無謀にも、こんな議論調整をやっていては、できる美術館もできる訳ないやと思い、地元出身で、知る人ぞ知る、ある昭和のシュルレアリスム女性作家の残した不思議小説を、県民と他から招聘した作家たちが読み合って、新たな依嘱作品を制作するという、いままでにないタイプの、「地元文化掘り起こし型住民参加的」ミュージアムを提案した。

　詳しくは書かないが、委員会は何回かで終息し、その県立美術館構想は、頓挫したらしい。

3. 人真似が好きな日本人

　僕は、大分県という県を全く知らず、縁故もなく、行ったこともなかった。当時、武蔵野美術大学学長であった尊敬する画家Ｋ先生に学長室に呼ばれて、「大分県に新しい県立美術館ができるので、行って手伝ってみませんか？」と言われた。大分県には、武蔵野美大の出身者が多い、そういう関係での話だ。

　それがすべての発端で、ミュージアム屋の僕は、「南極にミュージ

アムをつくってくれ」と言われたら行くだろうし、大分が好きも嫌いもない、僕がミュージアムをつくる場所が、僕の第二の古里になるだけの話だ。

　僕が企画した展覧会に作家として出てもらったこともあり昔から知っている、飛ぶ鳥を落とす勢いの坂茂のデザイン設計が、新しい美術館の公開設計競技で通って、いままでの権威主義的なミュージアム建築を覆す、「どうとでも、利用する側が自由に使い回せる、白い、四角い、どでかい、スカーンとした空間」が建つことになる、という。県内では、この建築をいったいどう、使いこなすのか？　館長というか、キュレーターというか、ソフトのプロがいったい、居るのか？　誰になるのか？　早くも注目が集まっていた。

　県直営にするか、それとも県が出資する財団の運営に任せるかは、一見同じように見えるかもしれないが、具体的な運営の融通性において、ダムやら港やら清掃工場をつくるとかという県の事業と全く同じシステムになるか、それとも、美術芸術に特化した、臨機応変な予算管理と執行スケジュールにある程度の余裕をもたせた財団運営にするのかでは、ずいぶんと違う。たとえば、ダムならば、計画を決めて、それに応じた執行計画を立てて、それに従って設計、施行の実行者の選定を公平なかたちで行い、公募とか見積もり合わせ、コンペの上、その実行者と計画が決定するので、実行年度には、それを粛々と進める以外にない訳だが、展覧会に借りられると予想していた出品作品が所蔵館の都合で断られ、別の代替作品が別の国の別の街の美術館から急遽出品されることになったので、輸送の手順や予算まで変化するという事態が事業実行年度に起こる、などというミュージアムでは日常茶飯の変化球的事態、これが起こること自体が、予想外どころか、考えられぬ異常事態ということに、県ではなってしまうのである。

　組織の在り方委員会（そうは言っても、この委員会も、どういう展

覧会をやるかなどの、ソフトの在り方検討もかなり含んではいた）に、僕も加わった。実際には、ソフトは、僕はその前の段階で、大分県立芸術会館（旧芸館。1977［昭和52］年に、当時改装のために全国巡回した、上野の西洋美術館の母体である松方コレクション展の受け皿として、音楽ホールを併設した、大分県立芸術会館が設立され、以来40年ほどの間に、地元作家を中心に5,000点以上もの収蔵品も集められていた）の学芸員たちと、開館以降の展覧会の仕込みに入っていた。立場は、年度更新の県の企画アドヴァイザーという身分である。

委員会では、「地域が活性化しないといけない」ので、いろいろな、世に盛んなアート・プロジェクトの話が出た。アート・プロジェクトというと、瀬戸内何とかとか、越後何とかとか、金沢何とかとか、いろいろと日本でも話題になっていて、喜んで行っている内外の人も多いようだ。地域を活性化するアート・プロジェクトの時代だ、というメディアの煽動もある。ただ「他所で有名になった作家を、キュレーターが訳知り顔で呼んできて（日本ではミュージアムでもその外でも、自称他称キュレーターとは、ほとんどこの手の「海外有名作家にぶら下がり、扶持を頂くタイプ」である）、何か適当に作品つくらせて、何になるの？」とか、「それが、愛知のような大都市を抱える場所にまで、本当に要るの？」とか、「まあ、アート・プロジェクトは所詮、借景だから、力がない作家でも（あるいは、多少の、観光気分の手抜きでも）それなりに見えるからなあ」などと、いろんな議論もある。

ちなみに手前味噌で言っておくと、むろんわが新生、大分県立美術館は、所謂「箱もの＝ホワイト・キューヴ」ミュージアムなので、地域や自然や住民にかかわったアート・プロジェクトに特化して何かを行う場所では取り立ててはない。

ただ僕は、見も知らない、この土地に関係のない作家を、自分が知っているからというので、いきなり呼んできて、「何かやって！」

と頼むような愚は、できるだけ犯したくはない、と思っている。

　だから、自分がいつも心がけるのは、展覧会でも、依嘱作品でも、すべからく、「大分ヴィーナス計画＝すごいものが現れて皆が驚くのだが、それが、実は、"ナーンだ、大分そのものじゃないか！　大分は、元々こんなに美しい、魅惑的なヴィーナスだったんだ！"と思わせる」新見流を頑固に取っていて、「他所の素晴らしいものと、大分の素晴らしいもの」同士が、「出会って、互いを輝かせ合う」という、「出会い系」「恋愛系」キュレーションを、徹底して、旨としている。まあ、僕自身もそういう手法をたまに取ることもあるが、一般に言って、現代アートに特化した仕事ばかりをやったり、生きている作家に委嘱してパーマネントに特別な作品をその場にあわせてつくってもらったりばかりをやって、プロとして金を取るキュレーターを、ほぼ、同業者としては、僕は認めていない。安易な仕事である、と思うからだ。

　大分の委員会でも、多くの人が、瀬戸内何とかとか、金沢何とかみたいな、現代アートの作家を呼んできて、その場所で作品をつくらせるのが素敵だ、と頻りに発言するので、「現代アートをやっているから、現代に向き合っている、というのは大きな誤解、勘違い」と一蹴したこともある。ニューヨークのDIAファウンデーションのリン・クックさんは素晴らしいキュレーターで、尊敬する友人だが、彼女の開発した手法「サイト・スペシフィックな、現存作家への依嘱作品」を、いまさら、ことさら日本人がちょっと遅れて追随しようなどとは烏滸の沙汰（!?）だなどと、臍曲がりの広島県人である僕なんかは偏屈がって、自分でやろうとは、つゆ思わない。

　そして、日本のミュージアムがいままで、西欧近代の美術館のシステム「地域、ジャンル、時代ごとに区別区分して、整理整頓する」＝コスモス的ミュージアムに収まっていたことにも大反発を感じていて、

それにも決して迎合せずに、日本独自の、「時空を超えて、カオス的空間に〈モノ〉同士が響き合う」「千利休的しつらいの展示」をつねに、心がけている（註1）。

しかも、その思想すら借り物ではなくて、大分が生んだ、18世紀、江戸中期の天才哲学者、国東は安岐の医者、三浦梅園の『玄語』に由来するものであって、「宇宙は、すべての対立するモノ同士が、惹きつけ合う引力の総体でできている」という、「愛の哲学」（僕の勝手な解釈）に基づいているのである（註2）。

美術館の巨大アトリウムには、巨大なゴムのバルーン（風船）が7つ置かれていて、花花の咲き乱れるこの「骸骨の顔」のように見える風船を、子供たちが楽しそうに触って、揺り動かして、楽しんでいる。

このバルーンをデザインしてくれたのは、現代オランダをリードする、世界的なデザイナー、ヤンチャ男のマルセル・ワンダースなのだが、僕は彼に《ユーラシアの庭》をつくるから、協力せよ、と頼んだ。17世紀のはじめに、後に幕府の顧問になる、三浦按針ことウィリアム・アダムスやヤン・ヨーステンを乗せたオランダ商船「リーフデ（オランダ語で"愛"だ）号」が、漂着し、大分・臼杵の住民に救助され、手厚く遇された故事に、由来するものだ。

しかも、マルセルは、オランダ17世紀に独自な「ヴァニタス画＝花花の静物に、髑髏を描く」を、ユーラシア的、ケルト的、輪廻転生として、現代に蘇らせ、デザインしてくれた。かつて、ラフカディオ・ハーンは、「日本は、死者と一緒に暮らしている、死者の近い国だ」と書いたそうである（註3）。

しかも、それを迎え撃つのは、現代日本を代表する、テキスタイルのホープ、須藤玲子さんの「蓮の華のシャンデリア」である。

これを、僕は「神話の現代化」と言っていて、駅前に、黒田官兵衛の銅像を建てる愚（皆さん、それを嗤うなかれ、世のアート・プロ

ジェクトも、ミュージアムの現代作家への依嘱作品も、実は同断なものがゴマンとあるのじゃなかろうか？）を断固、拒否し続けてきているのである。

4. 船の出帆——全員攻撃全員防御

　大分のキュレーション的手前味噌は、もうこのへんで止めておこう。
　まあ、簡単に言えば、「ここでしかない、唯一絶対無二のものを立ち上げないと、意味がない。何処其処の人真似のような、"パルコの大分店"をつくるのなら、僕は帰らせてもらう」と委員会で、とうとう吠えてしまった訳で、自分では予想しなかったのだが、大分は僕の出身地広島と同じ、気候温暖な瀬戸内地中海気候、それに海洋民族特有の、楽天性と喧嘩っ早さを備えていた（これは、大分の方が、遥かに、両性具有的で大人しいのだが）訳で、「じゃあ、帰ってくれ」とならずに、「そこまで言うなら、お前がやってみろ」となった訳だ（まあ、あえて比喩的に言っておくとすると……）。
　知事には、「館長なんて、どうせ県出身の偉い人の天下りか、県職員のそれを据えるのがどこでも常だから、いっそ知事が兼務したらよいんじゃないですか？　サッカーの中田英寿さんを知っているが、彼はいま手仕事、工芸で日本起こしをやっているので、彼に頼みましょうか？　中身は、僕と学芸員がちゃんとやりますので」などと進言し、担当する県のナンバー２には「いままで行政改革を丁寧にやってこられた知事が、最後は県民に"心のプレゼントを"と考えられて、コツコツ準備した予算を投入した一大事業。もう、館長は、しかるべき美術の専門家を抜擢するしか、県民が納得しない」と言われた。
　「まあでも、俺には関係ないな。仕事、仕事」と、企画準備に躍起

になっていた折に、突然知事の意向を受けたこのミスターナンバー2に、「館長やってくれ」と言われ、「僕ムサビ辞めるつもりないので、無理でしょう」と答えたら、「兼務でよいから、とにかくやってくれ」と言われて、引き受けた。理由は簡単。切った啖呵の責任をとるのが、テロをも恐れぬ広島男の生き方だと思ったからで、その瞬間から、大分県は僕の第二の古里になった訳だ。

　後に旧芸館学芸員のIさんに、僕はやがてこう言われるようになる。「館長は、兼務で半分は東京ですから、飛行機のパイロットではないです。管制塔の管制官のつもりで。パイロットは現場の長である、旧芸館学芸課長（現副館長）のKさんですよ」。事実、そういう、やや変則タッグでやってきている。よく機能していると、感じているが、精一杯努力しても、大分に居られるのは、最大で週半分なんで、スタッフには誠に申し訳ない、と思っている。

　ただ僕は、例のミスターナンバー2に言われて館長を引き受けた直後「新見さんは、企画展を中心に館の運営のコアだけを統括しますか、それとも他の部分も館長としてかかわられますか？」と柔らかく訊かれた。僕はすぐ、その意図にピンときたので「館長として、チラシの文言の一字一句から、カフェのスプーン一本まで、全責任を負います」と答えた。そのココロは文字通りで、僕らが考えた「五感のミュージアム」と「出会いのミュージアム」という基本思想を、すべてのディテールにおいて徹底したい、と思っていた訳である。端折って言うと、僕はそれ以降、カフェのメニューからショップの商品開発まで、すべてのディテールについて、事実かかわっている。他の館長がどうしているかは、知らない。

　さあスタッフ問題だが、学芸員については、他と同じだろう、ごく普通に、展覧会のテーマ展、コレクション展を企画展示、調査する学芸企画グループ・学芸調査グループと、ワークショップや鑑賞教育を

請け負う教育普及グループに別れている。僕は当初、学芸企画、教育普及という旧式の名前も嫌いで、何か一般の人にもわかりやすいニック・ネームをつけて欲しいと頼んだ。「ザビエル」「宗麟」とか冗談も出たが、まあ無難に落ち着いた。

　僕らが高校の頃、それまでのゾーンごとに分けて役割を分担していたサッカーを、革命的に変えた、全員攻撃全員防御のトータル・フットボールの担い手で、天才ヨハン・クライフに率いられたオランダは、1974（昭和49）年ワールドカップの決勝戦で、弾丸ストライカー・ミュラーと鉄壁のバックス・ベッケンバウアーを擁する西ドイツに惜敗した。教訓は、やはり「新しく変えるところは変えるが、定石はあって、それをわざと違える必要もない」ということだ。旧芸館は、収蔵品のジャンル別に担当を決めているという、これまた西欧近代追随学芸ラインアップだが、南画、竹やその他の工芸、近世以降の日本画、近代洋画、近代彫刻、と5人の学芸員をかかえていた。新美術館の学芸員スタッフは、この5人に、修復のできる歴年のミュージアム経験者、公募で採用したホープで若手の経験者、南画日本画を中心にして活躍中の人、それに全くの若手を2人、これらの人員を新たに加えた布陣とした。

　ここでいちばん、考えたのは2つ。まず1つ目は、かなり年齢層の高い旧芸館学芸員の、それぞれのジャンルの専門性を引き継げるように、「世代交代」を上手につないで、人材を育てる年齢グラデーションをつくること。2つ目は、地方公立美術館の例に洩れず、自主交渉の出品交渉や、自主企画をほとんど打たず、地元作家への貸し会場や、誘致展と称される、企画屋や新聞社が売り込んできたものを「買う」ばかりの活動をしてきた、旧芸館システムを、如何に自主企画路線に変更するか、その企画交渉性を引き受けられる若手を育てることだった。これに、僕の教え子、秘蔵っ子のムサビ芸術文化学科卒

業生を抜擢したのは、言うまでもない。

　コレクション展示にも、僕は「カオス型」を強く要求しており、「日本画」「洋画」「工芸」「南画」という、部屋割での展示を、互いに交差させながら、ジャンルや時代を超えた作品群が、並び合い響き合う、展示を考えてもらっている。そうすることで、観客に新しい「モノとモノの交響し合う、隠喩的想像力」を喚起することになるし、また学芸研究的にも、専門ジャンルを広げ、交差し合うことは、有効だと考えているからだ。

　21世紀の学芸員は、「専門は？」ときかれたら「ラスコーから、現代美術まで。土偶から、大観まで。音楽、文学、何でも来い。私は、現代のディアギレフ！」と答えるぐらいの覇気で臨んで欲しいものだ。僕は、自分のスタッフにも、そうあるように要求している。

　根っからの展覧会屋の僕が、あまり得意としないのが、教育普及フィールドだが（自分で作品をつくるので、作家としてワークショップをやるのは好きだが）、開館前からさまざまなかたちで、ワークショップ的なことを行ってきた県のメンバーが居て、1人は温厚で思慮深い本来学校の先生だが、それに嘱託でいる地方美大出身の若手、この2人がなかなか、味のある活動をしていた。そこで、僕は、とうぜんのように、武蔵美出身、日本でもワークショップのパイオニアと目される目黒区美術館で20年以上、中心的存在だった、ミスターワークショップ野生児Eさんを、呼んでくることにした。彼はその後元気いっぱい、大分を歩き回って、土から顔料をつくり、身体じゅうで、子供たち大人たちとミュージアム遊びを満喫してくれている。このワークショップの猛者チームが、僕が知事に頼んで実現した、60,000人の県内小学生をオープニング展に招待する、大事業の執行集団ともなった。

　「ミュージアムは、エンタテイメント施設か」と訊かれれば、僕

は「たしかに、娯楽の場である（もちろん、心の遊び場に違いないし、精神的な"見えない"糧を求める場ではあるが、単なる暇潰し、では絶対にないことは言うまでもない）」と答えると思う。だから、周知されること、「あそこに行ったら、何がどうなっていて、どう面白いのか」何が何でもあらゆるレヴェルで認知される必要が、絶対的にあって、これを担当するのが、広報スタッフである。

　パブリシティとか、PR（パブリック・リレーション）、SR（ソーシャル・リレーション）と呼ばれる場合もある。一般企業などの業種によっては、厳密に言えば、広報（一般のメディアに訴求する、ミュージアムや展覧会やイヴェントに関する広報用資料を学芸員と連携してつくり、それを、テレヴィジィオン、新聞、雑誌などの担当者へ、「取材して、広めて！」と投げかけ、その取材に対応すること）と、宣伝（駅にポスターを貼ったり、新聞の広告を打ったりなど、一般メディアに、お金を払って載せてもらう自前の宣伝のこと）とは別れるのだが、普通、美術館の業務では、同じ担当者がカヴァーする。

　その部門には、実はもっと別な機能が要求されるのが普通で、展覧会に対する、企業協賛金や、あるいは文化庁などがさまざまな文化事業に対して支援する、あるいは私的企業や財団が主催する金銭的な支援に対して、積極的にそれを自前の事業のために「獲得する」工作や、そのための申請業務、地元企業に対する、働きかけを行う部門もそこにある。

　たとえば大分県のミュージアムは、その起爆訴求力のなかに要求されるものが、多方面、膨大にあって、県民のための「文化的貢献」はもちろんのこと、「教育的貢献」「地域的貢献」そして「経済産業的貢献」に、さらには「観光的貢献」と、その広がりは、途方もない。だから、一般企業に行って、「展覧会の協賛金をください、対価はポスター、チラシなど広報宣材物に、斯く斯くしかじかの、御社が協賛し

ていることのクレジット云々かんぬん」と頼んでくるのも仕事だが、そういう単発協賛というのは、だいたいが一回こっきりのご祝儀ものであって、僕らはこれを、もっと別の活動に移行しないと、長いスパンで成立しないと思っている。

　そこで僕らは、企業に対して、社員の福利厚生と文化教育を、美術館がミュージアムを使って行う「企業文化メンバーシップ」なるプロジェクト（たとえば、電気の会社の場合だと、単に社員対象の、就業後の放課後鑑賞教育やらワークショップをミュージアムで行うことにとどまらず、「電気の文化を考える」連続講座をもって、社員全員に、自分のかかわるフィールドをビジネスとしてだけではなく、文化として捉える視点を育てる社風教育を美術館が請け負う新規事業）を、美術館の企業連携事業として行いたいと計画しているのである。こういうプロジェクトも、もはや広報宣伝の部隊だけではとうていできかねるものだが、現状は広報宣伝の戦略スタッフや、財団内の経営企画部門（ここは、美術館運営の頭脳部分であって、県から出向した精鋭部隊数人によって担われている）が請け負うことになっている。

　この経営企画部門は、年次の事業計画から、人事管理、経営管理、それらすべてを包括する、ミュージアムの中核部門だ。この部門が、実際に船を動かす実務（執行書類を、各部門担当者に制作させて、それを統括管理のラインナップに従って、承認を受けながら最終決済を受け、それを経理に回して予算を実現〔払ったり、振り込んだりの実際の金の動き〕してゆく）を、総務管理部門を従えつつ行っている。

　県や財団組織（あるいは、一般企業でも）では、総務部門があらゆる部門の要であって、予算を握っているのはここである（経理は、むしろ、その手足となって執行補助する部門だろうか）。さらには、この総務部門がミュージアムという企業（？）の運営、営業の実務を一手に引き受けている。つまりは、入館料の集金、計算や計上、そして

職員、スタッフ、アルバイトなどへの給料の支払いから、建物などのハード面、建築やその周辺の駐車場や駐輪場、広場、内部のインテリア周り、展示室、ホール、ロビー、事務室から、エレベータやエスカレータなどの機械の作動、空調など、あらゆる施設・設備が円滑に動いて機能しているかを、チェック調整して、外の企業やその社員スタッフを管轄、折衝しているのが、総務に付随している管理部門である。この部門は、ミュージアムを大きな生き物としてハードすべての面倒を見ているので、傍で見ていて、ほんとうにたいへんな仕事だな（すべての仕事が実は、そうなんだが）といつも感心する。
　ここでちょっと、どうしても落としてはいけない、大きなミュージアムの要素として、メンバーシップ（あるいは、友の会の会員）と、ボランティアという、美術館に特有な、2つの要素についてお話しなければならないだろう。
　一般のミュージアムについて、多くの方は、メンバーシップとボランティアは、よく知っておられると思うので、今回、美術館のオープンに際して、僕が考えた理想のかたちを書こうと思う。
　まず、ミュージアムを県民全体に「実際的な使用価値」として広げてゆくのが第一命題なので、一般県民とミュージアムにかかわる人人を、一続きの塊として捉えて、そこに緩やかなグラデーションをつくってゆくのが、将来的なヴィジョンだ。
　これはまだ具体的には実現していないのだが、たとえばキュレーターたる学芸員を美術館内部で働くプロフェッショナルであるとすると、そのセミ・プロフェッショナルを養成する、少人数の本格的インターンシップ、そのかなり充実したかたちである「アカデミー」（生徒を「インターン」とした、まあ、実践的養成学校のようなもの。キュレーターのロースクールとも言えようか）を立ち上げ、そして無給のボランティアというか、キュレーター、エデュケーターのサポー

ト的役割を演じてもらう、単発採用の「アソシエイト」、そして、友の会的にミュージアムを自分の家の居間と感じて、週に何度でも遊びに来てもらう、率先集団である「メンバー」。こういう、三段階のグラデーションで、ミュージアムという「敷居の高い」存在とされがちな施設を、県民の生活感覚のなかに浸透させ、根づかせようと考えている。

実際には「メンバー」については、大分県芸術文化スポーツ振興財団の全体のサポートメンバー制度、つまり友の会として「びび」という組織が立ち上がり、ホールと美術館双方のバックアップをしている。現在では有料無料すべての会員含め、年間会員が、何と驚くべきことに、すでに約7,000人に達している。

最後に、僕が、2015（平成27）年4月24日の盛大な大分県立美術館のオープニングで述べた挨拶を、ここに書いて、本稿の締めとしておこう。

「本日ただいま、大分に、唯一絶対無二の、世界最高のミュージアムが誕生しました。このミュージアムは、知事、理事長はじめ、学芸、事務、県と財団の全スタッフの、血と汗と、涙の結晶でございます。どうか、この新生ミュージアムを、百年の計で、皆さんに育てていただきたい。」

註

1 「西欧近代」的ミュージアムの、「整理整頓、コスモス」的特性なども、現代ミュゼオロジーの常識だろうが、どこで読んだか、学んだか、記憶は定かではない。たしか、90年代に、多木浩二さんがミュージアムについて対談されたもののなかに、「コスモスから、カオスへ」という新しいミュージアム像についての示唆、そういう指摘があった、と記憶する。亡き碩学、多木さんの『「もの」の詩学——家具、建築、都市のレトリック』（岩波現代文庫、2006年）などは、ミュゼオロジー研究と並行して読んで欲しい、ヨーロッパ学の名作だ。それから、松宮秀治さんの名著『ミュージアムの思想』（白水社、2003年［新装版：2009年］）や、『芸術崇拝の思想——政教分離とヨーロッパの新しい神』（白水社、2008年）からも、たぶん僕はその趣旨を、学んで借りているだろうから、ぜひ参考にしていただきたい。

2 僕はすべての知識が浅薄な男で、「モノ」を見て、見て、見倒して、集め、並べる、キュレーターなので、本で読んだ知識は、すべて人の、受け売りだ。三浦梅園の哲学についても、正確には理解していない。しかもその解釈は、国東市三浦梅園資料館の学芸員浜田晃さんの話か、そこで出している資料パンフレット類の受け売りか、優れた研究家である、山田慶児さんの『黒い言葉の空間——三浦梅園の自然哲学』か、岩波文庫の『三浦梅園自然哲学論集』の尾形純男さん、島田虔次さんの解説から学んで、借りたものだ。

3 このラフカディオ・ハーンの言葉を教えてくれたのは、建築家の児島学敏先生。

※ この稿の中盤には、僕が2015年度、六本木アカデミーヒルズで行われた、CIMAM（国際美術館会議）の世界大会に出席して、その年次報告書（2016年1月現在、未刊行）に書いたレポート「美術館はいかにグローバルになれるのか？——グローバル・オーディエンスはいるのか？（仮）」（CIMAM2015リポート）から、一部が転載されていることを、断っておきたい。

I-2：組織・人材 2

美術館のコミュニケーションを魅力的にするのは誰か

河原啓子

　ミュージアムは、作品（展示品）に関するコミュニケーションを生成させる拠点としてとらえることができる。それでは、美術館のコミュニケーションを魅力的にするのは、いったい誰だろうか。学芸員？　確かにそうだろう。しかし、豊かなコミュニケーションを生成させるには、さまざまな人々の相互作用が考えられないだろうか。ここでは、近年の国内と海外の研究を踏まえ、美術館のコミュニケーションを魅力的にするために何が必要かを考える。学芸員および美術館をめぐる周辺の人々に目を向けて、美術館マネジメントを検討し、今後の美術館のコミュニケーションの展望を示したい。

　なお、表記は、博物館施設全般にわたる場合は「ミュージアム」、ミュージアムのなかで主に美術作品を扱う施設を「美術館」と設定して述べてゆくことにする。

1. 学芸員

ICOM のガイドライン

　まず、学芸員が何をすべきかについて、どのような設定がなされているだろうか。ICOM（International Council of Museums ＝国際博物館会議。国際連合の専門機関でユネスコのもとに 1946（昭和 21）年に設立された博物館と博物館員の国際機関）は、「学芸員は、観客を喜ばせること（showmanship）を探求すべきである」と指摘している（註

1）。確かに、来館者に満足をもたらさなければ、ミュージアムの存在意義は減退し、存続も難しくなるので、この見解には説得力がある。この指摘が掲載された書籍では、学芸員の多様な専門性や事務スタッフ、監視員などのさまざまなスタッフを効果的に機動させてゆかなければならないことにも触れており、観客に対してこれらの人材の的確な活用が求められていることが理解できる。それでは美術館は、観客が喜ぶことをどのように把握し、提供すればよいのだろうか。

　ICOMは、その一回答を示している。それは「学芸員は、人々の求めるものを明確にしながら展開するために、マーケティング（市場調査、顧客獲得戦略）によって的確なサーヴィスを提供し、すべての顧客の関心に対する有効な広報活動をすることが重要である」という指摘である（註2）。戦後から今日までを考えてみても、時代は移り変わり人々の価値観も変容している。1970年代、欧米諸国そして日本においてさまざまな地域にミュージアムが相次いで設立され、観客が増大した（註3）。以降、観客にさまざまなニーズが生じ、同時にミュージアムの競合が発生することになり、単に貴重な展示品を公開すれば観客の満足が得られるとは限らない時代に突入した。美術館も、時代の変容を鑑みながら、観客のニーズを汲み取り、運営をしてゆかなければならなくなった。

マーケティングとPR

　従来のミュージアム学の学問体系において、学芸員の業務は、調査・研究、収集・保管、展示・学習支援などがあげられてきた。既述のように、近年、マーケティングはミュージアムにとって重要な課題であり、今後はその専門家が各美術館にも存在することが当たり前になるかもしれない。現在、美術館は、単に展覧会を開催し、作品をコレクションするだけではなく、個性を打ち出し（ブランディン

グ）、マーケティングを基盤にしたPR（広報活動）をすることが必要になって、そのスペシャリストが求められるようになったのである。ICOMも、一貫したアイデンティティの構築や、ミュージアムにPRの専門的な知識をもった学芸員が求められることを指摘している(註4)。

　ミュージアムの戦略的なマーケティングを分析した経営学者・フィリップ・コトラー（Kotler, Philip、米）らは、ミュージアムの戦略的な運営のためには、マーケットを細分化し（market segmentation）、ターゲットを明確にし（targeting）、ミュージアム自身の立ち位置を自覚する（positioning）ことが必要であると指摘する(註5)。そして、立ち位置の自覚のためには、「特性」（例：国内最古のミュージアム、国内で最大の観客数を獲得するミュージアムなど）、「便益」（例：静かに思索できるミュージアム、積極的に生涯学習をしたい人のミュージアムなど）、「利用者」（例：子どものためのミュージアム、コミュニティ・ミュージアムなど）といった側面から分析できると述べている(註6)。

　このような分析を1つの始点にして、美術館運営を新たに構築することができる。たとえば、展覧会企画を立てる場合、学芸員の専門から出発する場合と、マーケティングから出発する場合とでは、異なった内容になる可能性がある。その際、後者の場合、アカデミックな美術館として扱うべき内容から逸脱する内容になる可能性を秘めているために、マーケティングに重きが置かれすぎることへの警戒心が学芸員に生じ得る。しかし今後の美術館では、試行錯誤しながらこの2つの出発点を鑑みた事業活動を考案してゆくべきではなかろうか。

　さらにコトラーらは、レストラン、カフェ、プロダクト（ミュージアム・グッズ）、ショップなどのさまざまなサーヴィスについて触れながら、ミュージアムが多様なもてなしを用意することの必要性を提示している(註7)。そして、マーケティングを踏まえてこそ、的確な

PR（紙媒体や放送媒体、ポスターや看板、ロゴの作成、ホームページの構築、広告協賛者の獲得など）の方向性を見出すことができるのである。

　また、ステークホルダー（stakeholders＝直接あるいは間接的な利害関係者）に対する意識向上も提起されている（註8）。美術館においては、展覧会や収蔵品のマネジメントのみならず、競合するミュージアム、地元住民や自営業者、アーティスト、スポンサー、地方自治体などのステークホルダーのマネジメントにも目を向け、どのような関係を構築するかを吟味することが求められるようになってきた。既に日本では、近隣地域の美術館の連携（例：六本木アート・トライアングル＝アートで六本木を活性化することを目的に国立新美術館、森美術館、サントリー美術館の3館が協力して、イベントや、各館のチケットの半券提示で他の2館の入場料割引などを行っている）、商店街とのコラボレーション（例：商店街まるごと美術館〔岡山県倉敷市〕＝大原美術館所蔵の作品を題材にした幼稚園から中学生までの平面作品を募集し、商店街に展示。小中学生は倉敷市発行の「いきいきパスポート」利用で、土日は大原美術館入館無料）、アーティスト・イン・レジデンス（例：川崎市市民ミュージアム、高知県立美術館、福岡アジア美術館など。関連するサイト＝air-j.info/、http://www.nettam.jp/ など）などが行われてきたが、ステークホルダーを効果的に巻き込むアイディアを考案することによって、新規の観客を開拓することができる。このようなステークホルダーに着目した事業も、PR の一環として位置づけることができるだろう。

SNS やブログによる影響

　SNS（Social Networking Service）やブログといった発信手段の進歩によって、美術館のコミュニケーションは、いまやリアルな時空を超

えて世界を駆け巡るようになった。同時に学芸員やジャーナリストのようなプロフェッショナルのみならず、観客などの一般人もまた情報の送り手になったのである。

　また、ポータブルなモバイル・メディア（端末）の登場によって、人々の情報発信はさらに増大した。このような、モバイル・メディアは、美術館と社会の壁を取り去るようになったと言えるだろう（註9）。あるいは、美術館という物理的な存在の壁の外で、美術館の社会的機能が果たされることを促進すると考えられる（註10）。いまや、美術館という可視空間と電子上の不可視空間の2つのコミュニケーションが、相互に影響し合う時代に突入しているのである。

　そして、ヴァーチャルな電子上のやり取りは、新たな価値観や観客の存在を、顕在化するであろう。美術館は、ジャーナリストがどのように報道するかだけではなく、報道の専門家ではない不特定多数の人々の発信する情報がいかなる影響をもたらすかについて、制御できない立場にある。しかし一方で、SNSなどによって表面化するさまざまなコメントは、美術館にとって格好のマーケティング・リサーチの材料にもなり得る。人々が何をどのように見るのかを、以前よりも明確にとらえる機会が増えたのである。

美術館の存在意義

　このようななかでミュージアムは、その存在意義について自ら検証する必要に迫られるようになる。美術館そのものをテーマにした展覧会が開催されるようになったのである。たとえば、「美術館を読み解く：表慶館と現代の美術展」（東京国立博物館・表慶館、2001年、1月23日－3月11日）では、松井紫朗、栗本百合子、谷山恭子など、現代美術家の作品を展示した（図表1）。同展は、日本の「常設美術館」の嚆矢と位置づけられる表慶館（図表2）を、現代美術作品とと

もに見直す試みであった。そして、「美術館物語展」(埼玉県立近代美術館、2002年3月12日-5月6日)は、出品作品のほとんどを館蔵品で構成し、作品の真贋の判断、作品貸し出しの事務処理や梱包、展示における照明や作品の展示位置の設定など、展覧会づくりをテーマにした企画展であった。さらに、「これからの美術館事典展」(東京国立近代美術館、2015年6月16日-9月13日)では、美術館と作品の関係性に焦点をあて、美術館の機能を36のキーワードでとらえて、関連する作品を展示した。

　美術館が自らの存在意義を考えるようになった背景には、2001(平成13)年の国立館の独立行政法人化と、2003年に導入され3年間の移行期間を設定された公立館の指定管理者制度の導入がある。この大きな節目の到来以降、学芸員は美術館の合理的経営についてシビアにならざるを得なくなったのである。

　同じころから、展覧会企画にも変化が見受けられるようになってき

図表1
「美術館を読み解く：表慶館と現代の美術展」(東京国立近代美術館企画)の展示風景。作品：松井紫朗《Parascope》2001年 撮影：上野則宏
写真提供：東京国立近代美術館

図表2
東京国立博物館表慶館(東京都台東区上野公園)。大正天皇ご成婚奉祝のために献納された表慶館は、設立当初奉献美術館と呼ばれ、美術および美術工芸の陳列館として利用されていた
(Image: TNM Image Archives)

1-2：組織・人材2　　35

た。たとえば、「煌きのダイヤモンド——ヨーロッパの宝飾400年展」（東京国立博物館、2003年10月7日 – 12月21日。）、「アート・オブ・スター・ウォーズ展」（京都国立博物館、2003年6月24日 – 8月31日。）、「ジブリがいっぱい　スタジオジブリ立体造型物展」（東京都現代美術館、2003年6月14日 – 9月7日、註11）など、各館は、美術や文化財として従来設定されてきたカテゴリーには入ってこなかった対象を取り上げ、観客獲得を目指した。

　これらの動きは、美術館が、神殿的な美の殿堂から脱皮して、あらたなレジャー施設になろうとしているようにすら感じさせる。実際、「観客に口当たりのよいコンテンポラリー・アートを提供しているように見える」（註12）という現象にも、その一端を見出すことができる。

　また、現在の美術館の歴史は、17世紀頃までにヨーロッパの支配階級に広まったとされるヴンダーカマー（Wunderkammer・独、驚異の部屋）まで遡ることができる。個人的な趣味に依拠した"何でもアリ"の品々を集めた陳列室（＝ヴンダーカマー）から、時代を経て分類を旨としたミュージアムへ移行していった。モノ（資料）を分類して扱うミュージアムは、体系的な受容を可能にした。つまり、ミシェル・フーコー（Foucault, Michel、仏、哲学者）が言う「名ざすことの可能性を見こした分析によって表象のうちに開かれた空間」（註13）の登場を顕現する施設としてミュージアムは登場したが、いまやその時代ははるか遠くになった。美術家・遠藤利克は「美術館もまた、確立された価値を守る権威の館ではなく、その起源から言えば、作家と同程度には侵犯的な機構」であるべきとし、美術館は「己れの体系の恣意性に関与し、解答を与え続けなければ、やがて枯渇」し得ると警告している（註14）。

　学芸員は、社会のニーズに応え得る展示やそのほかの事業を考案するだけではなく、美術館という施設の概念を恣意的に変容させていく

度量も求められていると言えよう。

美術館の強みとは

　アンドレ・マルロー（Malraux, André、仏、作家・政治家、図表3）が提示した「空想美術館」は、戦後の美術館の大きな変容を的確に言い当てたと言える。モノとしての作品は、既にそれぞれが美術館に収蔵されていて、それらを一堂にリアル（実際）に鑑賞することは困難である。しかし、作品のコピー、すなわち写真などによる複製で、作品を人々が内面で想起することによって（＝「空想美術館」）、好きなように鑑賞することが可能になると言うのである。この状況は、写真の普及とマス・メディアによるコミュニケーションの発展が連動することによって発生した。「空想美術館」は、"リアル美術館"が宿命的にもっている限界を超えるものとして提示されているのである。

　一方、たとえばルーヴル美術館の《モナ・リザ》の前にいまもなお数多くの人々が集まることからもわかるように、複製され伝達されればされるほど、オリジナルの価値が高まる"起源の物神化"と言える現象が起こる（註15）。美術館は、限定された作品しか展示できないという限界を抱えながらも、一方で、「空想美術館」時代にあってもホンモノを見せるという強みを1つの特徴にしている施設である。そして、その強みを、どのように最大限に引き出してゆけるかが問われているのである。

図表3
アンドレ・マルロー（1901-1976）

　近代的な美術館の歴史を鑑み、美

術館の存在意義を再考してみると、公的なコミュニティを形成する場であることが理解できる（註16）。そして、そこで発生するのは、"リアル経験"である。美術館は、オリジナルの価値を保持し続けている故に（註17）ホンモノの作品との出会いをもたらしている。そればかりではなく、人と人とのリアルなつながりによって発見すること、たとえば来館者が自ら考え、手を動かすといったワークショップなどを提供できる。ミュージアムでは、社会的に強いインパクトをもつユニークな経験を提供すべきであり（註18）、そのためには、観客の分析とそれぞれの観客にふさわしいプログラムの開発が必要になるのである（註19）。

一方、人的資源に目を向けることが、1つの活路になるという指摘もある。人の知識とスキルは、美術館運営に有効性が認められるが、美術館と人との協力関係を構築することも美術館の1つの事業であるととらえることができる（註20）。

美術館における人的資源としてあげられるものの1つに、ボランティアの存在がある。日本での美術館ボランティアの先駆けは、1974（昭和49）年の開館と同時にボランティア制度を導入した北九州市立美術館である。以後、多くの美術館でボランティアが活躍するようになった。その業務内容は、来館者への作品解説、資料図書の整理、ホームページやメーリング・リストの管理（水戸芸術館）、海外からの滞在作家の制作サポート（福岡アジア美術館）、古文書解読（徳川美術館）など多岐にわたる。また、北海道立近代美術館では、社団法人北海道美術館協力会という会員制の団体が、組織的なボランティア活動をしている。

ボランティアというと、まず、美術館にとってメリットがあると考えられるが、しかし、各自の経験、情報、スキルなどを活かすことは、その人たちにとっても"眼に見えない収穫"があるはずである。たと

えば、頻繁に作品に接することによって惹起される美術作品に対する新しい発見や、美術を愛する人々との交流などである。美術館は、ボランティアがその"眼に見えない収穫"をしっかりと実感できるようなボランティア制度を提供することも重要である。

　「美術館の強みとは何か」について考えるとき、その「強み」の基盤は変わらない。それは、美術館が人の内面を揺さぶる作品を提示する施設だということである。人と人とのリアルなつながりをもたらす前提には、美術館に展示されている作品の存在が不可欠である。美術館の組織の各業務において、内的な素晴らしい芸術経験の提供を原点に据えることで、すべての業務に美術館以外ではもたらすことのできない意義が生ずる。作品と実際に出会う悦びがあってこそ、美術館にさまざまな立場で関わる人々が味わい深い"リアル経験"や、充足感に満ちた"目に見えない収穫"を感じることができるのである。

　アメリカのバーンズ財団の美術館では、勤務する監視員にも美術講座の受講を促すことによって、美術館の業務に携わることの特別の意義を感じ取ってもらっている。美術館は、展示品に対する愛情を育むという原点を常に見失わずに、それらの作品を介して人と人とがつながることによって、コンピュータ・ネットワーク社会においてもなお、独自の存在感を示してゆけるはずである。

2. 美術館をめぐる周辺の人々

メディア・イベントの展覧会

　日本には、欧米諸国にはほとんど見受けられない展覧会マネジメントのシステムがある。それは、新聞社やテレビ局などのマス・メディアが展覧会を主催することである。このことを、「メディア・イベン

図表4
1953年2月8日、読売新聞社主催の「第5回日本アンデパンダン展」会場である上野・東京都美術館前で野外美術討論会が開催された（『読売新聞』1953年2月9日、朝刊）。読売新聞社のニュース・カー上の堀文子、難波田龍起ら7人の美術関係者が、約300人の聴衆とともに、2時間余りの討論を行った。なお、この日1日で、4,000人を超える観客が展覧会を鑑賞した。メディア・イベントの展覧会は、人々の美術に関する興味を喚起し、展覧会愛好者の拡大に影響を与えることがわかる　写真提供：読売新聞社

トの展覧会」と呼んでいる。戦前からはじまったマス・メディアの展覧会事業は (註21)、日本の展覧会を発展させ、日本の美術館のマネジメントを独特なものにしてきたと言ってよい。

　いくつか、展覧会の事例をあげてみよう。まずは戦後約2か月、食べるものにも事欠いていた1945（昭和20）年10月に毎日新聞社主催で「在京美術家油絵・彫刻展」が開催された (註22)。また、1949年から年1回、15回にわたって東京都美術館で開催された読売新聞社主催「読売アンデパンダン展」（1956年、第8回までは「日本アンデパンダン展」）は、戦後の日本の現代美術を活性化させる大きな役割を果たした (註23、図表4)。海外美術展としては、1954年に東京国立博物館で開催された同館・朝日新聞社共催「フランス美術展」において、戦後わずか9年でルーヴル美術館所蔵作品を展示した (図表5)。ほかに、1956（昭和31）年に日本経済新聞社主催で日本各地を巡回して開催された「ザ・ファミリー・オブ・マン（人間家族）展」(註24)

では、写真展覧会の可能性を示唆した。

このように、メディア・イベントの展覧会は、数多くの観客を獲得し、人々に展覧会の楽しさを伝えてきた。また、マス・メディアは展覧会の広報にも携わり、展覧会企画や海外とのパイプづくりにも関与してきた。マス・メディアの展覧会報道は、人々の展覧会に対する関心を高めさせ、日本の美術館の観客を育成してきた。メディア・イベントの展覧会報道は、わかりやすく展覧会内容を告知し、社会的な反応についても伝えてきた。展覧会全体の内容を伝える大きな記事や、作品1点について著名人に執筆してもらうコラムの連載、展覧会の入場者状況を伝える報道など、美術になじみがない人でもわかりやすい記事も提供されてきたのである。このようなマス・メディアの展覧会事業への関与は、作品理解を促す教育的側面があると同時に、展覧会のPRにもなり得たわけである。

図表5
「フランス美術展」（東京国立博物館）に押し寄せる人々（『朝日新聞』1954年10月15日、朝刊）。記事によると、「作品に手を触れないでください」というビラを配った一方で、「観客のエチケットの向上ぶりは、以前とは見違えるようだ」という係りのコメントが紹介されている
写真提供：朝日新聞社

メディア・イベントの展覧会は、戦後の日本の美術展文化を大きく発展させた。しかし、バブル崩壊、東日本大震災、そしてインターネットの普及などが生じ、同時に、趣味の多様化を背景に美術展覧会に対する国民の関心度が低下傾向にあることも重なって（註25）、マス・メディアの経営は決して順風満帆ではない。一方で、美術館の経営が以前よりシビアになるのにともない入場者数に敏感にならざるを得なくなった。さらに、広告宣伝や入場者獲得に重点を置く美術展の

ニーズも高まり、メディア・イベントの展覧会に対する期待は、依然として少なくないものがある。さまざまな時代を乗り越えて、今後のメディア・イベントの展覧会は、どのような方向に進んでゆくのだろうか。

マス・メディアの展覧会の潜在的な存在意義を顕在化させたのは、東日本大震災のときだった。自粛ムードの高まりで消費や経済活動が停滞したそのとき、メディア・イベントの目指す道として、国立新美術館における「シュルレアリスム　パリ・ポンピドゥ・センター所蔵作品による展」（2011年2月9日－5月15日＝会期延長）、国立西洋美術館における「レンブラント　光の探求／闇の誘惑展」（2011年3月12日－6月12日）など、展覧会事業に前向きに取り組んだことによって、人が動き、経済が動き、情報が動いた。そのような活動が、人々の活力にもつながることが結果として見えてきたという(註26)。

社会における美術展の存在感をつくり出す仕事にも取り組むマス・メディアの文化事業部は、徹底的なターゲット設定やマーケティング、スポンサー獲得など、美術館と役割分担をしながら展覧会事業を動かしたいとしている。また、国内外のネットワークをさらに強化し、企画展示を日本から海外に巡回させる国際的な事業展開も目指すという(註27)。スポンサーの獲得は、展覧会愛好者の増大につながる可能性を秘めており、日本発海外巡回展は、日本の美術展の現状に新たな風を吹き込むと考えられる。

また、メディア・イベントの展覧会は、日本の美術展覧会の愛好者層の形成に大きな役割を果たしてきた。その愛好者層の中核をなす中高年の女性を中心とした「コア層」は最も眼の肥えた顧客であり、「コア層」を満足させる展覧会を目指すことによって展覧会の質がさらに向上する。同時に、20歳代、30歳代の展覧会観客、すなわち「美術館をあまり利用しない層」を愛好者層へと取り込むために、

積極的にSNSを用いた情報発信をするなど、美術展を主催するマス・メディアはさまざまな戦略に取り組んでいる。マス・メディアにとって展覧会事業は、イベントという方法論を用いた情報発信の手段としての位置づけもあるという（註28）。

マス・メディアの美術展担当者は、展覧会内容が、日本人の文化と温度差がある場合に、海外では見られない展示解説やキャプションおよびフロアプランの工夫まで、作品所有者と協議しながら展示をつくることもある。さらに、収入源の1つであるミュージアム・グッズの開発にも関わる（註29）。

メディア・イベントの展覧会の存在は、数多くの名作を日本に紹介することを可能にし、観客育成を促進した。加えて、マス・メディアは海外交渉や資金調達なども担ってきた。美術館が展覧会の情報をマス・メディアに告知し、展覧会報道を促すという世界各国の美術館で行われている広告宣伝活動とは異なるマス・メディアとの関係性は、日本独自の美術館経営の方法論である。

日本の美術館は、このパートナーシップを生かすことも重要である。マス・メディアが構築してきた経験知を共有し、マーケティングや展示企画に反映させることが可能だろう。同時に、マス・メディアは展覧会を魅力的な対象として伝えてはきたが、美術館そのものについての魅力について積極的に報じてきたわけではない。展覧会とともに美術館の魅力がマス・メディアによって伝達されるためには、美術館も努力する必要がある。マス・メディアが報道したくなるような魅力を美術館は創出しなければならない。

情報化社会において大きく経営方針を変容させつつあるマス・メディアにとって、美術館で展覧会を開催することに高い価値を見出すことができるような対象として、美術館が発展してゆくことが望まれる。そのために美術館は、日本の文化や芸術とは何か、人々の内面を

揺さぶる豊かな経験をもたらす意義とはいかなるものかといった問いに対して、常に人と時代に寄り添った視点をもちながら応えてゆくことが重要だと考えられる。

アーティストによる問題提起

　一方、アーティストは作品によって美術館に対する問題提起をしてきた。先駆的な事例は、マルセル・デュシャン（Duchamp, Marcel、仏）によるものであろう。デュシャンの一連の作品は、ホンモノと複製の問題や、美術館で作品を見る意義などを受け取ることができる。男性用小便器にサインと制作年を記した《泉》（1917年）といった、レディ・メイド（既製品）作品や、レオナルド・ダ・ヴィンチの《モナ・リザ》の複製にひげを描いた《L.H.O.O.Q.》（1941-42年）は、

図表6
マルセル・デュシャン《与えられたとせよ　1 落ちる水　2 照明用ガス》（1946-66年）の展示風景。スペイン扉（上左）にあけられたのぞき穴をのぞいて（上右）、内部（左）を鑑賞する。
『「マルセル・デュシャンと20世紀美術」展カタログ』（国立国際美術館・横浜美術館・朝日新聞社、2004年）より
©Succession Marcel Duchamp / ADAGP, Paris & JASPAR, Tokyo, 2016
C0921

美術館に展示する作品とはいかなるものなのかという問題を提示した。

　頑丈なスペイン扉の2つののぞき穴からのぞくことによって作品と出会うことができる《与えられたとせよ　1落ちる水　2照明用ガス》(1946-66年、遺作) は、デュシャンの作品を所蔵するフィラデルフィア美術館 (収集家によりデュシャンの代表的な作品の大半が同館に寄贈されている) でしか鑑賞できない (図表6)。デュシャンが亡くなった翌年の1969年、同館に設置されたこの作品は、遺言により、扉内部の写真複製は15年間禁止された。つまりこの作品は、オリジナルとの出会いを美術館のみに限定することによって、美術館で作品を鑑賞することの意義について問題を提起していると言える。実際デュシャンは、美術館や展覧会に存在意義を見出していた (註30)。デュシャンは、美術館でしか作品のオリジナルを見ることができない経験そのものも、制作したのである。これは、「アーティストとミュージアムは互いに敬意を持ちながらも絶えず警戒心を持ちつつも見つめ合う存在である」という見解を想起させる (註31)。

　また、ジョゼフ・コスース (Kosuth, Joseph、米) の《1つと3つの椅子》(1965年) は、「椅子」を平面 (写真)、立体、文字で提示することによって「椅子」という概念に対して問いかけるコンセプチュアル・アートで、この作品をどのジャンルに分類するか、美術館関係者を困惑させた。それは、絵画、彫刻、資料といった美術館が設定してきた既成のジャンルに対する問題提起としても受け取ることができる。

　イギリスのアーティスト、バンクシー (Banksy) も、美術館の在り方に一石を投じた。各国の美術館に自分の作品を無断で自らの手で展示したのである。たとえば、テート・ギャラリーには警察による進入禁止テープが張られた風景画を (2003年)、ルーヴル美術館にはスマイルマークの顔をした《モナ・リザ》を (2004年)、ニューヨーク近代美術館にはアンディ・ウォーホルの作品《キャンベル・スープ缶》

を模した青いトマト・スープ缶を（2005年）、メトロポリタン美術館にはガスマスクをつけた女性の肖像画を（2005年）、ブルックリン美術館には左手にスプレー缶を握り背景にピースマークと「NO WAR」と落書きされた近世の兵士の肖像画などを（2005年）展示したのである（註32）。4日間気づかずにバンクシーの作品を展示していた館もあり、彼の作品を「売ってくれないか」という問い合わせもあった（註33）。美術館に展示されているものが、決して絶対的なものではないことを再考させる。

　2014年、バンクシーは、パレスチナ暫定自治区（ガザ地区）の瓦礫の街に残された壁面に、ロダン《考える人》から想を得たモティーフや、瓦礫の鉄くずで遊ぶかわいらしい仔猫のステンシルによる作品を描き、それらをインターネット上で発表することによってガザの惨状を伝えた。

　またバンクシーは、2015年（8月22日－9月27日）ディズニーランドをもじった期間限定のテーマパーク「ディズマランド（Dismaland）」をイギリスでオープンした。ここでは、焼け焦げた城、ゆがんだディズニーキャラクターのアリエルなどが出迎える荒涼とした景観のなかで、仏頂面の従業員に見守られながら、現代美術家のダミアン・ハーストやジェニー・ホルツァーなどのアーティストの作品も展示された。現実に潜む狂気、暴力、差別などについて深く考えさせられるイベントとしてとらえることができる。

　このような、館外に広がる美術作品に美術館が対応することは、現在のところ難しい。ほかにも、マイノリティを含むさまざまな人々への包括的な対応の難しさも指摘されており（註34）、美術館は、その限界をまず自覚し、さらには限界を超える可能性を模索してゆかなければならないだろう。同時に、美術館で展示すべき美術とは何を指すのか、美術のジャンルはどのように設定するかといった問いに対する答

えは、時代によって変容してきたことを踏まえて、美術館の展示内容を常に吟味することも、学芸員にとっては必要なことであろう。

3. 美術館のコミュニケーションを魅力的にするのは誰か

　美術館の組織や人材を語るとき、これまで館長、学芸セクションと総務セクションそれぞれの担当業務を担う組織が提示されてきた。しかし、日本の場合は、マス・メディアが展覧会運営に参入する場合も数多く存在する。そして、アーティストも美術館に対してさまざまな問題提起をしてきた。加えて、近年はソーシャル・ネットワークの普及によって、観客も情報発信者として少なくない役割を果たしている。
　ミュージアムをめぐって多様なコミュニケーションが存在することを踏まえると、美術館の組織は、ヒエラルキー型ではなく、フラットなネットワーク型としてとらえなおすことができる（図表7）。そして、

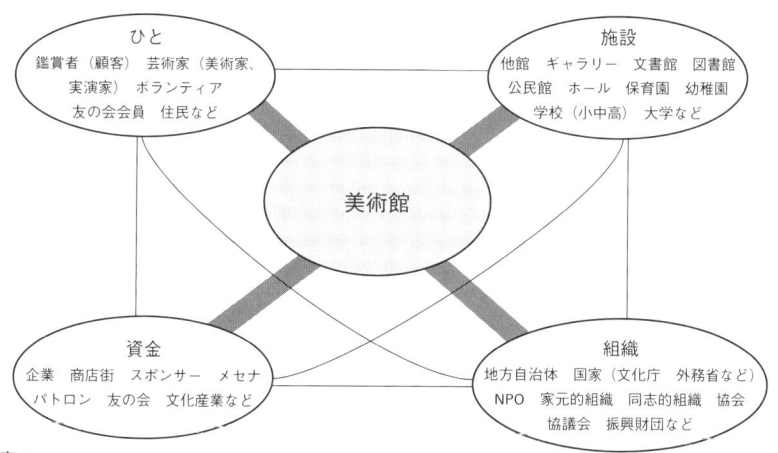

図表7
美術館のコミュニケーションのイメージ図。美術館がハブとなり、ひと、施設、資金、組織などの美術館に関わる対象同士を間接的に結びつけ、連携しながら、フラットなネットワークを形成する。
作成：河原啓子

これからの美術館のコミュニケーションを魅力的にするのは、ここにあげたすべての人々で形成される大きなネットワークと言えるのではないか。

　では、このネットワークの特徴は何だろう。それは、作品を鑑賞するというリアル経験を伴う美術館がこのネットワークのハブ（中心、拠点）になっているために、ヴァーチャル・ネットワーク時代においてもなお、リアル経験を介したネットワークになることである。コンピュータの普及により、電子上のコミュニケーションが普及するなかで、それは、実にオリジナリティのあるネットワークと言えよう。そして、メディア・イベントの実績のある美術館であれば、このような独特なネットワークの有効性をマス・メディアに対して提示することによって、美術館の魅力が多くの人々に理解される可能性も広がる。これからの美術館は、リアルなソーシャル・ネットワークのハブとして、その存在意義を確立してゆくと考えられる。同時にそのリアルなソーシャル・ネットワークのハブである美術館では、多様な人々の多様な価値観が行き交う。異なる価値観を理解するための１つの手段としても成立し得るのである（註35）。

　そして、そのハブは、創造活動のハブでもある。「日本の美術館は現代美術を使うことに開かれているが、現代美術を作り出すことには開かれていない」（註36）。確かに、美術館がアーティストやその作品を紹介するだけではなく、アーティストの創造拠点として創造の源泉として機能してゆく機能は、開拓途上にあると思われる。

　建築家・磯崎新は、美術館の発展を次の３つの世代に分けてとらえた。第一世代＝18世紀末までに成立した王侯貴族の史的コレクションを公開する美術館（例：ルーヴル美術館）。第二世代＝アカデミーの権威に対する意図的な反抗として誕生した美術館（例：ポンピドー・センター）。第三世代＝第二世代に対する批判の上に成立し

1960年代以降の現代美術の動向と関わるサイト・スペシフィックな美術館（例：奈義町現代美術館）(註37)。

　このうち第三世代のサイト・スペシフィックな美術館においては、美術館が独自性のあるサイトを生成し、創造し、提供するとされる。磯崎は、この第三世代の美術館について「祭壇画や天井画のような建築物と一体化した時代を想起させる奇妙な回帰」と言う(註38)。この見解は、建築家としての立場から美術館を物理的に考察している。さらに美術館そのものの概念として参照してみると、既述のように美術館でのみしかできない"リアル経験"を提供する点において、美術館はサイト・スペシフィックになり得ると考えられる。

　ヴァルター・ベンヤミン（Benjamin, Walter、独、思想家・社会批評家）は、複製によって作品の「いま」「ここに」しかないアウラが消滅すると指摘したが、マス・コミュニケーション時代において作品のオリジナルには既述の"起源の物神化"とも言える新たなアウラが付与された(註39)。さらに時代は進展し、美術館の建物そのもの、そして美術館の機能全般にさらなるアウラが生ずる時代を迎えようとしているのではないだろうか。

　美術館のコミュニケーションを魅力的なものにするのは、いったい誰か。学芸員のマーケティングを前提にした美術館マネジメントや、新聞社やアーティストなどとの有効な連携を踏まえて、フラットに広がるネットワークが、美術館を魅力的な存在にしようとしていると考えられる。美術館は、その時代の流れを取り込みながら形づくられる新たなネットワークによって、さらに進化してゆくのである。

註

1 Ed. UNESCO, *The Organization of Museums; practical advice*, Paris, 1960, p.55
2 Ed. ICOM, Timothy Ambrose and Crispin Paine, *Museum Basics*, London, 1993, p.17, p.28
3 Carol Scott (2002) "Measuring Social Value" in Eds. Richard Sandell and Robert R. Janes, *Museum Management and Marketing*, London and New York, Routledge, 2007, pp.191-192
4 Ed. ICOM, 1993, pp.118-119
5 Neil G. Kotler, Philip Kotler, Wendy I. Kotler, *Museum Marketing & Strategy; Designing Missions Building Audiences Generating Revenue and Resources, 2nd Edition*, San Francisco, Jossey-Bass, 2008, p.143
6 Neil G. Kotler, Philip Kotler, Wendy I. Kotler, 2008, p.135
7 Neil G. Kotler, Philip Kotler, Wendy I. Kotler, 2008, p.342
8 Ruth Rentschler (2004) "Museum Marketing Understanding different types of audiences" in Eds. Richard Sandell and Robert R. Janes, 2007, p.361
9 Mark W. Rectanus, *Culture incorporated; Museums, Artists, and Corporate Sponsorships*, Minneapolis, University of Minnesota Press, 2002, p.212
10 Konstantinos Arvanitis (2005) "Museums Outside Walls: mobile phones and the museum in the everyday" in Ed. Ross Parry, *Museums in a Digital Age*, London and New York, Routledge, 2010, p.175
11 同館は以後も、宮崎駿に関連した「ハウルの動く城——大サーカス展」（2005年）、「ジブリの絵職人——男鹿和雄展」（2007年）、「スタジオジブリ・レイアウト展」（2008年）や、ディズニーのアニメーションに焦点を当てた「ディズニー・アート展」（2006年）などにも取り組んだ。
12 川俣正「ディズニーランドは現代美術の場たりえるか」東京国立近代美術館編『美術家たちの証言——東京国立近代美術館ニュース『現代の眼』選集』美術出版社、2012年、p.263
13 Michel Foucault, *Les Mots et Les Choses*, Paris, Gallimard, 1966, p.142（ミシェル・フーコー著、渡辺一民＋佐々木明訳、『言葉と物——人文科学の考古学』新潮社、1974年、p.153）
14 遠藤利克「消える美術館、現われる美術館」東京国立近代美術館編前掲書、p.259
15 河原啓子『芸術受容の近代的パラダイム——日本における見る欲望と価値観

の形成』美術年鑑社、2001 年、p.14
16 Jennifer Barrett, *Museum and the Public Sphere*, Oxford and Malden, MA, Wiley-Blackwell, 2011, p.165
17 河原啓子『「空想美術館」を超えて』美術年鑑社、2011 年、p.108
18 Carol Scott (2002), Eds. Richard Sandell and Robert R. Janes, 2007, p.192
19 Neil Kotler and Philip Kotler (2000) "Can Museums be All Things to All People? : Missions, goals, and marketing's role" in Eds. Richard Sandell and Robert R. Janes, 2007, p.329
20 Elizabeth Orna, Charles Pettitt, *Information Management in Museums, 2nd Edition*, Hampshire, Gower Publishing Company, 1998, p.88
21 河原前掲書（2001 年）、p.146 ／河原前掲書（2011 年）、p.50
22 会期は 1945 年 10 月 5 日－1945 年 10 月 18 日、会場は日本橋三越本店。このとき、東京国立博物館は閉館中であった。
23 「読売アンデパンダン」展は、フランスの「サロン・デ・ザンデパンダン」をモデルにしている。出品料を支払えば、誰でも展示が可能。同展には、岡本太郎、池田満寿夫、荒川修作、赤瀬川原平など、その後の戦後日本美術を担うことになったアーティストが出品した。また、海外招待作家として、1951 年の第 3 回展ではジャクソン・ポロック、マックス・エルンスト、ジャン・デュビュッフェなどの作品を紹介した。読売新聞紙上では、瀧口修造、針生一郎、東野芳明ら、美術評論家たちが当時の最先端の作品について論じ、現代美術に対する社会的関心を高め、理解を深めることの一助になったと言える。
24 同展は、1955 年ニューヨーク近代美術館で開催された。人間の人生のひとコマをテーマにした世界各国の写真家の作品を集めた壮大な構成。写真家のエドワード・スタイケンが作品選出を担当した。日本経済新聞社の展覧会事業参入の第 1 号でもある。
25 河原啓子「戦後日本社会における展覧会の史的考察」『青山史学 32 号』青山学院大学文学部史学科、2014 年、p.91。厚生労働省、（社）中央調査社のデータをもとに分析した。
26 読売新聞東京本社事業局次長兼文化事業部長・吉見淳一氏、同事業局事業開発部長・原田真由美氏のコメントより（2015 年 7 月、筆者聴き取り）。
27 註 26 の同氏コメント。同社では公立美術館のネットワークである美術館連絡協議会の運営も行っており、巡回展などの連携のニーズの増大により同協

28 朝日新聞社企画事業本部文化事業部長・堀越礼子氏のコメントより（2015年7月、筆者聴き取り）。
29 註28の同氏コメントより。
30 マルセル・デュシャン＋ピエール・カバンヌ著、岩佐鉄男＋小林康夫訳『デュシャンは語る』ちくま学芸文庫、1999年、pp.192-196
デュシャンは、自分の作品のほとんどがフィラデルフィア美術館に収蔵されたことは、コレクターの遺贈に当たって同館が展示期間の条件が一番よかったためであることを証言している。デュシャンにとって、展覧会は、（たとえばテート・ギャラリーの回顧展のように）1つ1つの思い出を呼び覚まし、自分が裸にされるような独特な快感をもたらすものであったようである。「空想美術館」から抜け出したアーティストとしての自意識もあった。デュシャンはアーティストにとって美術館そして展覧会が何らかの影響力をもつものであり、作品によってその存在意義の問題提起をしたのである。
31 Kynaston McShine (1999) "From The Museum as Muse: Artists Reflect" in Ed. Bettina Messias Carbonell, *Museum Studies: An Anthology of Contexts*, Oxford, Blackwell Publishing, 2004, p.520
デュシャンをはじめ、ジョセフ・コーネル、エドワード・キーンホルツなどの作品をあげて論じている。
32 バンクシーは、美術館に勝手に作品展示をすることについて、ロイター通信に対して「死後、有名になって展示されるのを待つ必要はないと思った。」とコメントしている。また、バンクシーの作品は2007年、サザビーズのオークションで落札されている。
33 『朝日新聞』2005年4月17日、朝刊
34 Michelle Henning, *Museums, Media and Cultural Theory: in Cultural and Media Studies*, Maidenhead and New York, Open University press, 2006, p.127.
35 Manuel Castells (2001) "Museums in the Information Era: cultural connectors of time and space" in Ed. Ross Parry, 2010, p.433
36 岡崎乾二郎「美術館はどのように使われるべきか──『現代美術』を作る装置としての美術館」東京国立近代美術館編前掲書、p.262
37 磯崎新『造物主義論』鹿島出版会、1996年、pp.39-43
38 磯崎前掲書、p.43
39 河原前掲書（2001年）、p.14

参考文献

- Ed. Gail Anderson, *Reinventing the Museum Historical and Contemporary Perspectives on the Paradigm Shift*, Lanham, Rowman & Littlefield Publishers, 2004
- Banksy, *Wall and Piece*, London, Random House, 2005
- Walter Benjamin, *Abhandlungen, Gesammelte Schriften Band I-2: Das Kunstwerk im Zeitalter Seiner Technischen Reproduzierbarkeit*, 1974（原典初出は 1936 年。ヴァルター・ベンヤミン著、野村修編訳『ボードレール　他五篇　ベンヤミンの仕事 2』岩波文庫、1994 年。ヴァルター・ベンヤミン著、佐々木基一編集解説『複製技術時代の芸術』晶文社、1970 年）
- Daniel Dayan, Elihu Katz, *Media Events: The Live Broadcasting of History*, Harvard University Press, 1992（ダニエル・ダヤーン＋エリユ・カッツ著、浅見克彦訳『メディア・イベント——歴史をつくるメディア・セレモニー』青弓社、1996 年）
- Eds. Kirsten Drotner, Kim Christian Schrøder, *Museum Communication and Social Media, The Connected Museum*, New York and London, Routledge, 2013
- Martin Heidegger, *Der Ursprung des Kunstwerkes*, Frankfurt, Stuttgart, Philipp Reclam, 1960（マルティン・ハイデッガー著、関口浩訳『芸術作品の根源』平凡社、2002 年）
- Eds. Ivan Karp, Corinne A. Kratz, Lynn Szwaja and Tomás Ybarra-Frausto, *Museum Frictions*, Durham, Duke University Press, 2006
- Joseph Kosuth, *Art after Philosophy and after: Collected Writing*, 1966-1990, Cambridge, MA and London, The MIT Press, 1991
- André Malraux, *La Psychologie de l'Art (tome 1: Le Musée imaginaire)*, Paris, Gallimard, 1947（マルロオ著、小松清訳『東西美術論 1　空想の美術館』新潮社、1957 年）
- André Malraux, *Le Musée imaginaire*, Paris, Gallimard, 1965
- Paul F. Marty, Katherine Burton Jones, *Museum Informatics: People, Information, and technology in Museum*, New York and London, Routledge, 2008
- Alvin Toffler, *The Culture Consumers: A study of art and affluence in America*, New York, St. Martin's Press, 1964（アルビン・トフラー著、岡村二郎監訳『文化の消費者』勁草書房、1997 年）
- Wolfgang Welsch, *Ästhetisches Denken*, Stuttgart, Reclam, 1990（ヴォルフガング・ヴェルシュ著、小林信之訳『感性の思考——美的リアリティの変容』勁草書房、1998 年）

- 赤瀬川原平『いまやアクションあるのみ！――〈読売アンデパンダン〉という現象』筑摩書房、1985 年
- 多木浩二『「もの」の詩学――家具、建築、都市のレトリック』岩波現代文庫、2006 年
- 多木浩二『ベンヤミン「複製技術時代の芸術作品」精読』岩波現代文庫、2000 年
- 津金澤聰廣編著『近代日本のメディア・イベント』同文舘、1996 年
- 東京国立博物館編『東京国立博物館：目でみる 120 年』東京美術、1992 年

I-3：行財政 1

ミュージアムに関する国の施策

小松弥生

1. ミュージアムの法律上の位置づけ

 「ミュージアム」という言葉から、どのような施設・機関を思い浮かべるだろうか？　多くの人が「美術館」や「博物館」と呼ばれている施設をあげるであろう。「ミュージアム」を日本語に訳すと、「博物館」であるが、法律上は、実は「博物館」の対象分野は広く、動物園、植物園や水族館も含まれる。

 そのなかのいわゆる「美術館」だけをとってみても多様である。著名な西洋絵画を目玉にしているところもあれば、地元出身作家の作品の収集に力を入れている美術館もある。美術団体の発表の場を提供するなど地元に密着した機能を重視する美術館もある。個人が収集したコレクションを展示する美術館や特定の作家を顕彰する美術館もある。海外に行くと、ルーヴルやプラド、メトロポリタンなど、巨大で、所蔵作品の時代区分も対象地域もたいへん幅広い美術館もある。

 この項では、これら美術館を含む博物館の法律上の位置づけをはじめとする美術館・博物館に関する法制度や行財政の仕組みについて解説する (註1)。

(1) 社会教育施設としての美術館・博物館

 教育基本法（1947 [昭和 22] 年）は、国と地方公共団体に対して、図書館、博物館、公民館等の社会教育施設の設置、学校施設の利用、

学習機会や情報提供などによって社会教育の振興に努めることを求めている（第12条）。つまり、博物館は図書館や公民館と並んで社会教育施設という位置づけになっている。

　これを受けた社会教育法（1949年）においても、博物館は、社会教育のための機関とされており、博物館に関して必要な事項は、別の法律で定めることとされている（第9条）。ここでいう「別の法律」が「博物館法」である。博物館法は、1951年に制定され、以来2008（平成20）年の改正まで主要な内容についての改正はほとんど行われてこなかった。

　2008年の改正の背景を説明してくれるのは、「これからの博物館の在り方に関する検討協力者会議」の報告書、「新しい時代の博物館制度の在り方について」（2007［平成19］年6月）及び「学芸員養成の充実方策について」（2009［平成21］年2月）である（註2）。この会議においては、生涯学習社会の進展のなかで、博物館が求められる役割が変化していることに応じて、必要な博物館制度の見直しの方向性を示し、博物館及び博物館法の抱える課題を網羅的に指摘、分析し、提言を行った。

(2) 博物館法による定義

　博物館法の規定と課題について、2008年の改正も含めて見ていこう。
　博物館法では、「博物館」の定義として、①歴史、芸術、民俗、産業、自然科学等に関する資料を収集、保管、展示して教育的配慮の下に人々が利用できるようにし、人々の教養、調査研究、レクリエーション等に資する事業を行うとともに、調査研究をすることを目的とする機関、②設置者は、地方公共団体、一般社団法人、一般財団法人、宗教法人又は政令で定めるその他の法人、③登録を受けたもの、の3つを上げている（第2条第1項）。①からは、博物館の対象としてい

る分野が幅広いこと、博物館の事業は「資料の収集・保管」「資料の展示」「教育普及」「調査研究」とされていることがわかる。②は設置者を限定しているが、地方公共団体の設置に係るものすなわち公立博物館については教育委員会所管とされ（第19条）、更に限定的である。

(3) 博物館登録制度

1-(2)の③によると、博物館法では、登録博物館のみが「博物館」とされている。具体的には、都道府県教育委員会又は指定都市教育委員会の博物館登録原簿に登録を受けたものが「博物館」である（第2条、第10条）。登録の要件は、①博物館資料があること、②学芸員その他の職員を有すること、③建物と土地があること、④年間150日以上開館すること、である（第12条）。この規定は、公私立博物館の振興のため、一定の水準を確保することを求めたものである。

一方で、この要件を満たさないものの、同様の事業を行う機関についても行政の支援の対象とするため、「博物館相当施設」という分類も設けられている。すなわち、博物館の事業に類する事業を行う施設を「博物館に相当する施設」とすることが定められている（第29条）。博物館相当施設については、博物館法施行規則に詳細が定められており、その要件は、①資料を整備していること、②専用の施設・設備を有すること、③学芸員に相当する職員がいること、④施設、設備を公開すること、⑤年間100日以上開館すること、である（第20条）。

さらに、法律には定めがないが、登録博物館、博物館相当施設の他に、博物館類似施設という類型を、文部科学省の社会教育調査（註3）において設けている。平成23年度の当該調査によると、登録博物館が913館（16%）、博物館相当施設が349館（6%）、博物館類似施設が4,485館（78%）である。この数字は、近年あまり大きく変化して

おらず、法律上定めのない博物館類似施設が大半を占めているのが現状と言える。

　国立の美術館や博物館、地方公共団体の首長所管の館、株式会社立の館などは、博物館相当施設となっている例が多い。また、圧倒的割合を占める博物館類似施設には、国立のなかでも収蔵品をもたない国立新美術館や動物の行動展示で顕著な実績を有する北海道旭川市立の旭山動物園などが含まれている。

　では、登録の意義は何であろうか。1997（平成9）年より前は、公立の登録博物館に対して、国の施設整備費補助金があったが、1997年に補助金が一般財源化されたことにより、公立博物館にとってはメリットがなくなった。私立の登録博物館については、一定の要件のもとに、特定公益増進法人、指定寄附金、租税特別措置法による税制上の優遇措置などがある。

　登録制度には、有効期限も更新についての定めもなく、審査や運用は登録原簿を有する都道府県教育委員会や指定都市教育委員会に委ねられており、登録したことをきちんと担保する仕組みが整っているとは必ずしも言えない。

　このような状況に鑑み、2007（平成19）年の報告書においては、「博物館登録制度が我が国の博物館の活動の基盤を形成しているとは言い難い状況」と指摘し、新しい登録制度を提案している。ここで言う新しい登録制度は、登録申請資格に係る設置主体の限定の撤廃や博物館相当施設を博物館登録制度に一本化することなどを内容としている。しかしながら、2008（平成20）年の博物館法改正において、これらの提言が反映されることはなかった。

(4) 博物館の望ましい基準

　博物館法上定められた登録の要件は、非常に大まかである。博物

館資料とは具体的にどのようなものを指すか、規模に応じて学芸員は何人置けばよいか、建物や土地の規模に下限はあるのか、など詳細は法律には書かれていない。そこで、同法第 8 条では、文部科学大臣が、博物館の健全な発達を図るために、博物館の設置及び運営上望ましい基準を定めることとしている。博物館法制定後かなり年数を経た 1973（昭和 48）年に「公立博物館の設置及び運営に関する基準（昭和 48 文部省告示第 164 号）」が定められた。この基準には、学芸員数や館種別の面積、資料数などが示されていた。しかしながら、1998（平成 10）年に、地方分権推進計画（平成 10 年 5 月 29 日閣議決定）により、学芸員数の基準が削除され、更に、2003（平成 15）年にも、地方分権の一環で定量的な基準がすべて撤廃された。その後、2008 年の博物館法改正に伴い、新たな「博物館の設置及び運営上の望ましい基準（平成 23 年文部科学省告示第 165 号）」が定められた。この基準においても、定量的な目安は一切示されていない。

(5) 学芸員

　職員については、館長及び専門的職員として学芸員を置くこととされている（博物館法第 4 条）。学芸員の資格に関しては、大学で所定の単位を修得することなどが定められている。既述のとおり、博物館の対象分野は多様であるにもかかわらず、資格要件においては、その多様性が配慮されていないこと、現行の法定科目だけでは、現代社会の変化や博物館利用者のニーズに対応できないなどの課題があった。2007 年の報告書は、学芸員制度の在り方についても、大学と博物館が協働して学芸員を養成する体制づくりや現職研修の充実などを提言した。この報告書を受けて、2008 年の博物館法改正においては、学芸員資格取得に必要な実務経験の範囲の拡大などが盛り込まれた。

(6) 文化振興における美術館・博物館の役割

　美術館・博物館は、美術振興や文化財保護など、文化振興の大きな一翼をも担っている。美術館・博物館が収集、保管、展示する美術品や資料は、その国あるいは地域の文化を表すものであり、人々の心のよりどころともなっている。芸術家の活躍の場でもあり、一般の人々の文化活動の拠点でもある。あるいは、他国・地域の文化を紹介するものでもある。来館者にとっては、想像力を育み、感性をみがくとともに、多様な文化を理解する場ともなる。そのような機能から、美術館・博物館は、社会教育の場であると同時に文化芸術のための施設でもある。

　法律の上でも、文化芸術振興基本法（2001［平成13］年）において、「国は、美術館、博物館、図書館等の充実を図るため、これらの施設に関し、自らの設置等に係る施設の整備、展示等への支援、芸術家等の配置等への支援、文化芸術に関する作品等の記録及び保存への支援その他の必要な施策を講ずるものとする。」としている（第26条）。担当組織についても、文部科学省の各部局の所掌事務を定めた組織令（2000年）には、文化庁文化財部の所掌事務として、「文化施設のうち美術館及び歴史に関する博物館に関すること」が規定されている（第97条）。

　また、国立の美術館と博物館は、国の文化の顔として、それぞれの設置法において、「芸術その他の文化の振興を図ること」、「貴重な国民的財産である文化財の保存及び活用を図ること」を目的とするとされている。公立の美術館・博物館のなかでも、文化振興のための機関として首長部局が所管する例が増加している。これは、一連の地方分権、規制緩和の施策のなかで、地方教育行政の組織及び運営に関する法律（1956［昭和31］年）が改正され、「文化に関すること」について、首長も所管できることになったことによる（第23条）。背景には、

地域振興の要として美術館・博物館を活用したいと考える自治体が増えてきたことや、首長部局の方が予算がつきやすいという事情もある。1-（2）で述べたように、教育委員会所管でなければ、登録博物館とはならないため、首長部局所管の美術館・博物館が増加することは、博物館法の形骸化に拍車をかけることになっている。

2. 美術館・博物館の活動を充実するための法制度

（1）公開承認施設
　文化財保護法（1950［昭和25］年）では、美術品を含む有形文化財のうち重要なものを重要文化財に、更に世界文化の見地から価値の高いものを国宝に指定して保護することが定められている（第27条）。これら指定された有形文化財保護のために、現状変更の制限（第43条）や輸出の禁止（第44条）などの規制が設けられていると同時に、活用のための公開についても規定されている（第47条の2〜第53条）。

　そのなかに重要文化財等の公開の促進を図るため、「公開承認施設」の制度がある（第53条第1項ただし書）。重要文化財をその所有者又は管理者以外の者が公開する際には文化庁長官の許可を受ける必要があるが、あらかじめ文化庁長官の承認を受けた美術館・博物館などにおいて公開する場合には、許可を受けることが不要というものである。

　公開承認施設の要件や手続き等については、「重要文化財の所有者及び管理団体以外の者による公開に係る博物館その他の施設の承認に関する規程」（平成8年8月2日文化庁告示第9号）が定められている。要件は、大きくは職員や体制など施設の組織に関することと

建物・設備に関することである。建物については、耐火、防火、防犯、温湿度、照度など、文化財の適切な保存環境、観覧者の安全確保などが求められているので、施設の整備段階からこの規程に沿ったものとする必要がある。近年、美術館・博物館は、建築そのものがアートであり、見どころとされる例が多く見られるが、そのような場合でも、優れた美術品を安定した環境で展示するためには公開承認施設と同等の要件を整えることが望ましいため、設計協議などに入る前の施設の構想段階から留意しておく必要がある。実務的には、早い段階から、文化庁文化財部美術学芸課や独立行政法人国立文化財機構東京文化財研究所のアドバイスを受けるのが通例である。

(2) 美術品登録制度

　美術品登録制度は、個人や法人が所有し、公開の機会が少ない優れた美術品を国が登録し、美術館において公開する制度である。「美術品の美術館における公開の促進に関する法律」(1998［平成10］年)によって定められている。

　国宝や重要文化財など文化財保護法により指定された文化財はもちろん、指定されていなくても、優れた絵画や彫刻などは、なるべく公開して多くの人が鑑賞できるようにすることが望ましい。所有者にとっては、美術品の保存管理を美術館・博物館に任せることができるというメリットがあり、美術館・博物館にとっては、展示品が充実するというメリットがある。また、登録美術品は、相続が発生した場合、国債や不動産と同じ順位で物納することができるとされている。この点も、所有者に公開のインセンティブを与える仕組みとなっている。

　登録美術品となる美術品は、国宝又は重要文化財に指定されたものか、世界的に見て歴史上、芸術上、又は学術上特に優れた価値を有するものとされている（同法第3条第2項第2号）。美術品を公開する

美術館は、博物館法上の「登録博物館」又は「博物館相当施設」に限られる（第2条第1項第2号）。

実際に登録された美術品のリストは文化庁のホームページに掲載されている。2015（平成27）年10月までに69件8,379点の美術品が登録され、物納は2例である。1998年に制度ができて以来かなりの年数が経過していることを考えると、この制度の一層の活用が期待される。

(3) 美術品補償制度

美術品補償制度は、日本で開催される展覧会のために、海外等から借りてきた美術品に損害が生じた場合に、その損害を政府が補償する制度である。

美術品を借りる際には、事故や災害、盗難などにより、万一損害が生じた場合に備えて、保険をかける必要がある。保険料は、美術品の評価額やリスクの度合に応じて決められる。美術品の価値が高く著名であればあるほど、保険料は高額となり、特に海外から美術品を借りて行う展覧会の予算を圧迫することとなる。欧米諸国においては、従来からこのような場合に、一定限度の下に国が補償することにより、美術品を借りやすくする制度があった。しかしながら、我が国には、この制度がなかったため、美術品の評価額の高騰やテロ、自然災害のリスク増大による保険金の増加により、海外から優れた美術品を借りて行う展覧会を開催することに年々困難が伴うようになってきていた。美術関係者や展覧会を主催する美術館及びマスコミ各社などからの、国家が補償する制度をつくってほしいという長年の要望を受け、2011（平成23）年6月に「展覧会における美術品損害の補償に関する法律」が施行された。

対象となる展覧会は、博物館法による登録博物館及び博物館相当施

設、その他独立行政法人の国立美術館及び国立文化財機構が設置する美術館、博物館で開催する展覧会である（同法第2条第2項）。

更に、対象美術品の約定評価額の総額が50億円を超えた展覧会のみが対象とされるので、実際はかなり高額な海外からの借り受けの場合に限られることとなる（同法第4条、同法施行令）。補償内容は、オール・リスク（地震、テロによる損害を含むすべての偶然の事故により生じた物理的損害を補償することをいう）、ウォール・トゥ・ウォール（壁から外したときから、壁に掛け戻すまでをいう）、請求権不行使（主催者、所有者、輸送業者に対し、請求権を行使しないことをいう）である。通常損害の場合、1,000億円（うち、自己負担50億円）まで、地震、テロなどによる損害の場合、951億円（うち、自己負担1億円）まで補償される（図表1）。

この制度の効果としては、優れた美術品の鑑賞機会の拡大や海外の文化を日本国内に紹介することによる国際的な文化交流の促進が期待される。また、展覧会の主催者には、安全に関して、従来以上の注意が求められ、ひいては美術館・博物館の管理運営面での質の向上につ

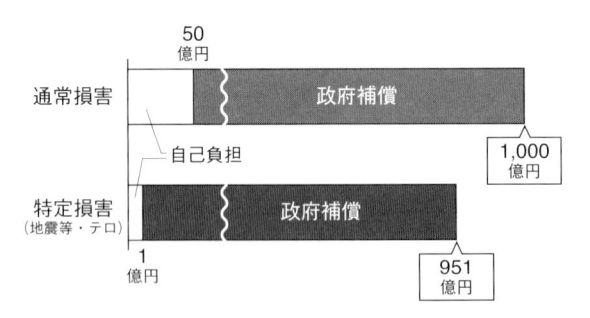

図表1
「展覧会における美術品損害の補償に関する法律」による補償内容
文化庁「美術品補償制度等について紹介するパンフレット」より。
文化庁ホームページで閲覧、ダウンロードが可能
http://www.bunka.go.jp/seisaku/bijutsukan_hakubutsukan/hoshoseido/index.html（2015年12月現在）

ながる。なお、この制度の活用による国民への利益の還元として、高校生の入場料を一定期間無料にするなどの取り組みが行われている。

　法律施行3年後に検証を行ったところ（附則第2項）、次のような課題が浮かびあがってきた。適用対象となり得る展覧会のうち実際に適用されたのは3割程度であること、借り受ける美術品の総評価額の下限が50億円であることから、相当程度大規模な展覧会に限られ、その結果東京に集中していること、申請書類が多く申請者にとって負担が大きいこと、海外の所有者がこの制度の適用を拒否するケースがあることなどである（文化審議会美術品補償制度部会「審議のまとめ」平成27年7月2日）。今後、これらの課題への対応が検討されることとなる。

(4) 海外から借り受けた美術品の強制執行等の禁止

　盗まれたり、戦時下に略奪されたりした美術品が、海外の展覧会に出品された場合に、元の所有者がその返還を求めて法的手段に訴えることがしばしばあり、欧米諸国では、海外から借り受けた美術品については差し押さえ等ができないという法律が整備されている。日本には、従来そのような法律がなかったため、権利関係が不安定な美術品を日本での展覧会に貸すことについて海外の所有者が消極的になる例も見られた。このような状況に対処するため、2011（平成23）年9月に「海外の美術品等の我が国における公開の促進に関する法律」が施行された。

　この法律によると、国際文化交流の振興の観点から我が国における公開の円滑化を図る必要性が高い海外の美術品等を文部科学大臣が指定することにより、強制執行、仮差し押え及び仮処分をすることができなくなる。この制度により、海外の美術品等の所有者の不安を取り除き、我が国で開催される展覧会に安心して出品してもらえることと

なり、ひいては、国民の鑑賞機会の拡大に資することとなる。

3. 美術館・博物館の行財政について

(1) 国の美術館・博物館行政について

　美術館・博物館に関する行政は、国においては、文部科学省及びその外局の文化庁が行っている。社会教育施設としては文部科学省生涯学習政策局社会教育課が、文化振興の観点からは文化庁文化財部美術学芸課が主として担当しており、二元的となっている。

　国の施策・事業は、2015年（平成27）度現在、次のようになっている。

・既述の法律を所管し、運用すること
・学芸員等の資質の向上
　学芸員の専門的な知識・技術に関する研修、高度な展覧会企画のための研修、ミュージアム・マネージメントやミュージアム・エデュケーター研修、館長のための研修
・美術館・博物館活動充実のための支援
　2002（平成14）年に展覧会などを支援するための事業として「芸術拠点形成事業」が発足して以来、数年おきに名称や支援対象などを変えながら、連綿として美術館・博物館の活動に対する支援事業は継続している。近年では、美術館・博物館が地域振興や観光、国際交流において果たす役割に注目した事業に変化してきている。
・情報化の推進（文化遺産オンラインの整備・運用）
・海外交流の推進（古美術品の海外展覧会の開催）
・災害復旧の支援

・独立行政法人の国立科学博物館、国立美術館、国立文化財機構に関すること

　公私立の美術館・博物館のなかには、老朽化、耐震化など施設整備の面での財政支援のニーズもあるが、国の社会教育行政、文化行政としては、美術館・博物館の運営全般に関する助言や職員の資質向上と事業・活動などソフト面での財政支援が主たるものとなっている。

（2）美術館・博物館をより身近なものに

　学校の教育課程の基準を定めている学習指導要領では、子どもたちの「生きる力」をより一層育むためには、学校だけではなく家庭や地域社会全体で子どもたちに関わる必要があるとして、その一環で美術館・博物館などの活用についても記述している。たとえば、小学校や中学校の社会科において、「博物館や郷土資料館等の施設の活用を図ること」、小学校の図画工作において、「地域の美術館を利用したり、連携を図ったりすること」などである。

　これを受けて、学校では、美術館・博物館の見学学習や学芸員の授業参加などの取り組みを以前よりも積極的に行うようになってきている。また、美術館・博物館側も、子どもたちの受入れのためのプログラムの開発や指導者の育成などを行っている。

　（1）にも述べたように、美術館・博物館が地域振興においても大きな役割を担っていることが認識されるようになったことも相まって、近年、講演会やギャラリートーク、ワークショップなどの教育普及事業を充実させる美術館・博物館が増加している。

　これらの取り組みを進めるに当たっては、展示解説をより理解しやすいものとすることや、学芸員が鑑賞者の疑問に丁寧に答えることなど、日常的な業務のなかにもより工夫すべきことはある。教育普及事業も、欧米のように子どもたちが寝袋を持参して博物館で一晩過ごす

というような体験プログラムや作品の模写を許可している例は、日本ではほとんど見られない。また、日本では、静かに鑑賞するという暗黙のルールがあり、作品について鑑賞者同士が楽しく談笑する雰囲気がないということも、美術館・博物館は敷居が高いと言われがちであることの一因と考えられる。誰もが気軽に美術館・博物館を訪れることができるような工夫が期待されている。

(3) 美術館・博物館の財政

　美術館・博物館の財源は、どのようになっているのであろうか。基本的に、設置者が必要な予算措置を行うが、入館料収入や寄附金、施設使用料収入などの自己収入も一定割合ある。たとえば国立美術館（5館合計）の場合、概ね国からの運営費交付金が約87％、自己収入が約13％である（施設整備費を除く。平成27年度）。独立行政法人となっている国立美術館は、その制度の運用のなかで、国からの運営費交付金のうち、経常的な額は毎年減額されており、自己収入や外部資金の一層の導入は急務となっている。ルーヴル美術館の財源構造は、大雑把にいうと、2分の1が国からの予算、4分の1が入館料収入、残り4分の1は、ショップの売り上げやスペースの賃借料により構成されているとのことである（筆者がルーヴル美術館職員より聴取）。わが国の美術館・博物館とは比較にならないほど充実したコレクションを有し、1年の入館者数が1,000万人近いルーヴル美術館と単純に比較することは避けたいが、それでも、日本の国立美術館も自己収入の割合を増加させていく必要がある。入館者を増やし、入館料収入を増加させるとともに、収蔵品、施設、学芸員の専門的知識など有する資源を活用して寄附金や会費などの収入増につなげる取り組みが行われている。ここで留意すべきは、入館者数の増加は、美術品鑑賞の機会が増大することを意味しており、喜ばしいことではあるもの

の、入館者数や自己収入の額が美術館・博物館の評価の指標として最もわかりやすいため、定量的な評価に使われがちなことである。美術館・博物館の使命を考えたとき、必ずしも多くの入館者数を望めない展覧会を開催することも必要であり、活動の質的な面もあわせて評価の対象とする必要がある。

美術館・博物館の活動に対する支援は、3-(1)に記した国のプログラム以外に、一般財団法人地域創造による公立美術館の巡回展や地域活性化に寄与すると認められる展覧会などへの助成事業や、企業などが出資してつくられた財団による助成事業などがある。美術館・博物館の財源確保のためには、これらの情報を常に収集し、機を逃さず対応する必要がある。

なお、国立美術館の作品購入費及び作品修復費については、例年一定額（2015［平成27］年度現在作品購入費27億円、作品修復費9,500万円）が措置されている。一般的に、美術館・博物館活動の基礎となる作品購入予算は厳しく、100万円を超えない美術館・博物館が8割以上を占めているなかでは、飛び抜けて充実した予算措置がなされていると言える（統計は、2013年度科学研究費助成事業基盤研究「日本の博物館総合調査研究」より）。国立美術館において購入した作品は、他の美術館等への貸し出し要望に積極的に応えるなど、国民に還元する必要がある。

(4) 美術館・博物館に係る税制

私立の美術館・博物館に対する支援措置として、登録博物館を設置運営する公益法人等に係る税制上の優遇措置がある。

主な優遇措置は次のとおりである。

・特定公益増進法人

　公益社団・財団法人に対する寄附金は、特定公益増進法人に対す

る寄附金として、寄附金控除又は寄附金損金算入の特例の適用を受ける。また、「私立博物館における青少年に対する学習機会の充実に関する基準」（平成 9 年 3 月 31 日文部省告示第 54 号）を満たす旨認定を受けた登録博物館の設置運営を主たる目的とし、所得税法等に規定する要件を満たした場合にも、特定公益増進法人に認定される。

・指定寄附金

登録博物館の新増改築の費用に充てるために行う募金について、所得税法等に規定する一定の要件を満たしたもので、財務大臣の指定を受けた寄附金は、税制上の優遇措置の適用を受けることができる。また、国指定の文化財となっている美術品の修理費の一部に充てるための寄附金についても指定寄附金の対象となる。

・相続税非課税

相続・遺贈により取得した財産を公益社団・財団法人に贈与した場合、贈与者に相続税は課されない。

・固定資産税等の優遇措置

公益社団・財団法人については、都道府県民税、市町村民税、不動産取得税、固定資産税、事業所税、都市計画税が非課税となる。一般社団・財団法人で一定の要件を満たしたものについては、不動産取得税、固定資産税、都市計画税が非課税となる。

　これら税制上の優遇措置もうまく活用することにより、私立博物館を後押しすることができる。

(5) 行政改革と美術館・博物館

　官から民へという一連の行政改革の流れのなかで、国立の美術館や博物館は国直轄から独立行政法人へと設置運営形態が変わった（2001［平成 13］年）。独立行政法人は、行政機能の一部をアウトソーシン

グし、業務の質の向上や活性化、効率性の向上、自律的な運営、透明性の向上を図る制度である。独立行政法人は、中期目標、中期計画（3-5年）に基づいて事業を行い（すなわち、1年ごとではない、より長期的視点での事業実施が可能）、結果については国から評価を受ける。

　経常的な経費は、国から運営費交付金として交付され、使途が細かく特定されていないので、国直轄時代よりは柔軟に予算執行ができる仕組みとなっている。しかしながら、実際は、毎年一定の割合で「効率化係数」がかけられ、運営費交付金が減額してゆくので、柔軟に運用する余裕がほとんどない。また、2006（平成18）年から5年間で人件費を5％以上削減するという国家公務員総人件費改革が適用されたため、人件費に関しては固定化してしまうとともに、人員削減等を行わざるを得なかった。法律上は、年度ごとに利益が生じた場合、主務大臣の認可を得て、あらかじめ定めておいた事業に充てることができるとされており（独立行政法人通則法第44条第3項）、法人の経営努力が認められる仕組みがある。いわゆる目的積立金の制度である。第1期（2001-2005年度）の中期目標期間には、国立美術館も国立博物館も一定額が認定されたが、第2期（2006-2010年度）になって、総務省から新たな認定基準が示され、収益を上げても経営努力が認められなくなった。このような制度運用については、経営努力をするインセンティブが働かないものとして批判を受け、2013（平成25）年度からは、厳しい基準ながらも再び目的積立金が認められることとなった（図表2）。

　このような独立行政法人制度の下で、経営意識の強化及び運営の効率化、九州国立博物館や国立新美術館の新設などにより、国立美術館、国立博物館ともに、第2期中期目標期間の半ばあたりまでは、入館者数が大幅な伸びを示し、それに伴って、自己収入も増加した。予算

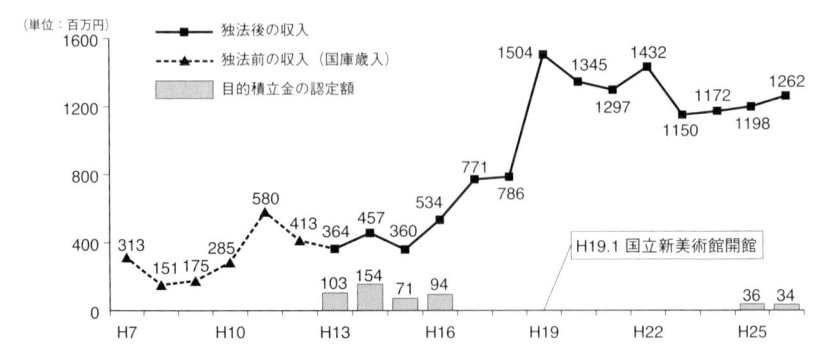

図表 2　独立行政法人国立美術館における自己収入（入場料等収入）・目的積立金の認定額の推移
行政改革推進会議独立行政法人改革等に関する分科会第 2 ワーキンググループ（2013 年 10 月 30 日）への文化庁提出資料に加筆、作成

の構成として、自己収入が増えれば、運営費交付金はその分減少するという仕組みであるので、予算編成の際に、前年よりも一定割合で自己収入を増加させることが、何年か連続で求められた。しかし、美術館・博物館の展覧会は毎年異なり、常に右肩上がりで自己収入を増加し続けることは実際問題として困難であることから、2014 年度からは自己収入の増加は求められなくなった。

　このように、独立行政法人制度は、法人に経営努力を促すとともに、直営よりも弾力的・柔軟に運営することにより、サービスの質の向上や効率化を図るよう設計されていたにもかかわらず、実際には、定型的な業務を効率的に実施させることに重点を置いた制度運用がなされがちである。国立の美術館・博物館がその使命を果たす上で支障が生じないよう、独立行政法人の制度運用は試行錯誤がなされている。

　地方独立行政法人の制度も 2003 年に創設され、大学や病院などに適用されてきたが、2013 年には、地方独立行政法人法施行令が改正され、公立の美術館・博物館にも地方独立行政法人制度が適用されることとなった。各地方自治体においては、国の制度運用の実績、反省の上に立って、当該制度を運用されることを期待する。

註
1 法律等の条文については、引用したり読み下したりして紹介しているが、政府の法令データ提供システムを利用して、原文にも接してほしい。
 http://law.e-gov.go.jp/（2015 年 12 月現在）
2 これらの報告は、文部科学省ホームページにおいて参照することができる。
 http://www.mext.go.jp/b_menu/shingi/chousa/shougai/014/ など（2015 年 12 月現在）
3 社会教育調査は、おおむね 3 年ごとに実施される。調査結果については、文部科学省ホームページを参照。
 http://www.mext.go.jp/b_menu/toukei/chousa02/shakai/kekka/1268528.htm（2015 年 12 月現在）

参考文献
・根木昭＋枝川明敬＋垣内恵美子＋溝上智恵子＋栗原祐司『美術館政策論』晃洋書房、1998 年
・大堀哲＋水嶋英治編著『博物館学Ⅰ──博物館概論＊博物館資料論』学文舎、2012 年
・社会教育行政研究会編『社会教育行政読本──「協働」時代の道しるべ』第一法規、2013 年
・文化庁『文化財保護法五十年史』ぎょうせい、2001 年
・「〔平成 27 年度全国博物館長会議（第 22 回）〕配布資料」日本博物館協会、2015 年

I-4：行財政 2

公立博物館を支える行財政の仕組みとその経営

永山恵一

1. 本稿の目的

ねらい

　「博物館経営」を学ぶ上で、この「行財政 2」で理解していただきたいことが 3 つあります。1 つは、博物館が置かれている社会制度的な枠組みを理解すること、2 つには、博物館の財政・経営の特性を理解すること、3 つには、博物館の社会的な役割が変化し、行財政の仕組みも変化してきていることです。このことによって博物館の「経営」とは、民間企業の「経営」とはどのように異なるものなのか、たとえば博物館の民営化とは別なものであること、さらにはこの「経営」を将来に向けてさらに発展させていかなければならないことなどを学んでいただきたいと思います。

重点対象

　一口に博物館と言っても、そこには幅広い施設が包含されています。本稿では設置主体に注目して、地方公共団体（都道府県、市町村など）が設立したいわゆる「公立」博物館を中心に、特に美術館を意識して論じたいと思います。2011（平成 23）年 10 月現在で全国には 5,747 館の博物館（登録博物館と博物館相当施設）及び博物館類似施設がありますが、その約 74％、4,246 館が「公立」であり、身近に接することができる実例があると考えるからです（図表 1）。

(件、%)

分類 設置主体	登録 博物館		博物館 相当施設		博物館 類似施設		合計	
国			0	0.0%	125	100.0%	125	2.2%
独立行政法人			27	35.1%	50	64.9%	77	1.3%
公立	567	13.4%	157	3.7%	3522	82.9%	4246	73.9%
一般社団法人等	311	59.9%	36	6.9%	172	33.1%	519	9.0%
その他	35	4.5%	129	16.5%	616	79.0%	780	13.6%
合計	913	15.9%	349	6.1%	4485	78.0%	5747	100%

「平成23年度社会基本調査」文部科学省から作成

※登録博物館とは、博物館法に基づき博物館資料、職員、施設、事業内容にかかわる審査を経た上で、国民の教育、学術文化の発展に寄与するものとして登録されたもの。博物館相当施設とは、博物館法に基づき登録博物館の事業に類する事業を達成するために必要な資料、職員、施設、事業内容牢に係る審査を経た上で、博物館に相当する施設として指定されたもの。博物館類似施設とは、博物館法の適用を受けない施設であるが、登録博物館と同種の事業を行うものとして都道府県教育委員会で把握（社会教育調査の対象として）しているもの（資料、職員、施設、事業内容等に係る審査はない）。

図表1　設置主体別・施設類別博物館等施設数

行財政の仕組みを学ぶ重要性

　博物館、特に公立博物館には多くの税金が投入されて造られ、経営されています。税金を投入するにはそれが適正で公正であるための根拠が必要ですし、さまざまな手続きを必要とします。私たちが税金を投下してよいと納得できるものでなければなりません。行財政の仕組みはこのことを担保するために複雑になっている側面があります。

　社会が変化していくと、博物館に求められる役割も変化し、行財政の仕組みも変化していきます（変化よりも遅れるのが常です）。これらの変化に対応していくために「経営」が重要となります。特に、かつては行政が公共を担う主体でしたが、公共のあり方が大きく変化しその担い手は多様になっています。行政の財源も厳しい状況が続くと想定され、「公立」であることの意味、ひいては、そもそも私たち社会が博物館を何故必要とし、税金を投じていくのかを問いかけることにもつながっています。このような環境変化に「経営」は応えていかなければなりません。

I-4：行財政2

私たちの社会には博物館だけでなくさまざまな公共施設、インフラ施設があります。行財政の仕組みを学ぶことはそれらとの相対的な比較を可能とし、博物館の社会的な意義を確認することもできると言えます。

2. 博物館の法的基盤

博物館を取り巻く法体系

　博物館については、①国内の基本法制、②国際的な条約や規約（国際博物館会議〔イコム、ICOM: International Council of Museum〕など）、③行政組織法のなかの法制（たとえば独立行政法人）、④個別法制などにより支えられています。博物館の直接の根拠法となる法律は「博物館法」（1952［昭和27］年施行）です。博物館法の上位には「教育基本法」（1947年施行）及び「社会教育法」（1949年施行）があります。教育基本法は2006（平成18）年に改正され、幾つかの答申等を踏まえて博物館法も2008年に改正がなされました。この経緯と内容については、本書の「I–3：行財政1」に詳しいのでそちらを参照してください。

　ここでは、2001年に施行された「文化芸術振興基本法」を基本法とする文化法制の範囲と体系との関係において、博物館の法的基盤について考えます。博物館は社会教育施設であることに変わりはありませんが、文化施設としての側面が、特に美術館などは大きくなっています。そのことは教育以外の多分野に関わっていくことを意味します。そしてこれからの時代、社会教育施設であれ文化施設であれ、その位置づけにかかわらず、もてる専門性などの資源を活かして、地域の抱えるさまざまな社会的な課題と関わることが要請されてきています。

文化法制体系における位置づけ

　教育作用を通じての文化芸術の振興に関しては、教育基本法が依然としてその淵源となっています。しかし、文化芸術振興基本法の制定をもって以下のように整理されます。

　「文化政策ないし文化芸術の振興の基本に関しては、言うまでもなく文化芸術振興基本法がその第一義的地位を占める。他方、教育作用を通じての文化芸術の振興に関しては、教育基本法も依然その淵源として位置づけられる。いわば、基本法として両者は同等の地位にあるものの、文化芸術振興基本法は、文化政策ないし文化芸術の振興に関する一般基本法であり、教育基本法は、教育の観点からその実現を目指す特別基本法と言える(註1)」。

　その意味で文化芸術振興基本法は「社会教育施設であると同時に文化施設でもある図書館、博物館の一般的な根拠法としての性格を有している。従って、その限りにおいて、これらを文化法制の一環に位置づけることができるであろう(註2)」とされます。この意味するところは、図書館、博物館に対する、教育・社会教育の役割だけではなく、まちづくり、医療・福祉・介護、観光・産業振興など多様な都市政策との連携への期待、文化のもつ社会的波及効果を発揮することへの期待があるとも言えます。

　公立博物館を所管する行政組織も、博物館法上の博物館は教育委員会の所管に属する（第19条）とありますが、実際には、数の多い博物館類似施設である公立博物館は教育委員会ではなく、首長部局の文化振興を担当する部課が所管することが多くなっています。

文化政策における方針と計画

　文化芸術振興基本法第7条第1項に基づき、政府は文化芸術振興に関する基本的な方針（以下「基本方針」という）を概ね5年毎に策

定しています。社会経済環境などの変化に対応して方針を改訂し、新しい目標を設定する、いわゆる PDCA サイクル (註3) を導入することを目的としています。留意すべきことは、この基本方針は文部科学省あるいは文化庁の方針ではなく、閣議決定を経て、政府の方針として提起されることです。文化芸術振興を、他省庁も含めた総合的な取り組みとして進めようという意図があります。

　2015（平成 27）年 5 月に閣議決定された第 4 次基本方針は、「文化芸術資源で未来をつくる」という副題をもち、2020 年のオリンピック・パラリンピック東京大会に向けた文化プログラムの目標設定、成熟社会における成長の源泉であるとともに社会包摂 (註4) の機能をもつ文化芸術の振興に社会をあげて取り組むとされました。「文化芸術立国」の実現を掲げ、美術館、博物館、図書館等についても本来の機能の充実とともに、「地域の生涯学習活動、国際交流活動、ボランティア活動や観光等の拠点としても積極的に活用され、地域住民の文化芸術活動の場やコミュニケーションを通じた絆づくり、感性教育、地域のブランドづくりの場としてその機能・役割を十分に発揮できるよう」に充実を図るとされています。

　このような法令と政策の関係は地方公共団体でも同様に導入されてきており、文化振興条例を制定し、行政全体の総合計画だけではなく、分野ごとの計画として文化振興計画などを策定し、そこに博物館や劇場・音楽堂等を位置づけていく団体も増えてきています (註5)。博物館を、より幅広い文化法制体系に位置づけ、その役割を考えることが、重要になっていくと考えます。

設置条例

　公立博物館は、それぞれの地方公共団体の設置条例を根拠としています。地方自治法第 244 条第 1 項で「住民の福祉を増進する目的

をもってその利用に供するための施設（これを公の施設という。）を設けるものとする。」とされています。博物館を設置しようとすると、この公の施設として設置することになります。地方自治法第244条の2第1項では「公の施設の設置及びその管理に関する事項は、条例でこれを定めなければならない」とされています。また、博物館法第18条では「公立博物館の設置に関する事項は、当該博物館を設置する地方公共団体の条例で定めなければならない」とされています。

　公立博物館は、地方自治法に定める公の施設であり、それぞれの地方公共団体の住民の代表である議会の議決をもって成立する設置条例を必要とします。その条例には設置目的、事業、施設、開館時間、利用許可、利用料金、後段（運営方式の制度）で扱う指定管理者制度の適用やその業務などが定められます。条例に基づくということは、条例に反する活動はできないことも意味します。また、博物館を廃止する場合には廃止の条例を議会で議決することが必要となります。さらに、条例の施行に関わる具体的な事項は規則に定められますが、規則は議会の議決は不要で、長の権限で定めることができます。

3. 博物館の行政

設置者としての地方公共団体

　公立博物館の設置者である地方公共団体には、設置者としての責任があります。それは税金によって整備し、運営する公共施設であることの責任でもあります。指定管理者制度を導入したとしても、この設置者責任が無くなることはありません。これは博物館経営の前提ともなるものですし、博物館経営と企業経営の違いともなるものです。設置者の責務として特に以下の6つの点があげられます。いわゆる

モノ（②博物館資料、作品の収集）、ハコ（③施設の整備、修繕・改修）、ヒト（④人材・人員の確保、配置、育成）、カネ（⑤運営のための資金、予算の手当て）、そしてそれらを方向づけるミッション・使命（①運営方針の明確化）であり、プロセスと成果を評価するチェック（⑥評価）です。

①運営方針の明確化

　設置条例に大きな方針は示されますが、行政計画などへの位置づけを含め、より具体的な方針を示すことが求められます。それは博物館の運営者に的確に伝えられるとともに（指定管理者制度であれば「業務の基準」として示すことになります。後述）、地方公共団体の住民、市民に明確に示していくことが求められます。

②博物館資料、作品の収集

　博物館資料は博物館活動の根幹をなすものです。美術館であれば美術資料・作品の収集（購入、寄贈、寄託）ですが、これは行政財産の購入となりますから、施設経営とは別に厳格な行政手続きが必要です。指定管理者制度を導入していても、この行為は指定管理者が担うことはできません。公の施設の管理運営とは別だからです。この点は、次項の「博物館資料の収集」で取り上げます。

③施設の整備、修繕・改修

　施設を整備し、その機能を維持、更新していくための修繕・改修を行っていくことは基本的な役割です。しかし、大規模修繕や改修の予算を確保することが難しく実施のタイミングが遅れるなどの現実問題があり、長期間に渡る計画的な対応が大きな課題となっています。

④人材・人員の確保、配置、育成

　運営に必要な専門性をもった人材、学芸員等を必要な人数確保し、

配置することが必要です。また人材の育成も課題になります。指定管理者制度を導入していると、具体的には指定管理者の役割となりますが、設置者としての考え方、人材・人員に対する条件、人件費をどう想定し、指定管理料を算定したかなどが問われます。

⑤運営のための資金、予算の手当て

施設経営に必要な資金の確保、そのための予算の獲得をしなければなりません。総額抑制が行われることが多い予算のなかで、他の行政課題との調整を図りながら継続的に確保していくことが必要となります。

⑥評価

設置者の立場として投下している行政資源に見合った成果が上がっているか、経営を評価することが納税者への説明として必要となります。当然のことのようですが、実際には定期的に評価を行っている施設は公立博物館の約42％という調査結果もあります（註6）。同時に、設置者としてどのような評価軸を設定するのか、設置者が用意している前提与件（ここでいう①から⑤）がその評価軸に相応しいものであるかも問われます。評価については、本書の「I–5：使命・計画・評価」に詳しいので参照してください。

博物館資料の収集

博物館資料は博物館の根幹をなすものですし、博物館経営の大きな資源となるものです。しかし、博物館資料は地方公共団体の公有財産となるため、収集は博物館の活動ではなく、基本的に行政が行っています。その収集には購入、寄贈、寄託がありますが、適正かつ公正に行われるように厳格な手続きが取られています。

美術館を想定すると、一般的には以下のような手続きが取られます。

まず、美術館の整備以前、準備段階に、設置目的に応じた「美術資料の収集方針」が定められます。また、収集経費をまかなうために「基金」を設置して購入資金の調達を行います。これらに基づき行われる資料の収集の手続きは、要綱等で定められます。

①収集候補作品、資料の調査
　　収集方針に適合し、予算内で購入できると想定される候補案をつくります。
②美術資料収集審査委員会の開催
　　収集方針への適合性や芸術性及び真贋性など、収集の妥当性審査を行います。
③美術作品価額評価委員会の開催
　　評価委員が作品1点ずつの評価を行い、最高評価額と最低評価額を除いた評価額の平均値をその作品の評価額とします。
　　②の審査委員と③の評価委員は兼ねることができないなど、独立性が保たれます。
④購入手続き
　　見積を徴収し、見積額が評価額以下であれば契約を締結し、購入します。

なお、1億円以上の作品については、議会の決議を受けます（地方自治法第96条第1項第8号）。このようにして、収集した作品や資料が収蔵品として蓄積されていきます。その保管、管理は博物館経営の範囲となります。

運営方式の制度
　　公立博物館に大きな変革をもたらしたのが「指定管理者制度」です。

公立博物館も地方自治法上の公の施設であることは先に述べましたが、2003（平成15）年6月に地方自治法が一部改正され、公の施設の管理に指定管理者制度が導入されました（地方自治法第244条の2の第3項）。ただ、地方公共団体は、指定管理者制度か直営（行政が自ら管理運営する）かを選択することができます。また、すべての業務に指定管理者制度を適用するのではなく、たとえば学芸業務は直営で、それ以外の施設維持管理やサービス業務を指定管理者制度とするといった分割導入も可能です（ときに二階建てといった表現もされます）(註7)。

　この制度導入以前は、施設の管理運営者は公共団体、公共的団体、市の出資法人等に限定されてきました。それが指定管理者制度では、民間事業者（企業等）を含む幅広い団体（NPOなども含む）が管理運営することが可能になりました。原則として、公募により幅広い多様な応募者を求め、優れた者を選定する手続きが取られます。

　ただ、重要なことは、その決定には議会の議決を得なければならないことです。それは、公の施設の管理に関して行政が保有する権限を指定管理者に委任して行わせるからです。施設の使用許可も指定管理者が行うことができます。行政と指定管理者との関係は委託契約ではなく、協定の締結によって成立しています。

　指定管理者制度の重要な6点を以下に示します。

①指定管理者指定の手続きを明確にする

　　設置条例に定めるとともに、指定手続き、指定の方法や選定の審査基準などを明文化した「要項」を策定し、公表します。

②指定管理者の行う業務を明確にする

　　施設の設置目的、運営方針を明確に示し、指定管理者が提供しなければならない活動やサービスの内容、提供水準を示します。こ

の水準を実績として下回れば指定管理者として不適格となります。これらは「業務の基準」として全業務について明文化し、公表することが必要です。

③計画と報告の仕組みを明確にする

　指定管理者は経営計画を策定し、その実施結果を報告します。この計画と報告の仕組みを明確することが必要です。先に見たPDCAサイクルの基本です。

④評価の仕組みを明確にする

　指定管理者自身の評価、設置者としての評価、さらには第三者による評価など、評価の種類やその実施方法、実施の時期、結果の公表などを明確にしていくことが重要です。

⑤責任分担を明確にする

　指定管理者は行政の権限の一部を受任、代行しますが、委任されない権限もあります。両者の責任分担を、あらかじめ明確にすることが必要です。

⑥指定管理料を適切に設定する

　一般に博物館は得られる収入で、必要な経費をまかなうことは不可能であるので、行政から指定管理料を受け取ることによって収支をあわせています。指定管理料は、施設の経営にかかる経費から事業活動によって得られるであろう収入を差し引いた、その差額に相当します。しかし、経費を過少に見積り、収入を過大に見積れば、指定管理料は少なくて済みます。ところがそれでは指定管理者は立ち行かなくなります。健全な指定管理者の育成を図るためにも、適切な設定が必要です。これについては、次項の「4.博物館の財政」も参照してください。

　指定管理者制度には、多くの批判もあります。行政の費用負担を削

減するために導入されている、指定期間が限られているために収蔵品の適切な管理、調査研究、また専門人材の確保や人材育成ができないなどが指摘されます。指定期間については当初は3年、5年といった期間がほとんどでしたが、最近は10年を単位として、更新のための審査は行われますが、継続性を重視する仕組みなども導入されてきています (註8)。

　制度導入によって博物館の質が低下し、市民福祉の向上につながらないのであれば意味がありません。指定管理者制度は委託契約関係ではなく、行政権限を委任され、代行するもので、相互性ある協定に基づくものであることからすれば、行政と指定管理者はパートナーとして協働する仕組みに改善していくことが必要です。制度としてはかなり自由度の高いものですから、それぞれの施設特性を踏まえ、指定管理者と行政の両者のもつ能力が十分に発揮できる仕組みとなるように、地方公共団体の創意工夫が期待されます (註9)。

4. 博物館の財政

博物館の財政的特性

　公立博物館の運営にはどのぐらいの費用がかかり、どのぐらい税金が投入されているのでしょうか。多様な規模や内容の施設がありますが、公立博物館の平均年間支出総額は約1億円（規模の大きな施設と想定される都道府県立の施設平均ですと約2億5,000万円、調査対象のなかの最大値は約20億円）という調査結果があります (註10)。

　同じ調査で支出に対して事業収入（自己収入）の比率は公立館全体で21.0%とされます（2012［平成24］年度事業収入〔自己収入〕額／平成24年度年間支出総額）。その他の収入として助成金などが想

定されますが、平均像として博物館を運営していく上で必要な経費の8割弱は、税金でまかなわれていると言ってよいでしょう。

　もちろん自己収入を上げていく努力、経費を削減していく努力、また寄付や助成金を集める努力も必要ですが、博物館という施設のあり方、設置目的からして、私たち皆で支えている、社会が支えている施設であると言えるでしょう。言い換えると、経済的な採算性の視点ではなく、その果たすべき社会的役割機能に期待して、社会が有する資源を投下しているということです。右肩上がりの経済発展の時代ではなく、社会が有する資源が限られてきているなかで、博物館の経営責任は重いと言えます (註11)。

博物館の収支

　具体的な事例を見てみましょう。図表2は首都圏にある大規模で、企画展や教育普及事業なども活発に行っている美術館の決算数字を2012（平成24）年度から3か年分を平均し、構成比にしたものです。実数では総額で10億円を超える規模となっています。学芸部門も含め全体に指定管理制度が導入されているので、会計が完結しています。事業費支出に対する事業収入の比率も8割を超える、来館者数もかなり多い施設です。

（平成24、25、27年度平均）

収　入	％
指定管理料収入	58.6
利用料金収入	6.4
事業収入	21.5
助成金等	0.9
その他収入	12.7
合　計	100.0

支　出	％
人件費	29.3
事務費	8.4
負担金	0.1
管理費	17.2
事業費	33.7
その他支出	11.4
合　計	100.0

図表2　某美術館の収支構造

収入の項目は、行政から支払われる指定管理料、貸出施設などの利用料金収入、企画展などの自主事業からの事業収入、国や助成財団からの助成金等、ミュージアムショップや駐車場などのその他収入から構成されます。自らの収入は、平均的な美術館の倍近い比率、4割近くになっています。これは収入向上の努力とともに、この施設が大型の駐車場をもち一般貸しを行っているといった構造的特性もあります。しかし、それでも6割弱は行政からの指定管理料で成り立っています。

　支出の項目では、企画展や育成事業などの事業費が3割を超えますが、人件費も3割弱あります。美術館は施設設備など装置の整備にお金がかかりますが、同時に運営していく上では人にお金がかかる施設であることが示されます。このような現実が、経費の削減が人件費削減につながるという指摘になっているとも言えます。

5. これからの社会と行財政の変化への対応

社会的役割の拡大と財政的制約

　日本社会は今後急速に人口が減少し、高齢化は一層進展していきます。博物館だけではなく、図書館、劇場・音楽堂等も21世紀後半の日本社会を想定して、そのあり方、経営を見直していくことが必須となります。

　日本の公共施設を現状のままで、それらを維持し、経営していくとすると、そのために将来発生する財政負担の規模が、負担できると想定される財政の規模を超えてしまう可能性が指摘されています。これに対して総務省では地方公共団体に対して「公共施設等総合管理計画」を策定し、長期的視点をもって更新、統廃合、長寿命化などを計画的に行うことにより、財政負担の軽減やある時期に集中しないよう

な平準化を図ることを求めています。これを受け、多くの地方公共団体では「公共施設総合マネジメントシステム」などを構築してきています。

　一方で、博物館、図書館、劇場・音楽堂等の文化施設・社会教育施設に対して、新たな社会的な役割、教育との連携、医療・福祉との連携・介護、観光や地域経済の活性化、コミュニティ再生など多様な課題の解決に向けた連携等、もてる資源の活用が求められてきています。経済的な成長への寄与ではなく、成熟社会における市民生活の質の向上に寄与する役割が期待されていると言えます。また、それぞれの施設が有するノウハウや人材、資料、空間などの資源には、その対応可能性があると言えます。

　指定管理者制度導入時に指摘されたように、「公」から「民」へ、民間活力の導入といった改革の流れのなかで、経費削減や収入増加といった経済的問題を解決するために「経営」といった概念が使われてきた側面があります。しかし、これからの博物館経営とは、その本質的、本来的な役割の一層の発揮とともに、より社会的な役割、市民生活や地域社会との積極的な関わり、地域の課題に対してその専門能力を活かした新たな視点や方法論の提供などに取り組める経営、「社会的責任経営」が求められていくのではないでしょうか。博物館と地域社会の相乗的発展につなげていく「経営」です。

　図表3で示されるように、これまでの博物館経営では、入館者、施設、資料の3つの活動要素から構成された領域・空間の経営を想定していました。しかし、これからの経営はより社会との関わりを深め、拡張された領域と空間、ネットワークの経営を想定していくことが必要になると言えます（点線の大きな円の部分）。

　博物館を取り巻く行財政の仕組みも、市民、社会から支持される成果をあげているかどうか、その評価システムの強化を図り、選択と集

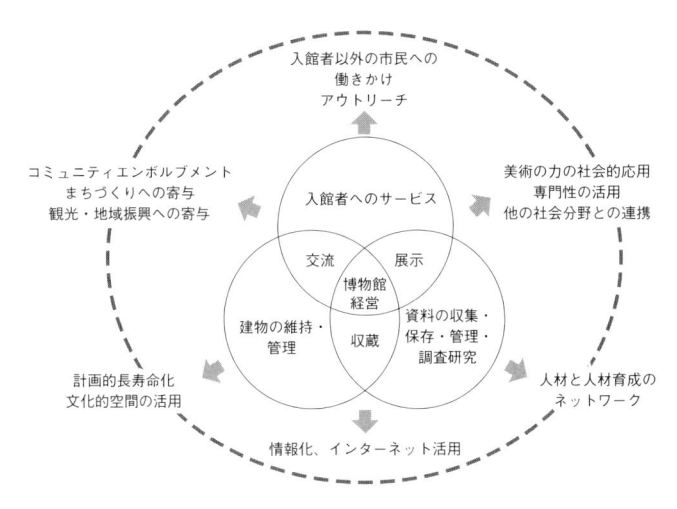

図表3　博物館活動の社会的広がりと経営——施設の経営から社会的責任経営へ
鈴木眞理編著『博物館概論』樹村房、2005年、掲載の「博物館活動模式図」を参考に、そこで示された3つの要素「入館者」「施設」「資料」をベースに、社会的機能展開を位置づけ、作成した

中による重点化、集約化がより進められていくと考えられます。日本社会の構造的な変化が急速に進展している今日、将来を見据えた「経営」がまさに求められています。

行財政からみた経営のポイント

　これまで見てきたように、公立博物館は法令体系、地方公共団体の政治・行政の仕組み、施設運営の制度、財政など、多様な側面で民間企業組織とは異なる成り立ちや存立環境をもっています。そのなかで21世紀当初は、民間に学べと、民間ノウハウを活かした効率的な経営が求められてきました。しかし、これからの日本社会の変化のなかで、博物館のあり様もさらに変化し、「新たな経営」が必要となることが示唆されました。

　このような変化に的確に対応していくために重要な経営機能があります。それが「パブリック・リレーションズ」です。日本ではPRと

略され、広告・宣伝のように理解されている面がありますが、本来はある組織が社会的に存在していく上で極めて重要な経営機能です。

パブリック・リレーションズとは「ある組織と、その組織が発展的に存続するか失敗するかのカギを握るパブリック（社会）との間に、相互に有益な関係性を構築し、維持していく経営機能である」とされます（註12）。

地方公共団体は博物館だけでなく、相互に相反したり、競合したりする極めて多様な行政課題を抱えています。また議会は、その住民の支持を背景に多様な価値や利益を代表し、多様ななかで合意形成を図る機関です。このような設置者側の関係者だけでなく、公立博物館には、その専門分野の団体や専門機関、地域社会のさまざまな団体・組織、施設の利用者や利用団体、経営に関わる人や組織など、多様な関係者が存在します。それら多様な利害関係者（ステークホルダーと言います）との間に信頼関係を構築し、それを将来に向けて維持していくことが極めて大切です。この関係性の維持がこれからの経営の基盤であるといっても過言でありません。これを達成するのがパブリック・リレーションズです。市民から信頼されない、相互の関係性をもてない公立博物館はどんなに素晴らしい展示を行っていても、存在していくことは難しいでしょう。

このパブリック・リレーションズにおいて重要な点が3つあります。1つ目は当然のことですが、正しく適切な情報の公開・提供です。2つ目はコミュニケーションという対話性です。3つ目は公共の利益の視点、この視点からの解釈と説明が常に必要であることです。

行財政の仕組みの上に成立している公立博物館を中心に記述してきましたが、実は公立以外の博物館にも当てはまる事柄がほとんどです。是非、一市民として、身近にある博物館について、その行財政の仕組みを調べてみることをお勧めします。

註

1 根木昭＋佐藤良子『文化芸術振興の基本法と条例──文化政策の法的基盤Ⅰ』水曜社、2013年、pp.11-12
2 根木＋佐藤前掲書、p.42
3 Plan（計画）─ Do（実行）─ Check（評価）─ Action（改善）という手順を繰り返しながら、業務の改善を進めていく手法。頭文字をとってPDCAサイクルと呼ばれています。
4 社会包摂の反対語は社会的排除。文化施設は、誰も排除されることのないすべての市民が社会参加できる場であり、地域社会にこの機能を活かしていくことが期待されています。
5 社会教育施設として、教育委員会の生涯学習計画においても位置づけ、連携・協力していくといった団体もあります。
6 公益財団法人日本博物館協会「日本の博物館総合調査」（2013［平成25］年度）
7 2011（平成23）年度社会教育調査によれば、公立博物館4,246館のうち、1,211館、約28.5％の施設で指定管理者制度が導入されています。
8 横浜市は横浜美術館のすべての業務に指定管理者制度を適用しており、制度導入期は公募による競争的選定を行いました。2011年度には、「政策協働型指定管理方式」といった指定管理者制度を美術館の実態にあわせた仕組みに再構成した制度を独自導入しました。政策協働を担う特定団体を指名し、その団体の提案を審査し、指名を行います。指定期間は10年となっています。
9 ここでは触れませんでしたが、公共施設の建設、その維持管理、運営等を民間の資金、経営能力及び技術的能力を活用して行う手法、PFI（Private Finance Initiative：プライベート・ファイナンス・イニシアティブ）」があります。実態としては、施設の管理運営部分については指定管理者制度を適用することになります。PFIについては、内閣府民間資金等活用事業推進室（PFI推進室）のホームページに、制度説明から事例紹介まで相当的な説明がなされていますので参照してください（2015年12月現在）。http://www8.cao.go.jp/pfi/index.html
10 公益財団法人日本博物館協会「日本の博物館総合調査」（2013年度）の第2部第2章、杉長敬治「公立博物館、指定管理官と直営館の現状と課題」に分析がなされています。この項目の回答数は、公立館1,513館となっています。
11 地方公共団体の会計が年度単位になっているために、公立博物館で大型の企

画展などを行う場合に備えて、年度を超えて事業資金をためていく仕組みをもっている場合もあります。
12　日本広報学会監修、スコット・M・カトリップ＋アレン・H・センター＋グレン・M・ブルーム著『体系パブリック・リレーションズ』ピアソン・エデュケーション、2008年

参考文献
・鷹野光行＋西源二郎＋山田英徳＋米田耕司編『新編博物館概論』、同成社、2011年
・全国大学博物館学講座協議会西日本部会編『新しい博物館学』芙蓉書房出版、2008年
・榊原清則『経営学入門　上・下』日経文庫、2002年
・上山信一＋稲葉郁子『ミュージアムが都市を再生する――経営と評価の実践』日本経済新聞社、2003年
・財団法人地域創造編『調査研究報告書（平成19・20年度）：これからの公立美術館のあり方についての調査・研究』財団法人地域創造、2009年
・太田泰人＋水沢勉＋渡辺真理＋松岡智子編著『美術館は生まれ変わる―― 21世紀の現代美術館』鹿島出版会、2000年
・後藤和子編『文化政策学――法・経済・マネジメント』有斐閣コンパクト、2001年
・社会教育行政研究会編『社会教育行政読本――「協働」時代の道しるべ』第一法規、2013年
・根木昭『文化政策学入門』水曜社、2010年
・成田頼明編著『指定管理者制度のすべて――制度詳解と実務の手引・改訂版』第一法規、2009年
・村井良子編著、東京都江戸東京博物館「博物館における評価と改善スキルアップ講座」実行委員会共編『入門ミュージアムの評価と改善――行政評価や来館者調査を戦略的に活かす』アム・プロモーション、2002年
・藤野一夫編『公共文化施設の公共性――運営・連携・哲学』水曜社、2011年
・静岡県立美術館評価委員会「提言：評価と経営の確立に向けて」2005年
・福原義春編『ミュージアムが社会を変える――文化による新しいコミュニティ創り』現代企画室、2015年

・高階秀爾＋蓑豊編『ミュージアム・パワー』慶應義塾大学出版会、2006年

I-5：使命・計画・評価

戦略的博物館経営を可能とするマネジメント体系

村井良子

1. 博物館にふさわしいマネジメント体系の構築

(1) 日本における博物館運営の課題と危機

　公立博物館（註1）ではこれまで単年度予算で事業を遂行していたために、中長期目標を立てづらく、毎年同じような事業計画を立てている館も見られた。さらに、PDCA（Plan-Do-Check-Act）のマネジメント・サイクル（図表1）が現場に浸透しておらず、事業の見直しを行う習慣がないまま運営がなされてきた。

　しかし、1990年代後半バブル崩壊によって地方自治体も経営難となり、公的資金を導入する公共事業の見直しを迫られた。2000年前後から行政改革・行政評価が国や地方自治体ではじまり、事務事業評価で公立博物館が廃止となるケースも現れた。2001（平成13）年に国立の博物館施設は独立行政法人となり、中期目標・中期計画が定められ、評価が義務づけられた。

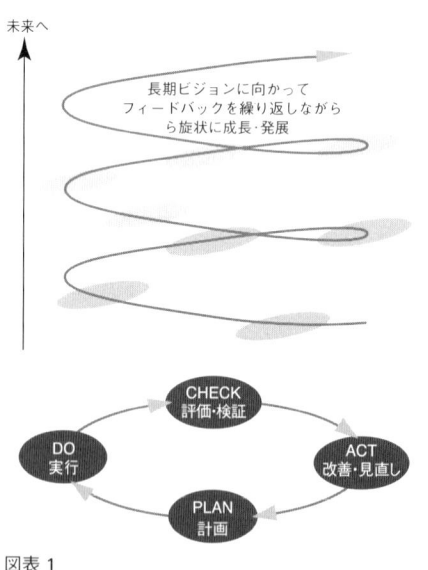

図表1
PDCAのマネジメント・サイクル（経営のDNA）

2003年には地方自治法が一部改正され、指定管理者制度が導入され、「公の施設」の運営に民間が参入できるようになり、ぬるま湯状態で閉塞的だった日本の博物館業界に危機感が走った。

　新しい枠組みのなかで、博物館のマネジメントの見直し作業がはじまった。指定管理者の選定の際、中期計画策定が義務づけられ、同時に「公の施設」である各館の役割の見直しも進められた。また、計画の妥当性、事業の効率性・有効性も検証され、自己評価や第三者評価が実施され、結果も公開されるようになった。2003年文部科学省が「公立博物館の設置及び運営上の望ましい基準」を改正し、事業の自己評価を推奨する項目が加わった。こうして日本における博物館経営も、目標達成・事業改善のためにPDCAサイクルによるマネジメントへと変わりつつあると言える。

　しかし、指定管理者が導入されず、地方自治体が直営する博物館ではまだ単年度予算に縛られ、中期的な見通しをもって館のマネジメントを実践できていない中小規模の施設も多いのが現状である。一方で直営であっても、現場改善やステークホルダー（利害関係者）との関係改善を推進したい博物館では、独自に中期計画を策定し、評価を実施している事例も増えつつある。

(2) 運営から経営へ

　公益機関や公立施設である博物館では、これまでは「経営」ではなく「管理運営」という用語が使われていた。「管理運営」とは、国や地方公共団体の機関が職務または権限として法令等に基づき事務を執行することで、現場の業務管理（Administration）に近い用語と言える。

　しかし、1980年代からアメリカでは、公共・非営利組織でも「Management（マネジメント、経営）」という言葉が積極的に使われるようになり、さらに1990年代中頃以降は「Strategic Management

図表2 企業経営の階層

階層	内容	層
経営 Top Management トップマネジメント	・経営戦略の策定 ・環境の変化に対応した組織構築 ・経営資源の戦略的配分 ・会社を継続的に発展させるために、経営資源を効率的に活用するためのしくみや工夫	・経営層（トップ） 社長、取締役
経営管理 Middle Management ミドルマネジメント	・経営計画の策定・管理 ・経営目的の効率的達成 ・政策や事業計画の実現 ・企業全体の管理	・管理層 （マネージャー） 部長、課長
業務管理 Administration ローワーマネジメント	・計画の実行・管理 ・部門別の現場活動の効率的達成 ・年度予算の実行 ・個別事業の管理	・一般層 （オペレーター） 主任、一般社員

図表3 行政活動の階層表

階層	内容
政策 Policy	・大局的な目的や方向性 ・総合計画などの基本方針
施策 Program	・政策を実現するための具体的な方策や対策 ・各部局がたてる事業戦略
事務・事業 Task・Project	・個々の施策を実行するための実行計画

（戦略的経営）」が一般的に用いられるようになる（註2）。

　日本においても、博物館をめぐる社会的な外部環境が大きく変化し、公的機関であっても民間企業と同様に生き残りをかけマーケットを意識し、社会とのよりよい関係づくりが重視されるようになる。こうした背景のもと、1996（平成8）年「博物館法施行規則」が改正され、学芸員資格取得に必要な専門科目に「博物館経営論」1単位が必須となり、2009（平成21）年には2単位と改正されるに至る。

　そもそも「経営」とはどのようなものなのか。階層構造で経営のし

96　Ⅰ　ミュージアムと経営

図表4　戦略的経営のしくみ

くみを捉えると、企業経営の場合は、上位から経営―経営管理―業務管理（図表2）、行政活動の場合は政策―施策―事務・事業という階層（図表3）となる。博物館の場合、これまでは現場レベルの業務管理や事務・事業の領域を「管理運営」していればよかったが、「経営」となるとそれぞれの館が将来的な指針をもって事業を推進していかねばならないことがわかる。また、戦略的経営の場合には、図表4のような構造となる。博物館を発展させ、その使命を達成させるためには、経営資源を効果的に投資し、最大限の成果をあげていくため「戦略（Strategy）」を原動力としつつ、一方で粛々と経営管理ならびに業務管理を遂行していくしくみと工夫が必要となる。

(3) これからのマネジメント体系

　博物館経営において、使命・計画・評価は個別に考えるのではなく、一貫性のある大きな枠組み（マネジメント体系）のなかで構造的に捉えるべきである。

博物館のような公益機関の場合、財務的な目標や評価基準だけでは、その社会的な役割を正当に評価することができない。そこで、使命（Mission／ミッション）という、文字で書かれた概念的な最上位の目標を掲げ、事業を遂行し目標管理を行っていくミッションマネジメントがふさわしい。また、ミッションマネジメントは、博物館のように多くのステークホルダー（利害関係者）（図表5）が関わる場合、同じ方向を向いて共に事業を推進できるため、舵取りがしやすい経営手法と言える。

　さらに、使命の達成をめざして計画を策定し（Plan）、実行（Do）、結果・成果の評価・検証（Check）、改善・見直し（Act）までを体系的に経営管理できるシステムとプロセスを構築し、社会的な役割も業績評価できるマネジメント体系が望ましい。

　博物館は、上記のミッションマネジメントと業績評価を体系化した「戦略計画方式」で中長期的な経営計画を策定し、事業を遂行していくべきである。

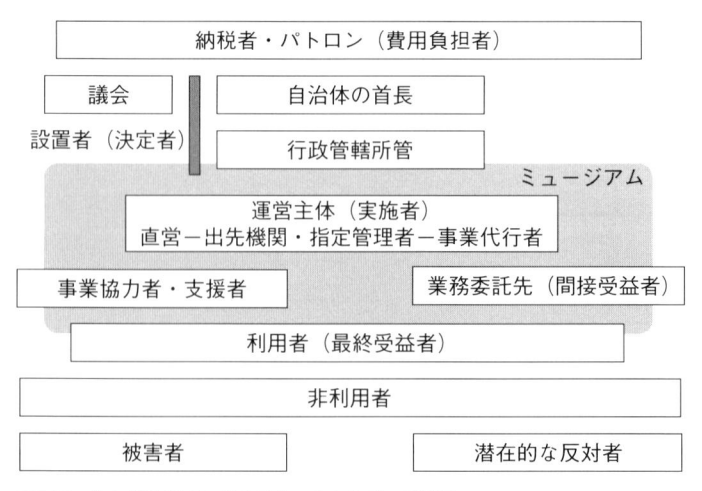

図表5　公立博物館におけるステークホルダー関連図

「戦略計画方式」は、1990年代後半から2000年代前半にアメリカの公共事業評価の際、博物館等の文化施設でも導入されたもの。現在では、民間企業も社会的な役割を問われているため、ミッションマネジメントと業績評価を体系化した「戦略計画方式」を採用している事例も多く見られる。

　イギリスでは、行財政改革が進むなか、1996（平成8）年に「フォワードプラン」策定のためのガイドライン（註3）が出版されており、策定プロセスや取組の留意点等を簡潔にわかりやすく紹介している。フォワードプラン（将来計画・推進計画）も、ミッションマネジメントと業績評価を体系化した構造となっている。

　日本でも、2004（平成16）年に「使命・計画作成の手引き」が日本博物館協会から発行され、ミッションマネジメントによる中長期計画の策定を奨励している。

2. 使命と計画策定

(1) 中長期計画の期間

　中長期の期間に明確な区分はないが、長期の場合は6〜10年あるいはそれ以上の期間を、中期は3〜5年の期間をさすことが多い。長期は、使命、将来像・理想像（Vision／ビジョン）や事業目標・戦略目標（Goal／ゴール）を見据えた基本計画（マスタープラン）を策定する場合に用いられる。中期計画は長期の目標を実現するためにいくつかのスパンにわけて、具体的な取組や方策を検討し、達成すべき指標が計画化されたもので、3〜5年で内部・外部の環境分析や目標達成度を検証し、計画の見直しを図っていくものである。

(2) 計画策定のプロセス

　計画策定の前に、まず十分に現状分析を行うことが重要であり、この段階から博物館の現場職員だけでなく、設置者・協力者・有識者・利用者等のステークホルダーがかかわり、足並みを揃えて進めていくことも重要な点である。欧米の場合、使命の見直しから入ることもあるが、日本の場合は、まずは現状分析からはじめるべきである。その分析の結果から、使命の素案をなるべく多くの関係者の意見を聞きながらとりまとめていく。この段階で無理に決定する必要はない。

　次に使命達成のためのゴールを検討し、さらにゴールを実現させるための具体的な戦略（取組方針や重点的方策）の検討に入る。この段階までは、関係者が集まり、数日かけて案を出し合うワークショップ形式の場を設ける。文書化は、計画策定チームを編成し少人数であたるのがよい。策定チームには、計画策定の専門家が入ると作業効率が高まる。

　ここで中間案をとりまとめ、ステークホルダーから意見聴取し、共感が得られるものにブラッシュアップしていく。

　次に、計画策定チームで業績指標（Performance Measures）案を作成し、現場と相談し測定可能な指標の選定を行う。ここまでを計画案（名称：戦略計画・長期計画・基本計画・経営計画等）としてとりまとめ、パブリックコメントなどで関係者から意見聴取し、修正し、確定・公開へと進めていく。中期計画および事業の個別詳細計画はこの後に作成し、年次計画へと落としていく。

　次項から計画の項目別に、具体化のための取り組み方法等を概説する。

(3) 現状分析

　計画策定は、まず自館の、あるいは検討したい博物館の立ち位置を知り、現状を理解するための情報収集からはじまる。

設置時の法令、建設時の計画書、開館後の事業報告書、利用状況の変化、利用者や市民の意向調査結果等、内部環境分析を可能にするデータ類（註4）の他、国や地方自治体の政策、レジャー白書等、外部環境分析のためのデータ集を揃える。

　それらのデータを元にSWOT分析を行い、内部環境分析から館の強み（Strength）・弱み（Weakness）、外部環境分析から成長発展の機会（Opportunity）・脅威（Threat）を分析し、項目を整理する（詳細は図表6参照）。また館のサービスのライフサイクルがどの時点にあるのかも分析しておくと戦略策定時に役に立つ（図表7）。博物館の場合は、売上の縦軸を利用者数に置き換えると判断しやすくなる。

	分析の視点	プラス	マイナス
内部環境	●経営資源の分析 ヒト・モノ・カネ・情報 ●自館の事業実績 人材・利用者数・利用者の特徴・財政・コレクション・利用者サービス・収益事業・地域との協働体制・協力組織等	**Strength** 強み 小さなことでも特長やよさを探す	**Weakness** 弱み 遠慮せずに問題をあらわにする
外部環境	●ミクロ環境 市場・競合・業務委託先・事業協力者・運営形態等ニーズ分析・ライバル分析 ●マクロ環境 人口統計学・経済・技術・政治・法律・社会・文化・自然環境等	**Opportunity** 機会 好機を逃さず戦略として生かす	**Threat** 脅威 危機となる環境の変化に敏感であれ

図表6　SWOT分析

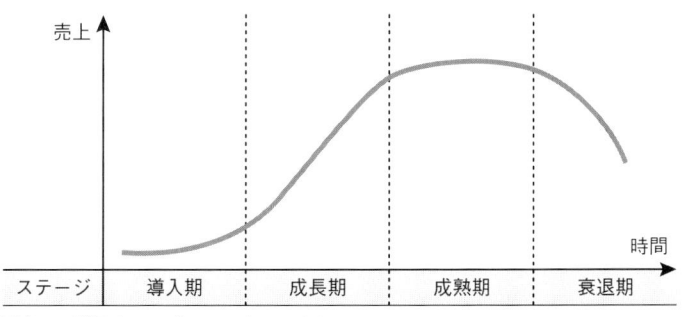

図表7　製品やサービスのライフサイクル

I-5：使命・計画・評価　　101

分析の際、館の職員だけでなく、ボランティア、業務協力者、設置者、他館の職員、有識者、計画策定の専門家などが集まり、ワークショップ形式で行うと多角的かつ客観的な分析結果を得ることができる。

　その他、現状分析の一環として、2005年に日本博物館協会が開発した「博物館自己点検システム」（評価基準）を活用する方法もある。ウェブ上で公開されているので活用しやすく、他館や平均値との比較も可能となっている（註5）。

(4) 計画内容の検討

　現状分析の結果を生かしつつ、計画のパーツのたたき台やアイデアの抽出に入る。

　前述のSWOT分析した結果を、SWOTマトリックス（図表8）の外周の枠内に項目を整理し、強み・弱み・機会・脅威を掛け合わせて、成長戦略・改善戦略・回避戦略・撤退戦略の検討を行う。また、3年、10年、20年後等、将来どうありたいかという姿（ビジョン）もリス

外部要因＼内部要因	強み（比較優位） Strength 内部環境から分析 項目整理	弱み（比較劣位） Weakness 内部環境から分析 項目整理
機会（成長機会） Opportunity 外部環境から分析 項目整理	成長戦略 （機会×強み） 機会をとらえ 強みを発揮して 実際に成長	改善戦略 （機会×弱み） 機会を利用して 弱点を改善する
脅威（致死脅威） Threat 外部環境から分析 項目整理	回避戦略 （脅威×強み） 脅威のなかで 強みを発揮して 脅威を回避	撤退戦略 （脅威×弱み） 脅威を現実化させずに 弱点を最小化しつつ 徐々に撤退

図表8　SWOTマトリックス（クロスSWOT）
龍慶昭＋佐々木亮『戦略作成の理論と技法』多賀出版、2002年、p.125「SWOTマトリックス」の表を参考に作成

トアップし、現状とのギャップを埋めていくための戦略（方法や取組）の検討も行う。将来像は、事業目標のたたき台として生かすことができる。

　前項の「現状分析」に引き続き、ワークショップ形式でグループ討議し、アイデア出しを行い、戦略や事業目標の方向性を共有する場を設ける。次項の「使命」についても、この段階で一緒に検討し、使命声明文の案を数例作成しておく。

　検討材料の整理が終わったら、プランの精度を実現可能なレベルまで高め、一貫性のある計画案としてとりまとめていく作業に入る。

（5）使命（Mission／ミッション）の明文化

　日本の博物館の場合、多くは設置条例や寄附行為で設置の目的は定まっている場合はあるが、館の個性や長期的な経営指針を明文化している館は少ない。そこで、新たに使命を定める必要がある。使命は、10年あるいはそれ以上20年、30年、100年変わらない長期の大きな目標として設定されるものである。ただし、外部環境や内部環境が激変し、危機的な状況（トリガー・イベント）に陥った際には、長期の節目が来る前に、使命から見直しを行う場合もある。

　使命は、存在意義、社会的な役割、目的、提供すべき価値、アイデンティティという言葉に置き換えることもできる。また、職員の行動理念・行動指針ともなり、中長期計画や個別事業計画の上位概念にあたるものである。その概念を誰もが（職員も外部の人たちも）わかるように、簡潔な文章で、かつ豊かな表現で記述したものを使命声明文（Mission Statement／ミッション・ステートメント）という。

　博物館の基本的な機能は、収集・調査研究・保存・展示・教育普及であるが、社会的な役割や地域社会で将来期待されている機能は、地方自治体の政策・地域住民の意向・周辺の文化環境等によって各館で

異なっているため、前項の現状分析を踏まえて、社会的な役割・存在意義を見極めていくことが重要となる。

　使命声明文を文章化する際には、「(館名)は、誰のために、何をめざして(目標)、どのような目的をもって、何を行う(機能・活動)」の要素を明確にする必要がある。また、事業の領域やコンセプト、価値観(Value／バリュー、事業活動を実行する際に大切にすべきこと、また職員の行動理念・行動指針ともなるもの)も記す場合もある。定形はなく、それぞれの機関等によって表現やスタイルは異なる。自分たちの確固たる「意志」と「らしさ」を伝えられる言葉で表現できればよい。よい使命は、多くの関係者が共感でき、社会的意義を感じ、将来を見据えて事業遂行に向かわせる力をもっている。

　使命は、1度で容易に決まらないことが多い。具体的な計画案を検討すると、いつの間にか自分たちがめざしていたものが見えてくることがある。そこで計画を策定しつつ、使命に何度か戻りながら、検討してみるとよい。関係者との意見交換や調整期間も必要なため、最終的に決定できるのに半年あるいは1年ぐらいかかる場合もあると考え、策定にあたるべきである。

(6) 中長期計画の策定
■中長期計画の構造

　中長期計画でまとめる項目を、構造的に整理したい。

　まず、アメリカの戦略計画方式(ミッションマネジメント＋業績評価)による計画の構造は図表9、イギリスのフォワードプランの場合は図表10の構造となる。どちらも使命を最上位に置き、使命達成に向けた具体的な戦略を簡潔にまとめ、業績をわかりやすく公表できる構成となっている。

　日本の博物館の場合、「戦略」という用語に拒否反応を示す人もい

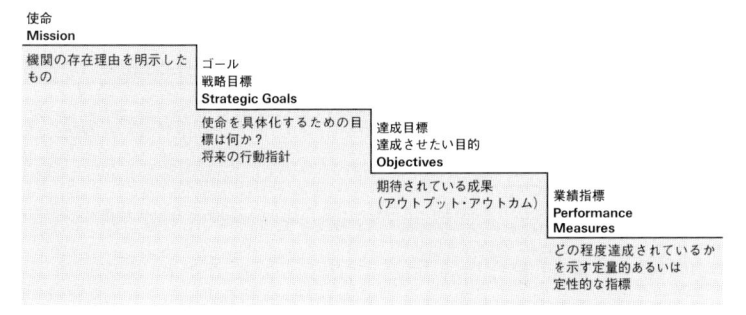

図表9　アメリカの戦略計画方式（ミッションマネジメント＋業績評価）の構造
上山信一監訳・監修『行政評価の世界標準モデル──戦略計画と業績測定』東京法令出版、2001年、p.7、p.20 を参考に作成

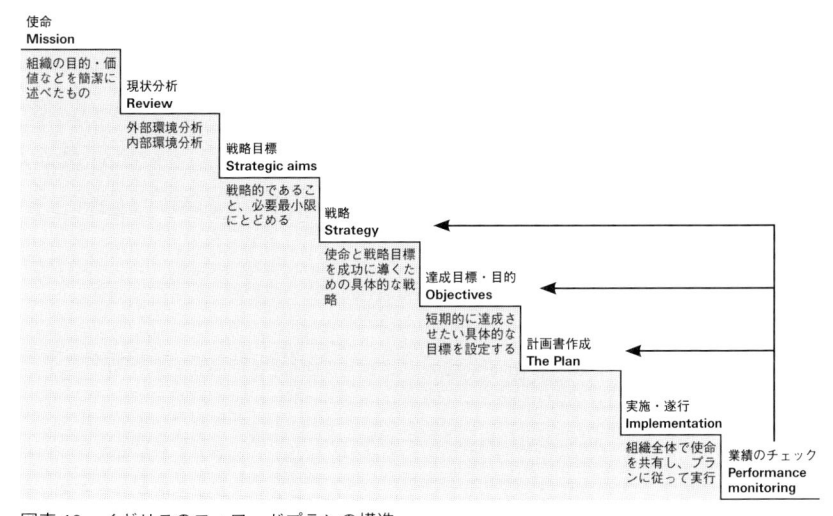

図表10　イギリスのフォワードプランの構造
Stuart Davies, Producing a Forward Plan, Museums & Galleries Commission, 1996.　pp.7-31 を参考に作成

るため、「取組」「事業」などに置き換えて、関係者から広く賛同が得られるような工夫も必要である。また、日本の行政の計画書では、使命・目標（目的論）から具体的な戦略・取組・方策（方法論）へと展開する構成が一般的なので、それに倣った方がなじみやすいと言える。

I-5：使命・計画・評価　　105

■各項目の策定

　筆者が策定に関わった多摩六都科学館（東京都西東京市）の第2次基本計画（2014〜2023年度の中長期計画、註6）の事例を見てみよう（計画の構造は図表11参照）。

　上位に使命を掲げ、次に事業目標（Goal）を定めた（図表12）。当初、事業目標ではなく戦略目標という用語を使っていたが、めざすべき事業領域（Domain／ドメイン）や現行の組織構造から、さらに今後事業に関わる人々が自分の役割を認識しやすくなるよう区分と用語を変更した。

　Goalは、将来めざすべき方向性であり、ある程度抽象的な表現となるため、下位の目標として数値目標を立てるObjectiveとは異なる性格をもつ。計画策定の際、使命の下に理想像・将来像（Vision）を設定する場合もあるが、多摩六都科学館の事業目標は、事業区分毎のVisionという性格ももたせているため、「〜という将来像（様態）を

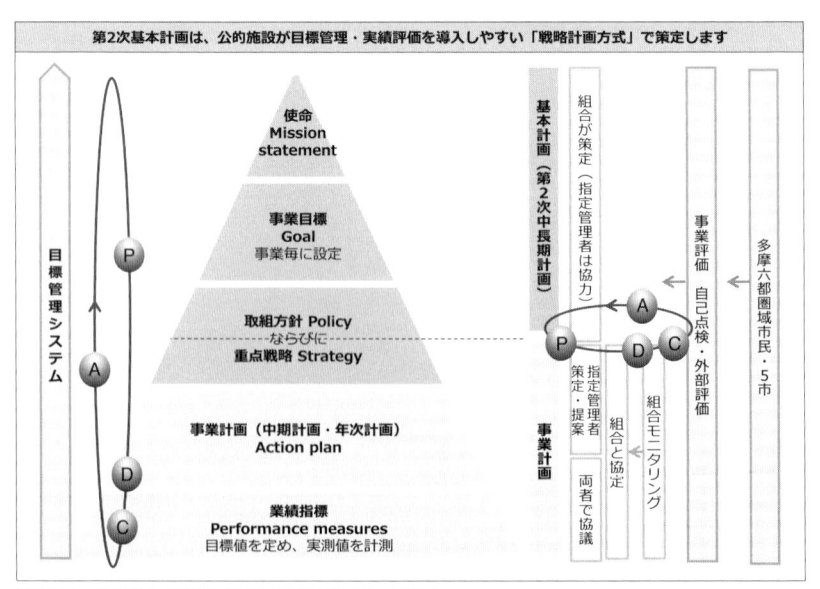

図表11　「多摩六都科学館第2次基本計画」の構造

多摩六都科学館 第2次基本計画（平成26年度～平成35年度）

多摩六都科学館は、今後、下記の目標に向かって、活動を展開いたします

多摩六都科学館の使命
Mission statement
めざすべき方向性・社会的な役割

多摩六都科学館は、地域の皆さんをはじめとする様々な方々とともに、自分たちの世界をもっと知りたいと考える多様な「学びの場」をつくりあげていきます。
そして、多摩六都科学館は、活動の幅を拡げ、皆さんをつなぎ、「地域づくり」に貢献することをめざします。

多摩六都科学館は、多摩六都（小平市・東村山市・清瀬市・東久留米市・西東京市）の5市が運営する科学館です。

多摩六都科学館の事業目標－活動理念と5つの事業目標－
Goal これから10年の大きな目標

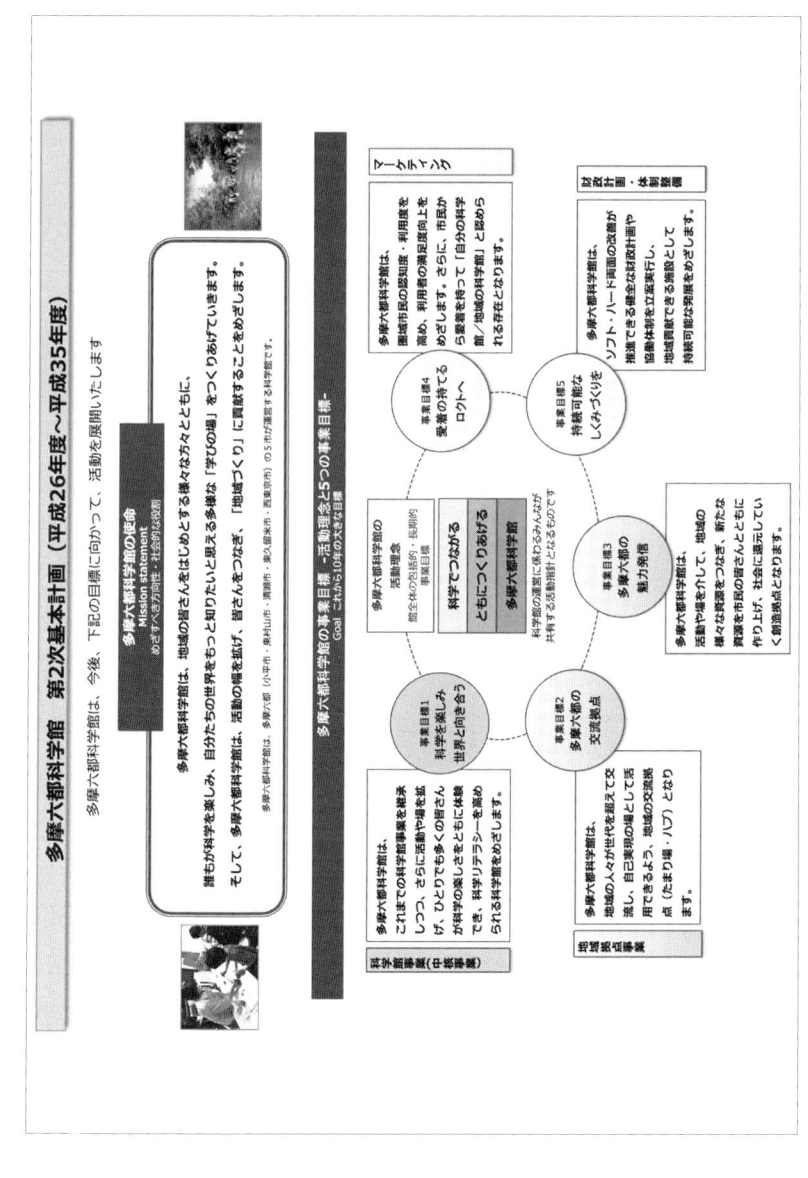

多摩六都科学館の活動理念
皆さまの交流拠点・長期的な事業展開

科学でつくる ともにつくりあげる 多摩六都科学館

科学館の運営に係わる人々みんなが 共有する活動指針となるものです

事業目標1 科学を楽しみ世界と向き合う
多摩六都科学館は、これまでの科学館事業を継承し、さらに活動拠点や場を拡げ、ひとりでも多くの皆さんが科学の楽しさをともに体験でき、科学リテラシーを高められる科学館をめざします。

事業目標2 多摩六都の交流拠点
多摩六都科学館は、地域の人々が世代を超えて交流し、自己実現の場としても活用できるよう、地域の交流拠点（たまり場・ハブ）となります。

事業目標3 多摩六都の魅力発信
多摩六都科学館は、活動や場を通じて、地域の様々な資源をつなぎ、新たな資源を市民のみなさんとともに作り上げ、社会に還元していく創造拠点となります。

事業目標4 変革の持てるロケットへ
多摩六都科学館は、圏域市民の認知度、利用度を高め、利用者の満足度向上をめざします。さらに、市民から支援者をもって「自分の科学館」と認められる存在となります。

事業目標5 持続可能なしくみづくり
多摩六都科学館は、ソフト・ハード両面の改善が推進できる健全な財政計画や協働体制を立案実行し、地域貢献できる施設として持続可能な発展をめざします。

科学館事業（中核事業）

地域拠点事業

財政計画・体制整備

図表12 「多摩六都科学館第2次基本計画」における使命と事業目標

めざす・となる」という表現で文章化した。

　次に使命や事業目標の実現をめざした方法論へ駒を進め、取組方針（Policy）と重点戦略（Strategy）のとりまとめに入る。取組方針では、現状を踏まえ、10年間でどのように事業を推進していくかについて方針をとりまとめ、重点戦略で具体的な取組策をあげ、投入可能な経営資源の状況や実施内容などから優先順位をつけ、まとめあげていく。取組や戦略は目標達成のための行為なので「行う・いく・する・つくる・推進する・図る」等の文末で文章化するとよい。

　事業領域についても、新たな事業に取り組む際には中長期計画内に、誰もがわかりやすい構造で示すことが必要である。たとえば、2つの主要事業が等価値であれば2本柱で、中核事業と派生的な事業であれば同心円で表現する等。また、1つの個別事業が2つの事業領域にまたがる成果も期待できる場合には、マトリックス構造で示すこともある。

　業績指標には、取組や戦略の結果・成果を示すことができる指標を選定する。指標には、定量的なものと定性的なものがある。指標は、極力数値化できるとよい。新たな領域の事業の場合には、成果を数値化することが難しいため、役割を果たしたかどうか、取組姿勢やプロセスを定性的に評価するに止め、事業が軌道に乗った段階で定量的指標を定めるとよい。戦略計画方式の場合は、数多くの指標を設定するよりも、少ない指標数で成果を端的に示すようとりまとめることが多い。指標は、現場と相談し測定できるものを選び、中期で見直しをかけていくことが望ましい。また、指標のなかから重要なもの（KPI：Key Performance Indicator）を数個選び、示す場合もある。

3. 博物館評価

(1) 評価導入の意義

「公の施設」では、目標管理と市民への説明責任の必要性から、経営的視点が導入され、PDCA のマネジメント・サイクルにおける評価（Check）が重要視されるようになった。評価は、目標の達成度を検証し、改善し軌道修正するための弾みとなるステップで、施設や機関が未来に向けて持続的に成長発展をしていくための原動力となる活動と言える。博物館でもさまざまな評価が導入され、現在に至っている。

評価導入によってどんなメリットがあるのか。時間と労力がかかることや他人から評価されることへの抵抗感を感じている人もまだ現場にいるが、評価導入によって、現場改善や意識改革の兆しを実感している関係者が着実に増えていることも間違いない事実である。評価導入によって、下記のような効果や成果が生まれる。

・改善・発展を促進できる
・目標・課題・成果を関係者と共有できる
・評価結果を公表することで説明責任を果たせる
・結果公表によって支援者を増やすことができる（PR）
・関係者や地域との連携や協働体制が促進される
・設置者が事業継続や投資（カネ・ヒト等）の判断材料に使える等

(2) 評価の種類

現在、博物館で実施されている評価には、下記のようなものがある。

・行政（設置者）による事務事業評価や政策評価

・独立行政法人の業務実績評価
・指定管理者制度で設置者が実施しているモニタリングや外部評価
・館が独自に実施している自己評価や外部評価
・日本博物館協会が開発した博物館自己点検システム（評価基準）
・展示や教育プログラム、ツールやグッズを開発・制作する際に実施されている評価等

　また、評価方法には分類の視点によってさまざまな種類があるが、誰が何をどのように評価したいのかによって、評価設計し、組み合わせていくことになる。

・実施者別：自己／内部評価・第三者／外部評価
・実施時期別：事前・中間・事後評価
・開発時期別：フロントエンド（初期段階・企画段階）、フォーマティブ（制作途中・形成的）、サマティブ（設置後総括的）評価
・検証方法別：定量・定性評価
・評価対象別：アウトカム・インパクト・プロセス・組織・個人・プログラム・事業評価等

(3) 業績評価の進め方

　使命を上位目標に置き、使命達成に向けた事業成果を測定・検証できる業績評価は、ミッションマネジメントと共に1つのシステムとして機能しなくてはならない。ここでは、一般的な公立博物館における評価導入・実施の進め方を紹介する。

■評価実施体制

　事業実施者（運営主体）と設置者は、それぞれの立場から事業推進状況や結果・成果の検証を行う。これを自己評価（内部評価）という。

最初に行う評価のため、1次評価ともいう。自己評価は、館内で評価チームを設け、職員から提出されたデータを整理し、評価表のとりまとめを行う。

次に、有識者や市民等から構成される評価委員会を設置し、第三者評価（外部評価）を行う。自己評価の結果をもとに2次評価を行うが、紙面の結果だけでなく、極力実際の事業にも参加し体験した上で評価を行うのが好ましい。

■業績指標の達成度の検証方法

毎年検証する指標と中期で成果を検証する指標に分ける。

次に、数値化できる指標（定量評価）と数値化できない指標（定性評価）に区分する。定量的な指標は、事業結果の数値や利用者調査の結果の数値を入れ込む。定性的な指標は、取組姿勢等を検証し、文章で表現する。あるいは市民モニター制度を導入し、利用者目線・住民目線で事業を定性的に評価する場合もある。

事業目標毎の進捗状況や達成度では、各指標の結果や事業報告内容を踏まえて、事業実施者・設置者は1次評価、評価委員会は2次評価で、目標毎に総括的な定性評価を行う。コメント以外にも、段階評価の基準を設定し、尺度評価を含めてまとめることが多い。コメントだけでは一般の方には評価結果がわかりづらい、経年変化が把握しづらいという課題を解消するための手法として採用されている。

定量的な指標の場合、現状値を把握した上で、目標値を定め、年度毎あるいは中期の実績値を入れ込み、達成状況を検証する。

■業績指標の測定方法

定量的な指標の内、実施回数・参加人数等の事業結果（Output／アウトプット）の場合は、そのままデータを活用する。予算金額や配置した人員数等の投入（Input／インプット）も同様に数値データを入れ込む。

利用者や参加者、地域住民の満足度・利用度・興味喚起度等の成果（Outcome／アウトカム）を検証するときには、質問紙やインタビューによる調査を行い、数値データを採取する。定性的な指標の場合には、グループインタビューや個別インタビューを行い、実施状況や達成状況を検証する。

■報告・公開

1次・2次評価の結果を年度毎に評価報告書（註7、事例‒図表13）としてとりまとめ、評価委員長等から設置者に報告し、報告書はホームページ等で広く公開し、成果と課題をステークホルダーと共有する。これによって、評価の大きな目的であるステークホルダーに対する説明責任を果たすことができる。

また、設置者が実施している事務事業評価では、博物館の総合的な実績を示すことができないため、館の存在意義や社会的な役割を周知させるうえで、使命の達成状況を示すことができる業績評価の実施と公表は重要な活動と言える。

■改善と見直し

評価結果を整理し、課題と改善点の抽出を行う。すぐに現場で改善できること、予算措置が必要な改善点、すぐには解決できない長期的な課題に類別し、次年度以降の事業計画や中期計画に反映させる。予算獲得や大規模な投資が必要な場合、評価報告書を根拠資料として活用し、設置者との交渉を図る。

必要に応じて、指標の変更や目標値の再設定を行い、中長期計画の内容の見直しも行う。

また、評価を実施する体制や進め方等も見直しをし、主たる業務に支障を来すほど業務量が増えている場合は、効率性を重視して、評価項目や指標の軽減、測定方法等の修正を図ることも視野に入れ、評価活動の継続を図る。評価活動が継続できなければ、ミッションマネジ

メントや目標管理システムが推進できないことになり、博物館経営の根本のしくみが崩壊してしまう。現行の組織や人材で運用できる業務量の、身の丈に合った評価設計をめざすべきである。

補遺

業績評価を進める際、混乱する可能性のある基礎的な用語を下記に概説する。

事務事業評価

公立の博物館で、設置者である地方自治体が行政評価の一環で実施しているのが、事務事業評価である。図表3の下位にあたる行政活動レベルで、廃止できる事業や予算軽減できる事業を抽出するために実施されているもの。事業の効率性や有効性も評価項目に入っているが、数値目標は利用者数のみの場合もあり、博物館の実績を総合的に評価できる評価にはなっていないのが現状。

モニタリング（Monitoring）

モニタリングは、評価とは区別して使われている。評価は、データ収集を行って厳密に行われるが、モニタリングは、年度途中や月ごとに進行中の状態を大まかに把握できればよい。そのため、モニタリングの際には、新規でデータ収集を行うことはしないが、既存のデータやヒアリングや監視（Watch）などによって状況を判断し、軌道修正が行われる。

研究（Research）

評価と研究は同じ手法を用いても、目的が異なるために、結果に対する判断基準やスタンスも自ずと異なることになる。

研究は、研究自体が目的であるため、誰もが納得できる普遍性のある一般解や真実（Truth）を導き出す必要がある。また、研究は、研究自体で完結することができるが、評価は、改善・発展へと導くPDCAのマネジメント・サイクルの1ステップに過ぎない。だが、評価を続け、データが蓄積されていくなかで、普遍的な傾向を導き出したり、新たな理論構築に役立てたりすることもできる（メタ分析）。

多摩六都科学館事業評価票
1. 指定管理者による自己評価ならびに外部評価 — 5つの事業目標ごとの評価 —
①科学館事業

1. 事業目標ならびに事業方針

第2次基本計画		
事業領域	事業目標-1	取組方針
事業計画 科学館事業 (中核事業)	科学を楽しむ　世界と向き合う 多摩六都科学館は、これまでの科学館事業を継承しつつ、さらに活動や場を拡げ、ひとりでも多くの皆さんが科学の楽しさをともに体験でき、科学リテラシーを高められる科学館をめざします。	多摩六都科学館の中核事業です。「科学を楽しみながら学べる科学館」「子どもたちの科学する心を育む科学館」像はこれまで通り大切にしつつ、幅広い年齢層も利用できる施設へと徐々に領域を拡げます。多くの方々が科学の楽しさに触れ、新たな価値を発見できる科学館像の実現をめざします。

2. 中期の重点戦略ならびに業績指標

↓凡例：色の濃度は重要度（色が濃いほど重要度が高い）

	重点戦略		中期で重点的に取り組む戦略
●	専門性を基本とした上で、科学を通して得られる楽しみや感動、インスピレーションを重視した事業を行います。	●	すべての面において、コミュニケーションを重視した事業運営を行います。また、企画展の成果を生かし、常設展示の更新・充実を図り、ひとりでも多くの方々が科学を楽しめる場づくりに努めます。
●	子どもを中核としつつ、より幅広い年齢層（幼児、若者層、高齢者層）が共に楽しめるコンテンツの開発を推進します。	○	将来のリピーター獲得のため、最優良顧客であるファミリー層の新規来館者の増員を図ります。
		○	あわせて、中学生以上を対象とした大人向けプログラムの開発・実践に努めます。
●	展示や教育普及活動がさらに充実するよう、科学館事業の基盤となる収集・保存・調査研究活動の強化を図ります。	●	多摩地域の地層・化石の研究は継続させます。また、これまで蓄積してきた収集・展示資料の図録を編集・発行します。

4. 評価結果（定性評価）

	自己評価		
	今年度の取組結果・成果	課題・今後の取組方針	目標の達成状況
H26	実質的コミュニケーション実現のため、下記事業を行った。 寄贈標本整理による常設展示の充実、利用者別・ラボ別プログラムの品揃えの充実、常設化を意図した内製企画展の実施、単なる生解説の領域を超える観客と会話するプラネタリウム番組の提供（2か月毎に更新）等。 これらの事業によって「DO！サイエンス」を実現する事業展開のための基盤の整備を推進できた。	各常設展示室のコア部分の改良を優先順位を決めて取り組み、各部屋ごとの科学体系を充実させる。 寄贈標本の体系化を果たし、常設展示をさらに充実させる。 平成26年度に作成したベータ版の展示ストーリーブックを充実させ、関係者の展示内容把握を高め、展示ツアー等によるコミュニケーションの深度を高める。	A
H27			
H28			

図表13　事例「多摩六都科学館事業評価報告書」より抜粋

指定管理者・事業計画
H26年度～H28年度（中期）事業の基本方針
科学の楽しさを実感できる学びの場づくり 中核事業の活動のテーマでもある「ＤＯ！サイエンス」とは、「実感を伴った理解を図る学習活動」の提供であり、観察・実験・工作といった体験的な活動を重視することです。 多摩六都科学館の新10年計画（第2次基本計画）の使命として掲げられた「多様な「学びの場」の創出」と、科学館事業目標である圏域市民の「科学リテラシーを高める」を達成させるためには、科学館活動のすべてを「実感の場と機会を提供する」ことに収斂することによって実現できると考えられます。この実感を提供できるよう、標本・装置の充実、専門性とエンジョイメントの両立、参加体験でのコミュニケーションのさらなる充実をめざします。

3. 評価結果・指標の実績結果

※：重点的な業績指標と重複する指標

事業概要	事業指標	定量	検証方法	中間目標（目標値）	H24 実測値	H25 実測値	H26 実測値	H27 実測値	H28 実測値
II-1. 科学館 事業全体	●※「コミュニケーション重視の体験が充実」と答えた人の割合	＊	C						
	●※「科学に楽しさを実感した」と答えた人の割合	＊	C						
	●※科学への興味喚起度（利用者調査・定量的）	＊	C						
	●※科学への興味喚起度（市民モニターが検証・定性的）		D						
	●※幅広い年齢層からの支持	＊	C						
	●常設展示　満足度（館内アンケート）	＊	C	80％以上が満足	―	71.1%	78.1%		
	●企画展示　満足度（①館内アンケート、②会場アンケート）	＊	C	80％以上が満足		①71.1%	①72.0% ②85.0%		
	●①プラネタリウム・②大型映像満足度（館内アンケート）	＊	C	80％以上が満足		①92.8% ②78.7%	①92.5% ②83.3%★		
	●参加体験型学習プログラム満足度（各プログラムで実施しているアンケート）	＊	C	80％以上が満足	―	―	99.0%★		
	◎※リピーターの比率の維持	＊	C	50％～60％を維持		55.80%	54.1%★		
	◎※ファミリー層の新規利用者の増員をめざした取組		B	検討／実施			実施★		
	◎※年齢別プログラムや事業の取組数	＊	A						
	◎※「誰もが科学を楽しめる科学館」としての評価		D						
II-1-1	◯調査研究活動		B	検討／実施			実施★		
	●標本資料や装置の充実（研究成果の市民への還元）		B	検討／実施			実施★		

＊科学館事業の業績指標は、上記以外に平成29年度以降取組予定のもの、中期的な指標もある。ここでは、平成26～28年度の取組対象の指標のみ掲示
＊★印は目標達成あるいは実施したもの

外部評価	
評定	総評（総括的な意見等）
A+	プラネタリウム・参加体験型学習プログラムの満足度は、9割以上と非常に高い上に、科学館事業全体を鑑みると大変よくやっていると思う。また、リピーターの比率が高い割合を維持していることから事業の充実度を窺い知れる。常設展示の満足度は目標値の80％に達していないが、26年度から継続的に常設展示のコンテンツの充実を図っており、その取組姿勢は評価したい。自己評価はAと控えめであるが、当委員会ではA+の評価とする。

I-5：使命・計画・評価　　115

註

1 本稿で「博物館」と表記した場合には、歴史館、美術館、科学館、動物園、植物園等すべての博物館施設を総称して用いている。
2 龍慶昭＋佐々木亮『戦略策定の理論と技法——公共・非営利組織の戦略マネジメントのために』多賀出版、2002年、pp.3-4。
3 Stuart Davies, *Producing a Forward Plan*, Museums & Galleries Commission, 1996. 本書は、下記URLにてPDFをダウンロード可能（2015年12月現在）。
http://www.collectionstrust.org.uk/media/documents/c1/a77/f6/000025.pdf
4 詳しい資料リストは、『使命・計画作成の手引き』日本博物館協会、2004年、p.11、参照。
5 日本博物館協会ウェブサイトの博物館自己点検システム（2015年12月現在）。
https://www.j-muse.or.jp/04links/jikotenken.php
6 「多摩六都科学館 第2次基本計画」計画書は、下記URLにてPDFをダウンロード可能（2015年12月現在）。
http://www.tamarokuto-sc.or.jp/modules/downloads/
index.php?page=visit&cid=1&lid=153
7 事業評価を実施している館では、報告書はウェブ上で公開されているので、詳細は個別に参照してほしい（2015年12月現在）。
事例1：多摩六都科学館の評価活動
http://www.tamarokuto-sc.or.jp/modules/info/index.php?content_id=6
事例2：平成26年多摩六都科学館事業評価報告書
http://www.tamarokuto-sc.or.jp/modules/downloads/
index.php?page=visit&cid=1&lid=179
事例3：静岡県立美術館の評価システム　自己評価評価結果
http://spmoa.shizuoka.shizuoka.jp/japanese/eva_system/kekka/

参考文献

・日本博物館協会『使命・計画作成の手引き』2004年
・日本博物館協会編『博物館評価制度等の構築に関する調査研究報告書——地域と共に歩む博物館育成事業（平成20年度文部科学省委託調査）』日本博物館協会＋文部科学省、2009年

- 龍慶昭＋佐々木亮『戦略的策定の理論と技法——公共・非営利組織の戦略マネジメントのために』多賀出版、2002 年
- 安田節之＋渡辺直登『プログラム評価研究の方法（臨床心理学研究法第 7 巻）』新曜社、2008 年
- 上山信一監訳・監修『行政評価の世界標準モデル——戦略計画と業績測定』東京法令出版、2001 年
- アーサーアンダーセンビジネスコンサルティング『改訂版 業績評価マネジメント』生産性出版、2001 年
- アーサーアンダーセンビジネスコンサルティング『ミッションマネジメント——価値創造企業への変革』生産性出版、1997 年
- 大堀哲＋水嶋英治編著『博物館学 III ——博物館情報・メディア論＊博物館経営論』学文社、2012 年
- 佐々木亨＋亀井修＋竹内有理『新訂 博物館経営・情報論』放送大学教育振興会、2008 年
- W.K. ケロッグ財団著、農林水産政策情報センター訳『ロジックモデル策定ガイド』（財）農林水産奨励会＋農林水産政策情報センター、2003 年
- 村井良子編著『入門ミュージアムの評価と改善——行政評価や来館者調査を戦略的に活かす』アム・プロモーション、2002 年
- 上山信一＋稲葉郁子『ミュージアムが都市を再生する——経営と評価の実践』日本経済新聞社、2003 年
- ジョージ・E・ハイン著、鷹野光行監訳『博物館で学ぶ』同成社、2010 年
- フィリップ・コトラー＋ニール・コトラー著、井関利明＋石田和晴訳『ミュージアム・マーケティング』第一法規、2006 年
- 辻新六＋有馬昌宏『アンケート調査の方法——実践ノウハウとパソコン支援』朝倉書店、1987 年
- 杉山明子『社会調査の基本』朝倉書店、1984 年
- 酒井隆『マーケティング・リサーチ・ハンドブック——リサーチ理論・実務手順から需要予測・統計解析まで』日本能率協会マネジメントセンター、2005 年
- 高梨智弘『マネジメントの基本』日本経済新聞社、1995 年
- 青木三十一『入門の入門：経営のしくみ——見る・読む・わかる』日本実業出版社、1999 年
- ピーター・ドラッカー編著、田中弥生訳『非営利組織の「自己評価手法」——参加型マネジメントへのワークブック』ダイヤモンド社、1995 年

- 『PCM　開発援助のためのプロジェクト・サイクル・マネジメント：モニタリング・評価編』国際開発高等教育機構、1997 年
- 『PCM：開発援助のためのプロジェクト・サイクル・マネジメント：参加型計画編』国際開発高等教育機構、2001 年
- 『PCM　PCM 手法に基づくモニタリング・評価』国際開発高等教育機構、2000 年
- 久保内加奈「イギリス博物館登録制度に関連する諸基準について」『博物館基準に関する基礎研究──イギリスにおける博物館登録制度』博物館基準研究会、1999 年
- 守井典子「アメリカ博物館協会による基準認定事業について」『博物館基準に関する基礎研究』博物館基準研究会、1999 年
- 多摩六都科学館組合「多摩六都科学館第 2 次基本計画」2014 年
- 多摩六都科学館＋指定管理者：株式会社乃村工藝社「多摩六都科学館事業評価報告書」2015 年
- Stuart Davies, *Guidelines for Good Practice: Producing a Forward Plan*, Museums & Galleries Commission, 1996
- Gail Anderson, *Museum Mission Statements: Building a Distinct Identity*, American Association of Museums, 1998
- W.K.Kellogg Foundation, *Logic Model Development Guide*, 2004

コラム　学芸員の履歴書1
世田谷美術館の3つの分館

大竹嘉彦

ことのはじまり

　2003（平成15）年3月15日、私は世田谷美術館に非常勤学芸員として就職した。武蔵野美術大学芸術文化学科の1期生として、学部を卒業するのと同時に（厳密にいうと卒業式の5日前に）、新米学芸員としての第一歩を踏み出すことができたのは、幸運というより他にない。

　まだ右も左もわからない、22歳の「新卒」である。精一杯の準備をして試験に臨んだものの、まさか合格するとは思っていなかった。内定の連絡を受けてから数日後、当時の学芸部長に呼ばれて担当職務などについてのレクチャーを受けた。

　「これから2つ、新たな分館をオープンさせる。11月に1つ、来年5月に1つ。君にはその仕事をしてもらう」。

　予期せぬ職務内容に驚きつつ、部長から言われた次の一言が印象に残っている。

　「象牙の塔に籠って研究に明け暮れる学芸員ではなく、ドブ板も渡れる学芸員がほしかった」。

　一瞬何のことやらわからなかったが、要するに「地域に密着しろ」ということだ。業界や専門分野にばかり目を向けていないで、地域コミュニティや異分野と積極的に交わっていけという意味の訓示である。その適性が採用理由だったかどうかはわからない。

　あれから13年、たしかに象牙の塔とは縁遠い仕事も沢山してきたが、いつも抵抗なく、むしろ面白がって取り組むことができたのは、あのときの部長の一言が脳裡にあったからかもしれない。

オーガナイザーとしての学芸員

　東京都立砧(きぬた)公園の一角に位置する世田谷美術館は、1986（昭和61）年に開館した。区立の美術館としては比較的大型の美術館である。コレクションでは、アンリ・ルソーをはじめとする素朴派の作品や、北大路魯山人の作品がよく知られている。

　1993（平成5）年、最初の分館となる「向井潤吉アトリエ館」が、区内の閑静な住宅地に開館した。洋画家・向井潤吉（1901-1995）の作品を常設展示する美術館である。画家が生前、自ら費用を負担して自宅兼アトリエを美術館に改装し、油彩や素描660余点とともに世田谷区に寄贈したものだ。

　私が就職した年は、そのアトリエ館の開館からちょうど10年目の年にあたる。3館に増える分館の準備と運営管理のため、学芸部に分館事業課が新設された（現在は美術課に統合）。といっても、初年度は課長と私、2人だけの小所帯。2つの分館の開館にむけて、邁進する日々がはじまった。

　建物の設計・施工、さまざまな備品・什器の購入、事務室の設営、スタッフの募集、収蔵品の移動、開館記念展の企画、図録の編纂、ホームページの開設、リーフレット・チラシ・ポスターの制作、ショップの準備、式典の段取り、翌年の事業計画立案と予算組み等々、小規模な分館とはいえ、開館にむけた作業は膨大で、その内容は多岐にわたる。画家の遺族や地域住民とのコミュニケーションも重要項目だ。

　学芸員はどの部分を担うかというと、基本的にこのすべてにかかわる。建物・設備に関する部分は区の所管課や営繕課、人事・経理に関する部分は館の総務部など、担当部署はそれぞれにあるものの、準備の過程ではそのすべてにかかわり、全体を見渡しながら中身をプランニングしていく。その作業を分館事業課が担った。いわば課長がプロジェクトマネージャーであり、私はそのアシスタントである。

　分館の開館準備に携わりながら、学芸員の職域の広さを思い

知った。美術館の空間も機能もそこでの体験も、学芸員がいくつもの要素を整理し、関係者と調整しながら組み立てていくことで実現しているのだ。その意味において学芸員の仕事とは、大なり小なり、有形無形に物事をオーガナイズしていくことなのだと、このとき実感した。

地域のサテライト、分館経営のポイント

　新たに開館した2つの分館は、いずれも画家の旧居跡地にたつ個人美術館である。遺族から多数の作品と、土地や建物の寄贈をうけて整備したものだ。分館はすべて、区内各所に点在している。

　世田谷区は東京都下の自治体で最も人口が多く（約88万人で山梨県よりも多い）、面積は23区のなかで大田区に次いで二番目に広い。もっとも大田区の面積には羽田空港の敷地が含まれるため、実質的には世田谷区が最も広い。南北の端から端まで移動するためには、どのような交通手段を使っても1時間弱はかかる。したがって居住地域によっては、世田谷美術館よりも六本木の美術館の方がよっぽどアクセスしやすいという区民も多い。

　こうした特殊な地理的状況下で、3つの分館は、世田谷美術館のサテライトのような役目も果たしているのだ。また、新たに開館した2つの分館は、常設展示スペースの他に付帯設備を備えており、それらが経営上の特徴となっている。

　2003（平成15）年11月、高級住宅地として名高い成城にオープンした「清川泰次記念ギャラリー」は、抽象画家・清川泰次（1919-2000）の自宅兼アトリエをリノベーションした施設。戦後モダニズムの住宅建築だ。ここはアトリエ部分を常設展示室にあて、住居部分を区民ギャラリー（創作活動を行う区民のためのレンタル展示スペース）にした。

　区民ギャラリーは本館にもあるが、利用希望者が多く、需要を完全に満たすことができていなかった。この課題に対処すると

いうのが目的ではあるが、同時に重要なことは、区民ギャラリーの賑わいが、施設の活気を持続させるという点である。
　一方、自由が丘駅からほど近い奥沢に位置する「宮本三郎記念美術館」は、洋画家・宮本三郎（1905-1974）の旧居跡地に建物を新築して、2004（平成16）年5月に開館した。ここの特徴は、1階に設けた講座室だ。
　玉川田園調布と隣接する奥沢エリアは、街づくりへの住民の意識が高く、開館前から建築や設備、活動内容等にさまざまな期待が寄せられた。住民ワークショップを通じて集約した、そうした種々の要望やアイデアに基づく活動を、この講座室では展開している。地域の祭礼にちなんだ造形ワークショップや閉館後のコンサート、宮本三郎の作品を模写する絵画教室に至るまで、硬軟さまざま、プログラムのジャンルは幅広い。
　一般的に「多目的室」と呼ばれるようなスペースは、実際のところ用途の方針が定まっていない「無目的室」であることが多い。しかし、この講座室の場合は違う。多彩な活動によって美術館の入口を広げ、近所の方々に親しんでもらうことがねらいである。
　仮に自宅の近所に美術館があったとしても、それが収蔵品展のみの小規模な個人美術館の場合、多くの人は1度見たらそれきり。何度も訪れる人は少ない。講座室の活動も区民ギャラリーも、地域のなかで活き活きとした美術館であり続けるための秘訣であり、そうした土台があることによって、個人美術館の本分である、画家の顕彰を成し得るのだ。

（コラム2へつづく）

I-6：施設・設備 1

建築と展示空間

児島学敏

　本稿では主に、ミュージアムの経営や活動の物理的な基盤とも言える建築の面から、それぞれの施設がもつ特性などに注目しながらミュージアムについて考察していきたい。

　ここで取り上げる5つのミュージアムは、建築家・芦原義信（1918-2003）が主宰した芦原建築設計研究所で企画、設計、工事監理を行い完成した施設である。私はこの研究所のメンバーの1人として、紹介するすべての施設について企画の段階から参加し、基本構想に基づいたイメージスケッチ、実施設計、そして建物完成後のオープンまで深く関わった。

　これらのプロジェクトに関わることで学んだことは、ミュージアム建築は、主役である作品などの資料の展示、保管という目的にあった空間の構成によって形づくられており、建築家の個性的なデザインは必ずしも必要ではなく、建築規模、高さ、デザイン等、国際的な視野に立った文化施設としての普遍的な空間構成が求められる、ということである。

　ミュージアム建築の計画にあたっては、場所や周辺の景観に配慮し、その場の環境との調和を考慮して進めるのに加えて、どのようなミュージアムであっても一般来館者のために、彼らを文化的、芸術的に楽しませ、受け入れるための施設が望まれていることに留意する必要がある。

　また、多くの方に望まれる施設の実現のために、観客を迎え入れる適切なアプローチ、そして付属するホワイエや休憩コーナー、ミュー

ジアムショップ、あるいは来館者のためのクローク、トイレなどすべての機能、主題である見やすく適切な展示室、目的を絞った展示空間と観客の動線など、建築空間を構成する骨組みにはそれぞれ工夫を凝らすわけだが、機能性や安全性などの建築として求められる基本的な点においては、ミュージアム建築といえども決して特別なものではなく、他の建築と比較しても何ら変わることはないということも忘れてはいけない。

1. 国立歴史民俗博物館

名称	大学共同利用機関法人人間文化研究機構　国立歴史民俗博物館
所在地	千葉県佐倉市城内町 117
開館年	1983（昭和 58）年
収蔵品数	23 万点
敷地面積	12 万 9,496 ㎡
建築面積	17,839 ㎡
延床面積	37,058 ㎡
展示面積	22,979 ㎡（含管理部）
構造	主体棟（展示室、管理部）：SRC 造
	研究棟他：RC 造

概要

　国立歴史民俗博物館は、千葉県佐倉市の佐倉城址公園内に建築され 1983 年に開館（設置は 1981 年）した、「考古」「歴史」「民俗」の 3 分野を柱に日本の歴史、文化について総合的に研究や展示を行う博物

館である (図表1)。通称「歴博 (れきはく)」と呼ばれる。

大学共同利用機関法人人間文化研究機構により運営されており、大学共同利用機関として大学を中心とする教育機関や研究者と共同する体制がつくられている。発足以来、大学における学術研究の発展等一般の教育活動の推進に資するとともに、日本の歴史と文化を実証的に解明することを目標としている。そのための調査研究や資料収集が継続的に行われていて、収蔵する資料数は2015（平成27）年現在約23万点に及ぶ。それらは、館内での利用に留まらず、データベース化や関連図書の刊行など、さまざまなかたちでの情報発信を通じて、学界全体で広く活用されている。

図表1　国立歴史民俗博物館　外観

設立準備

1966（昭和41）年、明治百年記念事業の一環として設置が決定された。その後、1971（昭和46）年発足の国立歴史民俗博物館（仮称）基本構想委員会、1975年発足の国立歴史民俗博物館（仮称）設立準備委員会、1978年設置の国立歴史民俗博物館（仮称）設立準備室により、組織運営、展示収集、施設計画等について検討が重ねられ、その決定に従って計画は進められた。

そのなかで施設計画推進の作業は、国立の歴史民俗博物館として日本の歴史の何を、どのような展示方法で展示し、来館者に歴史を伝える施設とするのか等の博物館としての基本的な事項の議論からはじめられた。準備メンバーとして集まった歴史学、民俗学の学者たちの他に、会議のまとめ役として文化庁内に設立された準備室のスタッフ、

施設を計画・設計する建築設計研究所と、具体的な展示空間を技術的な側面から提案する専門家を加えたメンバーによる会議が繰り返し行われた。

　会議の内容は、歴博の基本コンセプトに基づいた「考古、歴史、民俗」の3分野を展示する空間設計の手掛かり、また展示表現のあり方など多岐に及んだ。その後、その展示コンセプトに従って施設の設計、施工、展示作業が行われ、国立歴史民俗博物館は博物館としての物理的な機能も完成させ、1983（昭和58）年3月、開館・一般公開の日を迎えた。

建築計画

　歴博の施設の特色は、博物館としてのすべての部門、機能を1つの巨大な建築に収めるのではなく、3万㎡を超える広大な敷地を活かして、研究者のための研究機能と一般観覧者のための展示機能の2つの領域が、はっきりと分けられたかたちで計画されていることである。

　研究機能は、大学共同利用機関法人人間文化研究機構の「研究部」のもとに、さらに情報資料研究系、歴史研究系、考古研究系、民俗研究系の4つの分野に分かれ、それぞれの専門分野によって独立した棟を計画し、敷地内で群として構成された建築の姿を表現している。そして、分野別の各施設は動脈的役割をもった回廊によって結ばれ、全体として1つの研究施設として機能している。

　また博物館の象徴でもある展示機能は、展示施設中央に設けられた開放的な広場を中心軸として、取り囲むように配置された展示棟群によって構成されている。来館者を1階のメインアプローチから展示室に招き入れた後、歴史の流れに沿って螺旋状に配置された展示室を下階に向かって鑑賞していく。その歴史ごとに区切られた展示棟は鑑賞動線によって結ばれ、最下階にある最後の展示室の扉を開くと外部

に開放された施設中央の広場に出る。その広場は、鑑賞を続けてきた展示棟群の全貌を確認する場にもなっている。そして、エレベータやエスカレータを利用して、スタートした１階のエントランスホールに戻る動線計画になっている。

展示計画

　開館にむけて繰り返された展示計画会議では、その時代を象徴するいくつかの事例を取り上げて、方針が議論された。イメージスケッチ、展示空間の模型等を提示して議論を進めていくことが、会議に参加している建築設計担当者と展示計画担当者の役割であった。

　たとえば、明治新政府が理想とした新天地・北海道の展示室について、新しい時代への希望を象徴する列車「弁慶号」を使ってどのように展示空間を構成するかという議論では、以下のようなプランが練られた。①展示室のなかを弁慶号の模型が周回し、その展示壁面には開拓開始当時の北海道をイメージした原野の風景が描かれている。②展示室の中央に、原寸大の弁慶号の模型を展示する。③観客は原寸大の弁慶号の車内に入り、乗客の視線で壁面に描かれた開墾の進む北海道の大地を眺める。④一方で、明治新政府に追われた先住のアイヌ民族の人々の立場や気持ちを表現する展示をあわせて行う。

　どの時代の展示方法についても、イメージスケッチや模型を前にして熱い議論がなされ展示計画が固められていった。

　また、歴博では、復元模型やレプリカを多用していることも特色である。日本の文化財の多くは、紙、木、繊維など脆弱な素材から成り、常設展示に耐えないものが多いため、実物とほとんど見分けのつかない精巧なレプリカが活用されることも多い。

　展示室全体の構成は主室である第１展示室の原始、古代からスタートし、歴史の流れに沿って、第６展示室の現代まで続く（図表2、3）。

図表2　国立歴史民俗博物館　第1展示室
（古代）日本文化のあけぼの

図表3　国立歴史民俗博物館　第4展示室
（民俗）くらしと技

そして、ここで注目すべきは、副室の展示室がそれぞれの時代の主室を取り囲むように配置されている点である。主室である大空間の天井高は高さ6m、小空間の副室の天井高は高さ4.2mで計画されている。この主室と副室を組み合わせた空間構成は、歴博の特徴となっている。歴史の教科書には登場しない、海、山などの様子やそれぞれの時代の人々の生活を民俗学の視点で展示し、その生活が日本の文化を支え構築していたことを、主室＋副室という組み合わせで展示している。

収蔵品の設備計画

　歴博の収蔵品は文書や絵図などの「収集資料」と、建造物の模型やレプリカなどの「製作資料」とに大別される。これらの収集資料を保管する収蔵庫については、収蔵品ごとに保存に適した温度、湿度、換気等の条件が異なっている。

　たとえば日本刀を例にとると、刀の主部である金属部、木製の鞘、柄にまかれた紐など、各部位の材質によって保存に適した温湿度が違い、部屋全体の換気方法も変わってくる。したがって、それらの部位すべてを材質別に分解し、それぞれに適した環境の部屋にて収蔵する。この方法論は、刀だけでなくすべての収集品に適用されている。

　歴博の施設のなかで収蔵庫は、博物館の象徴的存在であることを考

慮したデザインとなっている。先に紹介した各領域の建物が施設群としての景観を示しているなか、その中央に他の施設よりひときわ高い姿で配置されているのである（図表 1 参照）。

2. 東京国立近代美術館フィルムセンター

名称	独立行政法人国立美術館　東京国立近代美術館フィルムセンター
所在地	東京都中央区京橋 3-7-6
開館年	1995（平成 7）年
収蔵品数	相模原分館：映画保存棟 I + II （約 22 万 + 26 万 6,000 缶）
敷地面積	788.59㎡
建築面積	727.05㎡
延床面積	6,903.30㎡
構造	SRC 造、一部 RC 造、S 造
規模	地下 3 階、地上 8 階

概要

　東京国立近代美術館フィルムセンターは、独立行政法人国立美術館が運営する東京国立近代美術館の映画資料部門を担う、国内唯一の国立映画機関である。1970（昭和 45）年に、京橋の旧東京国立近代美術館本館を利用して開館したフィルムセンターは、1984（昭和 59）年、火災で建物や収蔵しているフィルムの一部を焼失してしまった。

　その後、収蔵するフィルムを安全に保存する相模原分館の建設（1986 年、後述）を経て、老朽化し焼損もした京橋の建物を建て替え

てフィルムセンターを再建する計画が持ち上がった。1987（昭和62）年に具体的な計画がスタートし、1991（平成3）年から1994年にかけて建て替えの工事が行われた。基本設計期間を含め7年余の歳月を経て、1995年に、新しい東京国立近代美術館フィルムセンターが誕生した。

　当フィルムセンターの目的は、映画芸術文化の拠点としての機能、映画による国際交流の拠点としての機能、映画の博物館・資料館としての機能、という3つの役割を担って活動を続けることにある。また、戦前からの映画フィルムの網羅的な収集を基本とし、芸術的に優れた作品、映画史上で重要な作品、散逸や劣化、滅失の危険性の高い作品など、国立の博物館として必要な作品等の収集を優先して行っている。その収集した映画フィルムは、すべて相模原分館の収蔵庫で保存している。

建築計画

　当フィルムセンターは、国の映画文化の研究に加え、映画愛好家に対してもさまざまな情報を提供する専門的な資料館としての役割と、来館者に対して快適な建築空間を提供することにも配慮した施設である。

烏帽子をイメージさせる最上階に突き出た特徴ある三角屋根、そして、壁面のフィルム色をイメージしたガラス窓の割りつけなど、いずれも隣接するオフィスビル街の画一的な街並みに対して、特別な施設であることを意識させる意匠が採用されている（図表4）。

図表4　東京国立近代美術館フィルムセンター　個性的な外観と街並み

施設の内部構成についても、博物館施設でありながら、主入り口である前面道路に面したエントランスホールには案内カウンターの他には博物館としての機能はなく、来館者が自由に利用できる喫茶コーナーや、レストラン、そしてブックショップが設けられ、街の一部が連続して施設の内部に取り込まれたプランとして計画されている。

　外壁の色彩計画については、街並みに面した正面の仕上げ材として、薄いグレー色をしたマホガニーと呼ばれる花崗岩と、映画のフィルムをイメージしたブロンズ色のガラスのカーテンウォール窓を組み合わせ、映画にまつわる施設の特色を随所に意識したデザインとなっている。それはまた、既存の街の賑わいを意識した演出の表れでもある。

各室の配置計画

　1995年に開館した新たなフィルムセンターは、フィルム・ライブラリーや、フィルム・アーカイヴといった博物館施設の主目的として、建物の2階から上の階と地下階を利用して計画されている。

　4万本以上の映画フィルムを所蔵したその鑑賞空間は、施設の2階に座席数310席の大ホール（図表5）、座席数151席の小ホールは地下1階に設置されている。この大小2つの映画鑑賞用ホールを主軸として、芸術的、映画史的に重要な作品や時事的、文化史的に貴重な作品など、さまざまな領域の映画作品が上映されている。

　またフィルムセンターの博物館としての多岐にわたる活動空間として、4階に映画関係の図書室とビデオブース、

図表5　東京国立近代美術館フィルムセンター映画部門大ホール

5階に研究室、6階には会議室と試写室が設けられ、映画関連文献の公開を行っている。そして、各階に配置されたそれぞれ目的の違った施設は、ロビー空間を設けることにより、資料の閲覧や、打合せコーナーとして多目的に機能し活用されている。

さらに、写真部門、デザイン部門の展示室は7階に設けられ、映画資料の展示空間として機能している。この展示室にはもう1つの機能が付加されている。それは三角屋根で覆った屋上庭園と、螺旋階段で結ばれた展示空間の多目的機能であり、その場はさまざまなイベントや、オープニングパーティに対応できる空間となっている。

この計画は、かつての京橋の賑わいを、道路に面した1階だけでなく屋上にも取り込む意図の表れである。建物正面の最上階に突き出た三角屋根がその目的の意味を外部に伝え、街並みの1つの表情にもなっている。

設備計画

施設全体の設備計画にもフィルムセンターとしての工夫がみられる。都心の貴重なスペースに要求された施設内容を十分に機能させるために、設備空間の効率化に重点を置き、主な設備機器類を屋上に設置することで屋上の有効利用を行い、室内に設ける機械室を最小限にしている。また、施設内容の多種の要素や執務時間、利用時間に十分に対応しながらも、無駄のない運営管理のできる設備計画がなされ、省エネルギー、低ランニングコスト化を図っている。

そして、フィルムセンターの施設内容から、空調については大きく3つに区分されている。①施設全体は単独系統の空冷ヒートポンプパッケージによる管理が行われ、24時間運転恒温湿の映画フィルム収蔵庫も設けられている。②映写ホール等の多人数に対応する空間には、騒音、換気、空気分布への対応がしやすい単一ダクト方式による

設備計画がなされている。③事務室、研究室等の使用人数があまり多くない部屋は、部屋ごとで容易な操作のできる小型空冷ヒートポンプパッケージを設けている。以上のように、無駄のない設備配置となっている。

　大気汚染防止、そして安全性、保守管理の面から、熱源としては電気を採用している。

東京国立近代美術館フィルムセンター相模原分館

　1986（昭和61）年、神奈川県相模原市の米軍キャンプ淵野辺跡地に建設されたフィルムセンター相模原分館は、可燃性の高い映画フィルムを保存・管理するために、施設地階に設けた24時間空調システム管理の収蔵庫を中心に計画された映画フィルム収蔵専用の施設である。

　約22万缶（35mmフィルム2,000フィートシングル缶相当）の映画フィルムが収蔵可能な可動棚をもつ映画保存棟Iと、2011（平成23）年に増築され、さらに26万6,000缶の保管が可能となった映画保存棟IIの収蔵庫において、庫内を室温2〜10℃（±2℃）、湿度35〜40％（±5％）に設定してフィルムの安全を確保するとともに、フィルムの検査やデータの採取、出入庫作業を行っている。

　通常、一般には非公開の施設であるが、年に数回程度、市内の小・中学校の児童・生徒を対象とした映写会が施設内で行われている。

3. 国立科学博物館　地球館

名称	独立行政法人国立科学博物館　地球館
所在地	東京都台東区上野公園 7–20
開館年	2004（平成 16）年
収蔵品数	407 万 5,991 点、うち常設展示数約 14,000 点（2011 年度時点）
敷地面積	13,225.15㎡
建築面積	5,201㎡
延床面積	33,180㎡（博物館施設全体） 日本館：建築面積 = 1,985㎡、延床面積 = 9,369㎡ 地球館：建築面積 = 3,246㎡、延床面積 = 22,416㎡ サブセンター = 152㎡
構造	SRC 造
地上階数	地球館：5 階（含む中間階）

概要

　都市公園として多くの人から親しまれている東京・上野恩賜公園（以下、上野公園）には、クラシック音楽の殿堂として音楽愛好家に親しまれてきた東京都立東京文化会館、建築家ル・コルビュジエが基本構想をまとめた国立西洋美術館をはじめ、国立の博物館、大学、研究所、動物園などの多くの文化施設や、人々の歴史の記憶として生き続けている文化的価値の高い建造物などが残されている。その文化施設の 1 つに、1931（昭和 6）年に開館（現日本館竣工）した国立科学博物館がある（創立は教育博物館が設立された 1877［明治 10］年としている）。

ここで紹介するのは、1993（平成5）年からはじまった新館整備計画を経て2004（平成16）年に全面開館した「地球館」と呼ばれる博物館施設である。

建築計画
　地球館は、既存の博物館の別棟として国立西洋美術館と学士会館に挟まれ、JR山手線と並行して並ぶ長方形の敷地に建設された。地球館の設計にあたり国から示された条件は、国際的な視野にたった文化施設の実現であり、敷地を取り巻く上野公園の緑や周辺の環境との調和をはかりながら、新しい時代に対応した機能的な展示空間の創出をコンセプトとすることであった。
　一般的な施設の計画では、まずその土地に課せられた都市計画上の諸条件をチェックし、その条件に計画を合致させることからはじまる。地球館建築用地は、上野山と呼ばれる海抜約24mの台地上にあり、上野の公園地域と風致地区に指定された都市公園内に位置している。そして建築される施設そのものは建築基準法、風致地区条例による建築の高さ、建蔽率をはじめとする種々の制約を受けるため、それらの条例を考慮しつつデザイン等を検討することが求められた。
　更に、この計画では上野地区における都市計画法や都条例による種々の制約に加えて、上野公園内に現存している博物館や美術館で取り決めた建物の高さ等、環境に対する約束事が存在した。それは、上野公園内のスカイラインを考慮した景観に配慮して、公園内に高さ25mより高い建物を建ててはいけないというものであった。したがって、新しい博物館建築として求められる空間と機能を満たすためには、可能な限り地下の活用を図ることによって、容積問題を解決し、効率的に活用することを余儀なくされた。
　その結果、上野山の海抜24mより更に深く地下30mまで掘り下げ、

そこに地下展示室を3層、地上に3層を構成した合計6層の展示室を有した建築となった。私達が景観として見る地球館の姿は、館全体の一部分でしかない。新しい建物の外観は、高さだけではなく周辺の環境との調和を考慮し、シンプルな長方形の立面で、自己主張を抑えた明るいグレーのタイル貼りとし、列柱の建つ堂々とした様式スタイルの既存棟（日本館）と並ぶように建っている。

　地球館各階の展示空間の平面的な大きさは、77m × 36.8m の法的に許される広さが確保されている。各階の展示室は面積が広く、さらに地下空間を活用した展示が多いため、災害時の避難動線には最大限の配慮がされ、すべての展示室の四隅には法的に必要な特別避難階段を設けるとともに、災害時にはどの方向に避難しても安全区画へ到達できるよう、明快な平面計画となっている。また既存棟との連絡通路は地下に設けることにより、効率的な連携が図れるよう計画されている。

展示計画

　建物の地上高25mの制約のなかで各展示室は、設計の基本理念である国際的な視野を第一に、常設展示、企画展示、特別展示など多種多様な展示が企画できるよう最大限の計画がされている。

図表6　国立科学博物館 地球館1階「地球史ナビゲーター」　撮影協力：国立科学博物館

　その展示室の種類は、10mの階高の展示室2層と、7mの階高の展示室3層、5mの階高の展示室1層の、全6層の展示室である。またそれらの展示室は展示空間として制約を受けないよう構造的工夫をし、大スパンの空間を実現している。

そして展示室の床荷重は1t/m²とし、増負荷用空調機、展示用給排水、電力、通信設備を備え、博物館機能の高度化、情報化に対応できる施設として計画されている（図表6）。

具体的な展示空間の1つでは、まず対象とする自然環境を優先し、人間だけではなく、その自然環境に生息する生物の目線と鑑賞者の目線を意識した展示となっている。海洋生物の多様性から陸上生物の多様性へとつながる展示空間は、地球上のさまざまな環境を立体的に展示、解説し、そのなかで海にすむ生物、そして海と陸をつなぐ砂浜にすむ生物、さらに陸に広がる草原にすむ生物といったように、海と陸の間の連続した生態環境を表した展示を実現している。鑑賞者が、個々の環境についてのみならず、それらの関係性を全体として理解できるよう工夫がされている（図表7）。

その他に、鑑賞者が展示物と一体となって鑑賞する仕組みが随所にみられる。「恐竜の謎を探る」をテーマとした階高10mの展示空間では、レプリカの巨大な恐竜が設置されているが、空間に設けられた螺旋階段を使い鑑賞者が恐竜の目線の高さまで昇ることによって、恐竜と同じ目線で空間を体験する工夫がされている（図表8）。そこには直

図表7　国立科学博物館 地球館1階「陸上生物の多様性」。マングローブの森から砂漠まで、地上のさまざまな環境を背景に関わり合う生命の展示室　撮影協力：国立科学博物館

図表8　国立科学博物館 地球館地下1階「恐竜の謎を探る」。恐竜の目線まで導く階段を設置した展示室　撮影協力：国立科学博物館

接的な展示物の提示に加え、恐竜も自分と同じこの目線でその時代の海や草原を見ていたかもしれない、という思考の広がりへと導くような効果がみられる。

　また、屋上には約160種のハーブを植えた屋上庭園を設け、自然に親しみながら植物について学習できる場が設けられている。

設備計画

　さらに地球館の特記すべき点は、博物館施設そのものも鑑賞の対象となっていることである。建築を構成している柱や梁、移動のためのエレベータやエスカレータ、あるいは天井や壁内部の電気配線や設備配管など、普段見ることのできない建築の内部構造の仕組みや機械装置部を、ボードやパネルで塞ぐのではなく透明なガラスで囲うことで視覚化し、来館者が自由に鑑賞できるように工夫している。

　施設全体の設備計画でも、地球温暖化等を意識し、環境負荷低減を目標とした氷蓄熱による冷暖房装置や太陽光発電を採用するなど、先に紹介したハーブ庭園による屋上の緑化なども含め、設備方式そのものも展示物として学習の一翼を担う場となっている。

4. 北澤美術館

名称	公益財団法人北澤美術館
所在地	長野県諏訪市湖岸通り1-13-28
開館年	1983（昭和58）年
収蔵品数	日本画：200点、フランスのアール・ヌーボー期のガラス工芸：700点
敷地面積	1,503㎡

建築面積	730㎡
延床面積	1,206㎡
展示面積	442.4㎡（竣工当時）
主な構造	RC造
地上階数	2階

概要

　長野県の諏訪湖畔に1983年開館した北澤美術館は、大手バルブ製造会社の創業者である北澤利男が収集したアール・ヌーボー期のエミール・ガレやドーム兄弟などのガラス工芸品と、上村松園、東山魁夷、杉山寧、奥村元宋など近現代の代表的な日本画家の作品を、同時に展示する美術館である。特に、19世紀末から20世紀初頭のフランスにおける、アール・ヌーボー期の華麗なガラス工芸品のコレクションは世界有数のものである。

建築計画

　建築のイメージは、鑑賞した美術品から受けた感動を余韻として持続できる空間の構成を目指し、湖畔に建つアイデンティティのある建築でありながら、それ自体はシンプルで控えめな設計となっている（図表9）。

　その建築は三角屋根の妻面を、湖畔の散策路を有した道路側に向けた左右対称の立面で、正面性を意識したシンプルな形態をしている。ガラス工芸品の展示室は建物の1階に設け、その展示室を取り

図表9　北澤美術館　諏訪湖側から眺めた外観

囲むようにカルチャー・ルームや図書コーナー、収蔵庫、事務室などを配置している。2階に設けられている日本画の展示室と1階のガラス工芸品の展示室の主入口は、エントランスホール正面の2層の吹き抜け空間に設けられたアール・ヌーボーを感じさせる緩くカーブしたデザインの階段で結ばれており、この意匠は美術館のシンボル的存在となっている。

　さらに、階段踊り場の中2階には、諏訪湖に向かって開放された喫茶室を設けている。床から天井まですべてをガラス張りとした透明感のある空間は、諏訪湖を一望しながら芸術鑑賞の余韻を楽しむ、休憩コーナーとして計画されている。美術館のシンボル性を意識した三角屋根は、デザインだけではなく、冬季の雪対策も考慮したもので、その屋根材には耐候性のある鋼板が使われている。この三角屋根の内部空間は、機械室、電気室、ダクトスペースとして有効利用されている。

　四季を通じて、室内と外部の温度差による結露を防止するため、空気層を設けた外壁の仕上げ材は、厚みのある蒲鉾形をした明るいベージュ色のタイル貼りである。館内の仕上げ材もベージュ色のイタリア産大理石、トラバーチンを使い外壁と同じ色調で統一し、ヨーロッパの石積み建築をイメージした造りとなっている。

展示計画

　北澤美術館の展示計画の特徴は、鑑賞者の動線計画にある。1階のガラス工芸品の展示室は、特別展示室と附室に分けられている。特別展示室の中央にはエミール・ガレの代表作の1つ「ひとよ茸ランプ」（図表10）を展示し、その特別展示室をコの字形に取り囲むように附室が配置され、それぞれに「ひとよ茸ランプ」と同時代のガラス工芸品が展示されている。

　特別展示室に入ると鑑賞者はまず、その中央にアイランド形式で展

示された「ひとよ茸ランプ」を360度の視点で鑑賞し、その後、主展示室から直接、附室へと移動する。附室では、エミール・ガレの「蜻蛉文脚杯」やドームの「ひなげし文金彩花瓶」、アマルリック・ワルターの「蜻蛉文小物入れ」「荊の王冠を被るキリスト像」など、アール・ヌーボー期のフランス・ナンシーで開花した世紀末のガラス作品を鑑賞する（図表11）。

その後、再度「ひとよ茸ランプ」を展示する特別展示室に移動し、あらためてアール・ヌーボー期のガラス工芸品のもつ芸術文化の意味やそれらの作品が生まれた世紀末という時代を考える場となるように設計されている。

1階の鑑賞を終えたら、エントランスホールから先述の階段を使い2階の日本画の展示室へと移動する。この階段を使った連結が、単なる移動手段ということではなく、それぞれ西欧と日本に由来する展示資料の関連性を暗示するデザインとなっている。アール・ヌーボー期の華麗なガラス工芸品と近現代の代表的な日本画作品。この2つの芸術は、フランスと日本という違った文化圏で生まれ育った芸術ではあるが、内容的にはつながりがあり、これまでさまざまな視点で研究もなされている。

図表10　北澤美術館　特別展示室　免震対策後の「ひとよ茸ランプ」

図表11　北澤美術館　アール・ヌーボー期のガラス工芸品を展示した附室

設備計画

　1階のガラス工芸品展示室の照明は、基本的には照度を落として部屋全体を暗くし、作品だけにスポットライトを当てて浮かび上がらせる展示方法を用いている。また、華麗な色彩と幻想的な美しさを放つよう、作品1つ1つについてスポットライトの照度を調整している。ガラス工芸品の熱割れを防ぐため、展示ケース上下に通気口を設けている。

　2階の日本画の展示室は、日本画のもつ繊細で優美な色彩や技法が鑑賞者に伝わるよう、1階展示室とは対照的に、展示室全体が白を基調とした明るい空間となるように計画されている。展示壁には和式建築の床の間的な基壇を設けることで、作品と鑑賞者との距離を保っている。

　美術館としての施設全体の設備的特徴は、冷暖房に温泉水を利用したところにある。諏訪の豊富な温泉（100℃）を利用した熱交換方式の空調は、展示室の温度を夏26℃、冬22℃、湿度は50％で計画し運用している。大空間の展示室は、空調方式をパッケージによる単一ダクト方式とし、その他の部屋は単独で使用できる小型パッケージによる直吹方式となっている。

地震などへの対策、改修

　2004（平成16）年、身障者のためのバリアフリー工事に続き、2005年、地震によるガラス工芸品の転倒防止対策として、展示台、展示ケースすべてに耐震対策工事を行った。2011年、東日本大震災の発生を受けて、建物の背後に免震床を備えた収蔵庫を新たに増築。それに伴い、既存の収蔵庫を含むバックヤードは展示室として改修し、展示面積の拡張（約2倍）を行った。それらの工事を経て、開館30周年にあたる2013年4月にリニューアルオープンした。

5. 飛騨・世界生活文化センター

名称	飛騨・世界生活文化センター
所在地	岐阜県高山市千島町 900-1
開館年	2001（平成 13）年
展示内容	飛騨デザイン作品等、飛騨の匠の技と歴史
収蔵点数	世界の民俗資料 461 点、飛騨関連の民俗資料（常設展示内）425 点、その他寄託資料 631 点、合計約 1,500 点
敷地面積	44,573.11㎡
建築面積	8,495.79㎡
延床面積	24,210.76㎡
展示棟面積	6,845.19㎡
構造	RC 造、一部 SRC 造
規模	展示棟：地下 2 階、地上 5 階

概要

　岐阜県の飛騨山脈と飛騨高地に挟まれ、木曽川と合流し伊勢湾に注ぐ飛騨川と、富山湾に注ぐ神通川の支流、宮川との分水嶺近くにある高山市は、豊かな民俗文化をいまに伝える飛騨の小京都と呼ばれる城下町である。街の中心には「伝統的建造物群保存地区」に指定された江戸時代からの陣屋や街並みが残り、春と秋には、祭り屋台で有名な高山祭が行われている。

　飛騨・世界生活文化センターは、その高山市を含む飛騨地域の民俗文化をテーマにした施設であり、高山市を俯瞰する小高い丘の上に計画された。2001 年、開館。愛称は「飛騨センター」である。

図表12　飛騨・世界生活文化センター　2001年頃
中央やや上、八角形の広場の右に見えるのが「展示棟」。そこから時計回りに「レストラン・会議棟」、「小ホール棟」、「イベントホール棟」の各施設
撮影：ケン青山

　なお、本稿で取り上げた飛騨・世界生活文化センター「展示棟」とは、2011（平成23）年3月に閉館した「岐阜県ミュージアムひだ」のことである。その後、当センター「展示棟」は「ミュージアム飛騨」として2011年6月にリニューアルオープンし、現在に至っている。そのリニューアルに際し設備の改修などが行われたため、本稿の記載内容と現在の「展示棟」の仕様や使われ方には一部違いがあることをお断りしておく。

建築計画

　建築計画は、飛騨地域の恵まれた自然環境との調和、次世代に伝える文化遺産の保存、遺産を通じた創造の姿を施設として形にするところからはじまった。その目標の第一歩は、建物の配置計画にあった。遠く北アルプスや乗鞍岳の絶景を望む高台と、眼下に広がる宮川沿いの伝統的街並み群、そして、その土地が築いてきた魂の記憶をいかに読み解き、組み立てていくかが設計の重要なポイントとなった。

　施設の全体配置と構成は、機能別に独立した4つの棟（展示棟、イベントホール棟、小ホール棟、レストラン・会議棟）で構成されている（図表12）。その4つの棟を結びつける場として敷地の中央に、アプローチやサービス動線を加え、八角形をした広場が設けられた。その広場の意味は、ヨーロッパの都市がそうであるように、教会や、オペラハウス、美術館といった公共の施設を中央の広場を取り囲むように

配置し、その広場が、集まった市民の生活や文化の交流の場としていまも息づいている都市の姿をイメージしたところにある。

八角形の広場の各コーナーには、それぞれ機能の違った施設が配置されている。各施設は回廊によって結ばれ、1つの施設「飛騨・世界生活文化センター」として機能し、成立している。また、高山市の街並みの中心を流れる、宮川から分水した水路をイメージした流れが回廊を取り巻くように計画され、伝統的街並みの記憶を呼び起こす役割を担っている。広場を中心に施設を配置することにより、それぞれが違った機能の建築デザインでありながら、一体感のある小さな都市空間を生み出している。

また展示棟については、展示作業をサポートする設備として、その3階に収蔵庫を設けている。庫内の天井高は高さ6mで2室に分けた構成になっている。展示室、収蔵庫とも積載荷重は1t/㎡で、準備作業スペースはその隣に設けられ、展示作業の円滑化を考えている。また外部からの直接搬入を考慮し4t/㎡の大型リフトの他、クレーンなどによる搬入に適したスペースが確保されている。

展示計画

飛騨・世界生活文化センターのなかで、ミュージアム事業の中心として計画された展示棟は、飛騨地域の生活文化を中心のテーマにした展示施設である。展示室には、くらし・いのり・たくみとデザインの4つに分かれた常設展示室と、重要文化財等を展示可能な2つの企画展示室がある。さらに飛騨地域のさまざまな生活文化遺産を収蔵する施設や、地域の調査、研究のための研究室、そしてそれらの情報発信の活動や、資料のデータ化、デジタルミュージアム工房など、さまざまな研究活動を想定した要求に対応できる機能を設けている。

施設のエントランスホール中央のメイン階段で結ばれた常設展示室

は、地下1階と1階に各2室の合計4室ある。地下1階は施設のメイン階段を展示コーナーとして利用し、飛騨地域の伝統文化をわかりやすく表示、展示したスペースとなり、来館者がここで施設全体の目的と意味を知る場となっている。1階は飛騨地方から生まれた飛騨を代表する職人文化、飛騨のデザイン、飛騨の匠を紹介する展示室があり、2階には企画展示室、図書資料室、デジタルミュージアム工房がある。企画展示室は、可動展示パネルにより2室に分割することも可能であり、各階それぞれの展示室の天井高は高さ4mとしている。

設備計画

　冬季の1mを超える積雪と飛騨地域特有の高湿度環境は、建物にとっては室内温度調整を含め特別の配慮が必要な条件である。特に、展示室、収蔵庫系統の温度制御は、急激な温度変化を起こさないようにするために、立上がり時には段階的に温度が変わるよう配慮されている。また、夜間などの空調停止時には、設定された室内の上下温度が許容範囲を超えた場合を想定し、空調機が自動起動して室内の温度条件を確保するように設計されている。

　展示棟内の展示室の主な内部仕上げは、そのような飛騨地域の環境条件を考慮するとともに、求められる展示内容に十分機能できる材料として、天井をアルミ格子天井、壁はコンクリート打ち放しと、中空押し出し成形セメント板を使用。床はブナフローリングとしている。

　収蔵庫の内部仕上げは、天井と壁は杉板本実張りで、床は展示室と同じブナフローリング仕上げである。

参考文献

・芦原義信「国立歴史民俗博物館」『別冊新建築　日本建築家シリーズ⑥』新建築社、1983 年
・佐々木雄二「東京国立近代美術館フィルムセンター」『近代建築』近代建築社、1995 年 6 月号
・関東地方整備局営繕部建築第 1 課、「最先端の科学教育の場」、建設通信新聞、2003 年
・『国立科学博物館新館（Ⅰ期・Ⅱ期、パンフレット）』国立科学博物館、2003 年
・児島学敏「北澤美術館」『建築設計資料（第 13 巻／美術館）』建築資料研究社、1986 年
・児島学敏「諏訪北澤美術館／ SUWA ガラスの里ルネ・ラリック美術館」『建築と社会』日本建築協会、1998 年
・佐渡養順「飛騨・世界生活文化センター」『建築設計資料（第 88 巻／拡張型博物館──規模と機能の拡張）』建築資料研究社、2002 年

写真提供

図表 1 〜 3、6：上野・藤井建築研究所
図表 5、9 〜 12：芦原建築設計研究所

I-7：施設・設備 2

複合的なメディア空間が提供するもの

安斎聡子

　博物館の機能を支えるための施設、設備には、さまざまな工夫がある。ここでは展示室を取り上げ、その実際を見て行くこととしよう。これまでに訪れた博物館をイメージしながら読んでいただきたい。また、実際に本書を手にしながら、一度博物館を訪ねてみてほしい。

　なお、ここでいう博物館とは、特に断りがない限り、博物館、美術館を含むミュージアム全般を指すことをめざしたい。今日、博物館と美術館とはそのキュレーションや展示、経営手法においても異なる要素が多く、両者は分けて考えられることが多いが、本来その区分は曖昧なものであった。日本語の「ルーヴル美術館」が「Musée du Louvre」、「大英博物館」が「British Museum」であるように、そもそもは美術館も博物館もミュージアムという1つのことばで表現されてきた。しかし、筆者のフィールドが主として狭義の博物館であることから、その範囲の記述が多くなることを申し述べておきたい。

　また、「公立博物館の設置及び運営に関する基準」では、長く動物園、植物園、水族館に関する施設、設備、資料数も規定（2003［平成15］年に規定廃止）されてきたことから、博物館学では動物園、植物園、水族館も博物館に含んでいると考えるが、ここではそれらは基本的に除外する。なぜなら、施設・設備の点では、博物館、美術館とは大きく異なるため、別の議論が必要となるからである。

1. 展示室へ

　展示室に一歩足を踏み入れたとき、あなたは何を感じただろう。崇高な雰囲気、感性を研ぎすませてくれるような刺激的な何か、それとも利用者を迎える暖かい雰囲気、ワクワク感だろうか。

　博物館の展示の導入部では、これからはじまる展示の世界を象徴するもの、あるいは博物館が展示を通して伝えようとしているエッセンスを示している例が多く見られる。

　たとえば、神奈川県横浜市にあるJICA横浜 海外移住資料館（独立行政法人国際協力機構）の展示室の冒頭では、1920（大正9）年、アメリカ、オレゴン州ポートランドのローズフェスティバルに日系人の農家が出した、野菜や果物でつくられた山車の復元模型が展示されている（図表1）。この展示によって、移住とは新世界の文明創造に参加する行為であるという、資料館のメッセージが象徴的に示されている。

　また、長崎県の壱岐市立一支国博物館の導入部分では、『魏志倭人伝』に書かれた「一支國」の文字とその文章をデザインのモチーフとして、来館者を太古の世界へと誘う空間として構成されている（図表2）。

図表1　ローズフェスティバルの野菜山車の模型展示（JICA横浜 海外移住資料館）

図表2　展示室への導入空間（壱岐市立一支国博物館）

2. 動線

　視点を上げて、展示室を俯瞰してみよう。もし、展示室内のプランを見ることができるようであれば、それを確認してほしい。来館者であるあなたは、どのような動線（人が動く軌跡）で展示室を歩くことになるのだろうか。人の流れが交差したり、無用の滞留を起こさないよう、そして見てもらいたい順番でできるだけスムーズに回ってもらえるように、通常、展示室には動線が設定されている。そして展示室内のコーナーや実物資料（作品や標本資料）は、その動線に沿って配置されている。

　動線には、大きく分けると2つの種類がある。1つは来館者に歩く順番を委ねる「自由動線」（図表3）、もう1つはあらかじめ歩く順番を施設側が設定している「強制動線」（図表4）である。強制動線については、「強制」の程度の違いによって、「完全強制動線」「強制動線」「半強制動線」といった分け方がなされる場合もある。

　動線の設定は、展示内容とも深く結びついている。時系列で観ることで理解が深まるような歴史の通史展示や、自然史の一部の展示においては強制動線が望ましい場合がある。また、大型の博物館、美術館

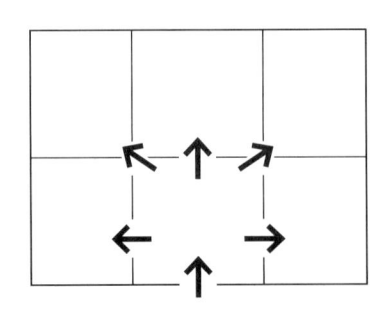

図表3　「自由動線」の考え方　　　　図表4　「強制動線」の考え方

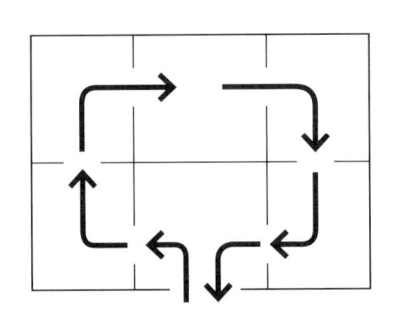

における企画展示のように、相当の混雑が予想される場合は、来館者の安全性確保という観点からも、強制動線が設定されることもある。このように、運営上の条件も動線の設定に影響を与える。

　展示アイテムのボリューム、資料の特性などによっても、コーナーの回り方などの全体については強制動線だが、コーナーのなかでの動きは自由動線でよいという場合や、その逆の組み合わせもあり得る。実際には、開口部や柱の位置といった建築がもつ動かしがたい条件によって思うような動線が描けないこともあり、強制動線と自由動線の組み合わせになることが多い。一般に、日本では自由動線よりも、強制動線の方が好まれると言われている。次に観るものが何かが、あらかじめ決まっていない状況に不安を感じる人が多いということのようだ。

3. 展示を構成するもの

　さて、展示室を見回してみよう。あなたの目には何が入ってくるだろうか。もちろん、博物館であるから、実物資料（作品や標本資料）が真っ先に見えてくるだろう。それ以外にも、展示空間は地形模型、家屋や街並みなどを再現した造形物による再現空間、テキストや写真で構成されたグラフィックパネル、映像装置、実物資料・展示に関する詳細情報を提供してくれる情報検索用のPC（パソコン）など、さまざまなアイテムで構成されている。

　これらの展示物は、当然のことながら、無雑作に空間のなかに置かれているわけではない。その順番は、一定のストーリーラインや、まとまり、あるいはデザイン的な意図によって秩序立って配置されているのである。たとえば、雑誌を思い浮かべてほしい。雑誌にはいくつ

かの記事が組まれていて、その記事の1つ1つは、テキスト（文章）や写真、図表やイラストなどで構成されている。博物館の展示も、これとほぼ同じような構成でできていると考えると、理解しやすい。

　一般的に博物館の展示は、雑誌の記事に該当する複数のコーナーからなり、その1つ1つのコーナーを、実物資料、グラフィックパネル、模型、映像、PCなどの情報装置といったさまざまな展示物が構成している。また、1冊の雑誌のなかに、重点的に編集された数ページにわたる特集記事や、比較的小さな記事や連載のコラムなど、強弱やボリュームの違いがあるように、展示においてもメインとなるコーナーと、それを補完するような小型のコーナーなどがある。雑誌と博物館の展示の間にある違いは、それが平面で構成されているものなのか、空間という3Dの世界なのかという点であろう。つまり、雑誌の記事の1つ1つに、書き手側、編集側の伝えたいことがあるように、博物館の展示でも、コーナーの1つ1つ、そして総体としての展示全体に、設置者側が伝えたいこと、あるいは観てほしいもの、感じてほしいことがあり、それらを実現するために、さまざまな展示物が編集された上で配置されているのである。

4. 実物資料の展示

実物資料はどう展示されているのか

　博物館はもともと、収集したモノを人びとに公開する場所としての性格をもち、それを今日のような形態に発展させてきた。したがって、博物館には実物資料（作品や標本資料）が存在するのがある意味自明のことであり、近年、実物資料をもたない博物館も見られるようになってはいるが、いまなおそれらは博物館の主役と言ってよいだろう。

表現の違いはあるが、一般に博物館には、調査・研究機能、収集・保存機能、展示・公開機能、教育普及機能という基本的な機能があると理解されている。そのうち、展示室が関わるのは主に展示・公開機能の部分である。

図表5　オープンな展示が臨場感とダイナミックな印象を与える恐竜の展示（豊橋市自然史博物館）

　それでは、これらの実物資料はどのように展示されているのだろうか。一般的に貴重な資料や脆弱な作品の場合は、展示ケースのなかで保護されながら展示される。一方、作品や標本資料自体が特に保護するケースなどをもたずにそのまま空間に配置され、オープンに展示されていることも多い（図表5）。このように、ケースという物理的・心理的な境界がない状態は、観る者に対して展示物との距離感を縮めたり、ダイナミックなイメージを高める効果がある。

展示と保存、その相反する行為
　展示には、その施設が収蔵している作品や実物資料を公開するという目的がある。しかしこの行為は、作品や実物資料を保存するという博物館のもつもう1つの目的と相反するものである。なぜなら、展示室のなかには、資料の劣化を進めてしまう要因が存在するからである。その要因には、温湿度、光、生物、空気中の汚染物質などがある。
　資料の材質によって、保存上適切な温湿度や、推奨される展示照明の照度が異なり、ICOM（国際博物館会議）やIIC（国際文化財保存学会）などで、それぞれその推奨基準等が定められているが、収蔵資料の保存だけを考えるのであれば、光線を遮蔽し、空気中に含まれる有害物質、埃などの影響のない、その素材にとって適切な温湿度に保

たれた環境のなかで保管するのが望ましい。

　しかし、展示には一定の光が必要である。展示室という空間のなかに置いて公開する以上、展示室内の温湿度や空気中の成分にも影響を受ける。この保存と展示という相矛盾する活動を可能にする設備の1つに、展示ケースがある。

展示ケースの機能

　展示ケースには、作品や実物資料を保護しながら、適切な環境で公開するという役割がある。また、盗難や災害から資料を守るという機能も果たしている。来館者にとっては、それがあることで観覧がスムーズになるという利点も備えている必要がある。その機能の実際を見ていこう。

図表6　ウォールケース（仙台市博物館）

図表7　ハイケース（荒神谷博物館）

図表8　覗きケース（國學院大學博物館）

展示ケースにはいくつかの分類の仕方がある。形態の違いによる分類では、壁面に取りつけられた「ウォールケース」（図表6）、壁面からは独立して、単体で置かれる「単体ケース」があり、「単体ケース」はさらに、一定の高さがある「ハイケース」（図表7）、資料を上から見ることのできる背の低い「覗きケース」（図表8）などに分けられる。単体ケースについては、あらかじめ空間に固定される場合と、可動式のものがあり、通常、それらは組み合わせて用いられている。

　また、ケース内の環境に視点を移すと、そのケース内空調の方法の違いという点から2種類に分けることができる。1つは自然循環式とよばれるもので、展示室内の空気の温湿度をあらかじめ調節し、それを僅かずつケース内に取り込みながらケース内の空気を入れ替えていくというものである。このタイプのケースは、展示室の温湿度等が適切に維持されていることが前提となるため、展示室内の環境が天候や外気の状況に影響を受けないような建築上のレイアウトや空調設備などの検討が必要となる。

　もう1つの方式は、密閉式、あるいはエアタイト式とよばれるもので、読んで字のごとく、ケースを密閉することで展示室内の空気を遮断し、ケース内に設置した調湿剤などでケース内の保存環境を保つ方式である。この密閉式（エアタイト式）は、イニシャルコスト（初期費用）の点では比較的高額になるものの、資料の材質等に応じて適切な保存環境をつくりやすいことから、多くの博物館で採用されている。

　展示ケースには照明が設置されている。紫外線、赤外線、可視光線などは退色、温度の上昇などを引き起こし、資料の劣化の要因となるため、これらの照明機器が発する光にも気を配る必要がある。適切な照度と曝露時間は資料の材質によって異なるため、調光が可能な照明器具を備えることが必要であるほか、熱線カットフィルタや紫外線吸

収膜などを備えた照明器具の採用も有効である。

　近年、LED照明を導入する博物館が増えてきている。LED照明機器は、近紫外線域、近赤外線域の波長成分を抑えられるため、従来の照明機器に比べて資料保存の点で優れていることがその理由である。また、機器自体の寿命が長く、消費電力を抑制できることも大きな魅力である。

　展示ケースのガラスに着目してみよう。展示ケースに用いられるガラスには、反射や映り込みを抑える性能があり、展示室内の照明等の影響を極力抑え、快適な観覧環境を整えている。

　展示している期間、実物資料にとっては展示ケース内の環境が保存環境となるため、展示ケースには良好な保存環境を整え維持することが求められる。同時に、来館者に対しては、観覧上必要となる適切な照度を確保すること、資料ごとに適切な色温度を設定し、観覧のための良好な環境を整えることもまた必要なのである。

5. 模型・造形、レプリカの活用

　博物館展示で用いられる模型や造形には、多様なタイプと目的があるが、そもそも、模型を展示のなかで活用するのはなぜだろう。

　たとえば、自然環境のように扱いたい範囲が大き過ぎたり、現在ではすでに失われてしまって存在しないものだったり、さまざまな条件で展示室のなかにそのものを持ち込むことが難しいものを、模型という手法で展示することがある。また、拡大したり縮小したりすることで、理解を促す役割を模型が果たしている例もある。ほかに、実物そのものの形態を観察するよりも、特徴を明らかにしたり簡略化することで、仕組み自体を際立たせて理解を促す、模式模型とよばれるよう

なものもある。

　資料のレプリカ（複製）については、実物資料が脆弱で長期間の展示に向かない場合や、実物資料をその施設が所蔵していないものの、展示上必要な場合などに製作される。原資料が紙製品か立体物か、複製の精度をどの程度とするかによって、製作方法などに違いがある。いずれも、展示へのより深い理解を促すために、模型や造形を用いるのである。代表的な事例を見ていこう。

ジオラマ、環境再現展示

　博物館の展示で用いられる模型・造形のなかで、比較的規模が大きいのは、ジオラマと呼ばれる環境を体感的に理解できるようにした再現の手法で、特に、実寸または実寸に近い縮尺で、自然環境の再現や歴史の一場面などを展示室のなかに出現させるものである。

　ジオラマは、その規模、来館者との位置関係により、大きく2つのタイプに分けることができるだろう。1つは来館者の動ける範囲を限定し、一定の距離感を保ちながら開口部または外側からジオラマを観るタイプ（図表9）、そしてもう1つは、来館者の動線をジオラマ内に通し、来館者をその再現空間のなかに取り込んでしまうタイプである（図表10、11）。

　前者には、来館者の視線をある程度限定することができるため、遠近法を用いてジオラマにより奥行きをもたせることが可能になるという利点があり、後者の場合も、ジオラマ内の通路部を移動するというルールはあるものの、来

図表9　外側から観るタイプのジオラマ。渡し場と市の様子を再現（島根県立古代出雲歴史博物館）

館者がジオラマのなかに入り込んだ感覚を得られることから、臨場感を味わいながら比較的自由度の高い展示観覧が行えるというメリットがある。

　今日、多くのジオラマが、映像や音響、照明演出などを組み合わせ、臨場感や体感性を重視した複合的な演出を行っている。たとえば、四日市市立博物館の場合、ジオラマ内に置かれた動かない人形に代わって、壁面に映し出された影絵とその会話でその場面の顛末を紹介した

図表10　来館者がなかに入り込むタイプのジオラマ。空間全体をジオラマとして構成している弥生体験展示室（静岡市立登呂博物館）

図表11　来館者がなかに入り込んで歩きながら観覧するタイプのジオラマ。室町時代の市を再現（四日市市立博物館）

図表12　団子屋の店先での会話を、シルエットと音声で再現
（四日市市立博物館）

図表13　突きあたりの壁には、四日市宿の絵に、行き交う人々の映像が重なる
（四日市市立博物館）

り、昼から夕方へと時間の変化を照明によって演出したり、さらにはプロジェクタで街道を歩く人びとの様子を映し出し、立体的かつ動的な情景づくりを試みている（図表12、13）。

　また、展示室内には解説パネルを置かず、配布用の解説シートをジオラマの入口に設置することで、その時代・その場所の雰囲気を味わえるように配慮されているほか、ボランティアスタッフによるジオラマ内の解説があり、解説の不足を補う工夫も用意されている。

　環境再現の面白さや迫力が注目されがちなジオラマだが、そこには研究成果の積み重ねや学術的な検証の結果が反映されている。また、細部にわたって詳細な復元・再現を可能にする美術スタッフの技術がふんだんに活かされている。臨場感と体感性を保ちながら、面白さの裏側にあるメッセージや情報を持ち帰ってもらうため、さまざまな工夫が重ねられている。

模型・造形の可能性

　原寸あるいは原寸に近い大きさで製作されるジオラマがもたらす体感性のほか、模型にはさまざまな効果が期待できる。たとえば広範囲の地形や情景は、縮小することで広範囲の表現とともに、俯瞰的な視野の獲得が可能となる。その反対に、拡大してみることで、目に見えないミクロの世界が表現できるようにもなる。このように、何を伝えたいかは、表現の範囲や内容、模型の縮尺、模型の仕様に大きく関わる。

　たとえば、壱岐市立一支国博物館の場合、原の辻遺跡を舞台に、弥生時代の人びとの暮らしのシーンを紹介するために、発掘の成果に基づく一支国の王都のプランを模型として具体化し、1点1点表情やしぐさの異なるミニチュアの人形をそのなかに入れて表現している（図表14）。

図表14　原の辻遺跡の模型（壱岐市立一支国博物館）

図表15　原の辻遺跡の模型（部分）。巫者による占いのシーンを表現している（壱岐市立一支国博物館）

　詳細を観ていくと、市場で食用と思われる犬を売る人、漁をする人、祭祀を執り行う人など、次々と多様なシーンに出会うことができる（図表15）。これらはいずれも、出土した遺物から、このようなことが実際にあったであろうと想定される場面を表現したものである。模型と至近距離で向き合うことで、さまざまな発見が得られる面白さを、模型が提供していると言えよう。これを可能にしているのは、人形の表情やしぐさまでが判別できる程度の縮尺であることに加え、リアルな環境を模した仕様である。白などの一色に塗られたホワイトモデルが詳細を省き簡略化によって模式的な表現を高めるのに対し、ここで用いられている表現は、当時の人びとの暮らしを生き生きと伝えるという目的に適している。

　なお、余談になるが、この模型の一部の人形には、公募により選ばれた市民の顔が表現されており、模型製作という専門性の極めて高いプロセスに、市民が参加する1つの方法を示している。

160　Ⅰ　ミュージアムと経営

6. 展示を解説する

　展示を解説する際に用いられる、もっとも一般的な手法は解説パネルだろう。それ以外にも、解説映像やPCによる情報提供、その他、解説シートや音声解説装置なども多くの博物館で用いられている。通常、展示設計の際には、解説計画として、展示室全体の解説をどのように行うか、その考え方や方法、解説の対象などが吟味される。

　実際に展示室に置かれている解説の手法を確認してみてほしい。まず、解説パネルにはいくつか種類があることに気がつくだろう。美術館の企画展の場合、企画展のタイトルパネル、挨拶パネルを除けば、コーナータイトルとその解説パネル、それに作品ごとにその説明を記した資料解説（キャプション）の2種類で構成している、というシンプルなパターンもある。

　一方、博物館の場合は、多くがより複雑な階層をもっている。たとえば、コーナータイトルと解説、その下には大項目タイトルと解説、さらに中項目タイトルと解説（場合によっては小項目タイトルと解説）に細分化される。こうした展示のまとまりごとの解説を示すパネル以外にも、必要に応じて個別解説、そして資料解説（キャプション）が設けられる、というように構成されている。この階層が何層になるかは、展示室の規模や表現する内容にもよって異なってくるので一概には言えないが、多層的に組み上がっているという場合がほとんどであろう。

　また、資料解説（キャプション）を除き、文字情報だけでなく、写真や図表、イラストなどと組み合わせてグラフィック的な処理がなされることが多い。このようなパネルによる解説を中心に、映像による解説が望ましいものなどについては個別の解説を加えて、PCによる

```
┌─────────────┬──────┐
│ 展示室サイン │ 日・英│
│             │ 中・韓│
└──────┬──────┴──────┘
       ▼
┌─────────────┬──────┐
│コーナータイトル│日・英│
│             │中・韓│
├─────────────┼──────┤
│ コーナー解説 │ 日・英│
└─────────────┴──────┘
```

大項目タイトル	日・英 中・韓	中項目タイトル	日・英 中・韓	小項目タイトル	日・英 中・韓	個別タイトル	日・英 中・韓
大項目解説	日・英	中項目解説	日・英	小項目解説	日・英	個別解説	日・英

※一体的に計画されることも多い

解説シート　音声解説装置　※補助的に用いられる解説ツール

映像解説（個別解説またはコーナーまとめ）

PCによる詳細解説（情報検索等）

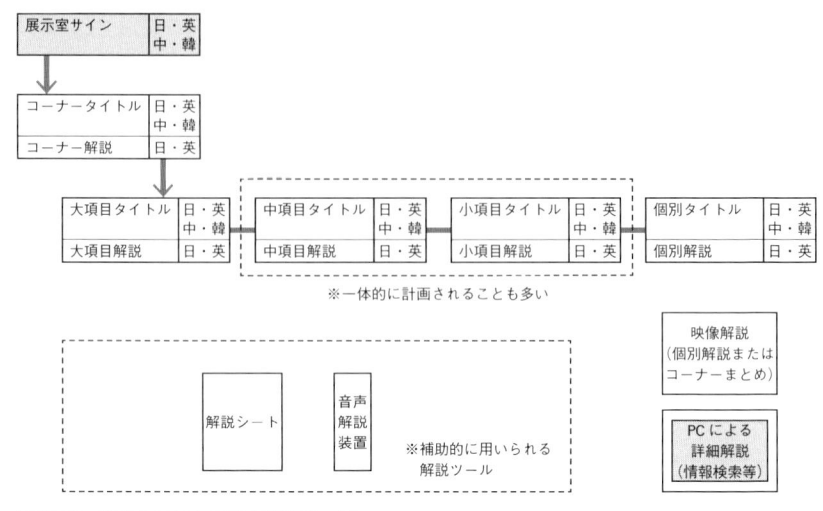

図表16　解説システムの基本構造の一例

　情報提供の要不要等も検討された上で、展示室の基本的な解説システムができあがる（図表16）。

　伝えたいことがある一方で、展示室が解説パネルで覆われるような状況は、来館者に圧迫感を与え、展示への興味・関心を失わせる要因ともなることから、できれば避けたいところである。そのため、解説パネルは150字前後などのように文字数を制限してつくられている。文字数の設定は、その施設の対象年齢や展示テーマ、内容、解説パネルの種類、施設の考え方にもより、さまざまである。

　さらに施設側が解説シートや音声解説装置を用意しておくことで、来館者自身が必要に応じて、この解説の基本型にそれらを加えて活用することができる。現在解説シートは、対象を限定した子ども向けシートといったもののほか、展示室内の解説を補足するため詳細情報の提供方法としても使われており、展示空間内の解説パネル数を押さえることにも役立っている。

　音声解説装置にもいくつかの種類があり、施設側が用意した機器を

貸し出すタイプのものには、あらかじめ解説のためのコンテンツを機器に内蔵させている場合と、赤外線等を使って展示室内でコンテンツを受信しながら提供するものなどがある。また、来館者が所有するスマートフォンなどを解説装置として活用するタイプには、アプリ（アプリケーションソフトウェア）として作成された展示解説のコンテンツをダウンロードして使うものなどがある。厳選した実物資料（作品や標本資料）を紹介するハイライト解説のほか、多言語への対応という点からも効果が期待されており、今後、ますます導入が進むものと考えられる。

　これまで、解説という視点から、解説パネルを中心にグラフィックや映像にも触れてきたが、グラフィックや映像には解説以外の機能もある。グラフィックパネルがすなわち解説パネルを意味していた時代に比べて、今日、グラフィックパネルの使い方がより多様になってきている。壁面を一体的にグラフィックで構成することによって空間の表情や雰囲気をつくり出すなど、もはやパネルという表現はふさわしくないボリューム感と重要性をもった展示の構成要素となっている。

　同様に映像も一貫したストーリーに基づき特定の内容を伝える解説型の映像だけでなく、情報よりも空気感を伝えるイメージ的な映像や、インタラクティブ性の高い映像装置を用いた演出など、面白さや楽しさ、ワクワク感を伝えるような使い方も積極的に用いられていることをつけ加えておきたい。

　このほか、注意深く見ていくと、展示室内には他に見えてくるものがある。たとえば、非常時に来館者を避難経路へと導く誘導サインや、資料の前に置かれたロープパーティション、休憩用の椅子などもあるだろう。展示ケースのなかの照明だけでなく、ベース照明と言われる展示空間に直接取りつけられた照明機器も見えてくる。展示室は、保存環境に配慮しながら資料を展示に供する空間であると同時に、来館

者の安全でスムーズな観覧行動を支援する必要がある。こうした機器は、展示室の運営に欠かせないものである。

7. 展示はなぜ必要か

メディアの集合体としての展示

　展示室には実物資料（作品や標本資料）だけでなく、このように模型やグラフィックパネル、映像、PCなどの装置類があり、それぞれが展示テーマやストーリーライン、あるいは何らかの意図に基づいて、適切なコーナーの適切な位置に配置されていることが理解できたと思う。1つ1つが情報などを伝えるメディアであると同時に、展示はそのメディアの集合体として、メッセージや意図を来館者に向けて発信しているのである。

　ではなぜ、このように、多様なメディアを組み合わせる必要があるのだろう。それは実物資料、模型、グラフィックパネル、映像などのメディアごとに、得意、不得意があるからである。

　たとえば、実物資料には本物がもつ圧倒的な力があるとよく言われる。しかし、それだけでは特別な知識をもたない限り、それが何で、いつ頃どこでつくられ、誰によって使われていたのかわからない場合がある。一方、解説パネルの、特に解説文にはそれらを事細かに伝える機能があるが、来館者に対して、筋を追って詳細に読むことを要求する。図表やイラストも一目で理解を促す力がある一方、詳細な情報までは伝えきれない場合も多い。ジオラマ模型の場合でも、再現空間への没入感を大切にしようとすれば、解説機能が不足し、解説機能を強化しようとすれば、空間を巡る楽しさや体感性を尊重する姿勢とは相容れなくなる可能性もある。

このように、さまざまなメディアを組み合わせて展示が構成されているのは、それぞれに特性があり、伝えたいことを効果的に伝えるには、その特性を組み合わせる必要があると考えられているからである。

展示室の可能性

　今日の情報化社会の進展にはめざましいものがある。居ながらにして、世界のさまざまな博物館、美術館の資料が検索でき、場合によってはそれを360度回転させてみたり、高精細画像のページを開けば拡大機能がついていて、資料の肉眼では確認できないほどに微細なテクスチャーを鮮明に確認することもできる。当然のことながら、その資料に関する情報を得ることも難しくはない。館によっては、インターネット上で、展示室内を巡りながら資料を観ることのできるバーチャルツアーを提供しているところもある。情報を得るというレベルでは、実際に行かなくても、もはや十分かもしれない、そう思うことがあるかもしれない。それではなぜ、私たちは博物館や美術館の存在を否定しないのだろうか。

　そこにはもちろん、「実物資料がもつ魅力」があるだろう。しかし、それだけでなく、そこには多様なメディアが構成する空間があるから、とも言えるのではないだろうか。私たちが得ている情報は、テキストや図表、画像などの単体の記号、情報だけではない。アフォーダンスの考え方に基づけば、人は環境を探索しながら、その際に自分にとって有益な情報をピックアップしていく。そのときにもっぱら使うのは、身体である。展示室という、さまざまなメディアが総体として表現している空間の探索によって、インターネット上の画像や情報が提供するもの以上の情報を包括的に摑んでいるとも言える。その重要性を、私たちは直感的に知っているのだ。

　1990年代以降、体験的な展示への注目が集まり、楽しみながら学

ぶことの重要性や、体験を通じた理解の深まりや定着のよさが話題に上ってきた。この「体験」も環境の探索の1つと考えられるとすれば、単に体験という言葉を超えて、身体と展示との関わりは、より一層重要な意味を帯びてくるように思われる。展示室には、私たちがまだ気づいていない「可能性」がある。

参考文献

・J. J. ギブソン著、古崎敬ほか共訳『生態学的視覚論――ヒトの知覚世界を探る』サイエンス社、1985年
・黒沢浩編著『博物館展示論』講談社、2014年
・日本展示学会編『展示論――博物館の展示をつくる』雄山閣、2010年
・佐々木正人『新版　アフォーダンス』岩波書店、2015年

I-8：連携・協働
相互的な学びの場としての美術館
——「アーツ前橋」の例

住友文彦

1. 多様化する美術館のかたち

　この国にはじつに多くの美術館や博物館がある。あなたは子どもの頃に行ったことがある美術館、あるいはいま住んでいる場所の近所にある美術館についてどのような印象をもっているだろうか？　建物を取り巻く公園でのんびり過ごしたり、そこで見た展覧会がきっかけとなり、美術に関心をもったことを覚えていたり、もしくは建物は立派な割に展覧会などの事業が貧弱に感じられるとか、一部の愛好家しか利用していないような印象をもつこともあるだろう。美術館は、立地、規模、開館した時代、運営者などによって千差万別の姿をもっている。つまり、「美術館」を想像するときにみな異なる姿を思い描いていると言ってもまちがいない。言い換えれば、美術館に1つの理想的なモデルはない。むしろそれぞれがもつ条件の違いが個性となる。

　これは、私が「アーツ前橋」（図表1）という2013（平成25）年に開館したばかりの新しい美術館を準備する過程で実感し、繰り返し周りの人たちに伝えてきたことで

図表1　「アーツ前橋」外観

ある。もちろん、みな異なる条件をもつと言っても、美術館が目指すべき理念として共通するものはあるだろう。それが、骨格として存在し、どう肉づけしていくかが個性と言うべきだろうか。しかし、理念を形にすることが最優先されれば、おそらく美術館は教条的でどこも同じものにしかならない。それは、文化を知らない大衆が名品に触れる機会をつくり、それらを大切に保護する殿堂型の美術館をつくる理念である。1970年代に地方美術館が多く開設されるようになった時代は、そのような理念中心主義だったと思われる。ただ理念と言っても、一部の地元有力者や政治家、美術の専門家、建築家にとってのそれである。1980年代くらいまで、美術館は芸術に触れる機会を増やすための啓蒙の装置として考えられていた。だから、一部の芸術に詳しいと言われる人たちが美術館のあり方を決めればよいことだった。

その後、1990年前後から美術館は個性を模索しはじめる。現代美術や写真のような専門分野をもつことや、アジアのような地域を特定する試みも生まれてきた。それから、美術館は教育普及や広報のように、愛好家以外の人たちに関心をもってもらえるような工夫を重視するようになる。このようになってくると、異なる個性が際立つようになってくる。また、各時代の変化や要請に応えるところと、それをしないところの違いも際立ってくる。そして、社会教育機関の一部として地方自治体の教育委員会が所管していた美術館は、街づくりや観光などもっと多くの役割を担う施設としての期待も担うようになってきている。

こうした近年の変化に対して、前述した「理念」を重視する立場から、本来の美術館が果たすべき役割が損なわれている、と感じる人もいるだろう。しかし、実態としては1970年代と比べて、芸術に関心をもつ人々は増えているし、美術館に足を運ぶ人も増えている。海外の美術館まで足を運ぶ人も少なくない。各美術館は個性的なプログラ

ムを実施し、幅広く子供や観光客も対象に据えることで、多くの人が芸術を身近に感じるようになっている。経済成長一辺倒の価値観がもはや有効ではなくなり、もっと生活の質的な豊かさを求める傾向が強くなっていることを考えれば、これはもう後戻りすることはないように思える。そう考えると、日本の社会はようやく美術館を骨ばかりの筋ばったものから肉づきのよいものへと育てつつある、その過程にあると言えるのではないだろうか。

2. アーツ前橋の開館準備

　2010（平成22）年に私が前橋市の新しい美術館構想に関わりだしたとき、こうした国内の美術館が歩んできた道のりを意識せざるを得なかった。私は美術館から多くのものを得て、そこで仕事をしてきたが、不況の時代を長く経験した美術館はすでに「冬の時代」と言われて久しく、高まる社会からの要望に対して十分に応えられている存在ではないと感じていたからである。だからこそ、前橋にできる新しい美術館に何ができるのか、その個性を丁寧に模索したかった。

　まず、この構想で私の関心を惹いたのは、西武百貨店があった建物を改装によって開館することだった。その立地は、広い土地を確保するのが難しい中心市街地であり、周辺は郊外型ショッピングモールに客を奪われたシャッター街が隣接する場所だった。そのような既存の建物を利用する試みは、建築コストを抑える現実的な方法に思えたし、何よりも地域の人々が親しみ、風景の一部となっている建物を引き継ぐことができる。それと、もう1つ重要だと思えたのは、大都市との距離感だった。東京まで電車で1時間と少し、100キロほどの距離の前橋は、都心へ通勤する人もいる近さでありながら、自然豊かでゆっ

たりとした時間が流れている。産業や商業のことはともかく、何か創造的なことをするには恵まれた環境に思えた。

　私たちは開館前から、地域の人々に対して、どんな美術館になるのか伝えるためのプレイベントをできるかぎり行った。それは、美術館は建物ではなくプログラムであることを知ってほしかったからでもある。それから、役所の机で計画を立てるのではなく、実際に美術館が開館したら来るであろう人たちの顔を見て、計画をつくっていくための機会でもあった。こうした事業は、まだ美術館がないので必然的に街のなかのさまざまな場所を使って行うことになった。招聘したアーティストに協力してもらうための説明をするたびに管理者や近隣住民と話をしながら、美術館ができることを直接伝えていく努力を重ねてきた。そうしたなかで地域のアーティストたちとも知り合い、何度も美術や地域について語り、また前橋を訪れるアーティストの作品制作を彼らが手伝い、交流することが、いまではまるで日常のように繰り返されている。

　2011（平成23）年1月には、全国公募のプロポーザルコンペによって設計者が決まった。そこから、建築家・水谷俊博たちと毎週のように図面を眺めまわし、現場調査をしながら細かいディテールまで話し合い、建物のデザインを決めていった。作品を管理し、展覧会を行う上でどのようなことが起こるかを細かく想定し、さまざまな制限のなかから一番よい選択肢を探し求める。すでによく言われていることだが、設計者だけでなく、運営にあたる学芸員と一緒にデザインをつくり上げることで使い勝手をよくするだけでなく、建築デザインの意図と美術館が目指すものを深く思考し理解するための貴重なプロセスとなる。そのことによって、ハード（建築）とソフト（展覧会など）が一体となった活動を考えていくことができる。

　1つ具体例をあげると、ちょうど基本設計を行う時期に私たちは

東日本大震災と遭遇した。そのとき滞在制作事業に招聘していた照屋勇賢が、いつも非常時を意識しながらも、心を落ち着かせることができる空間をつくるアイディアを提案し、設計者と協働して実現させた。美術館でいろいろな作品を見て回る途中で、来場者が静かに過ごすことができる、隠れ家のような空間がつくられた (図表2)。そこは元々、災害時にしか使われない非常階段だった場所であり、非常時の芸術や美術館の役割について考えてもらう冊子を読むことや、2011年3月27日に群馬音楽センターで群馬交響楽団が行った演奏会の録音を1日2回聴くことができる。

図表2　照屋勇賢《静のアリア》
2013年、コミッションワーク
撮影：木暮伸也
ガラスの向こうが非常階段。手前の展示室では、1日2回、2011年3月27日に群馬交響楽団がおこなった演奏会の録音が流れ、東日本大震災当時の様子を伝える挨拶から、バッハの「G線上のアリア」、被災者に捧げられた黙祷にいたる様子を聴くことができる

3. 地域との連携

　開館準備の過程で市長が交代し、計画の再検討をする一大事も起きた。約半年間にわたり、文化芸術各分野、教育、福祉、産業などの関係者が集まり、これまでの計画や今後の進め方を協議することになった。その結果、これまでの計画通りでよいが、市民への情報発信や多様な表現の可能性を切り開くことが求められた。そして、開館まで私たちと一緒に議論をしながら準備を進める「前橋文化推進会議」が設置された。これは私たちにとっても、直接地域住民の要望や考えを聞

きながら運営プログラムを考えるまたとない機会となった。いまから振り返ると、多くの美術館計画は強いトップダウンで実施されるが、前橋の場合はそうした力が働いていなかったため、役所と私たち専門家と地域住民が話し合いながら開館を準備するボトムアップ型の計画になっていたと言える。

　美術の知識や美術館に求めるものが異なる人々が、新しくできる美術館に何を求めているのか。こうした会議への参加者の意見は、まるで平行線をたどることもあれば、激しくぶつかり合うことも当然ある。しかし、この地域にできる美術館に期待を寄せ、いい美術館になってほしい、という思いは共通している。決して一直線ではない話し合いに翻弄されることもしばしばあっても、そこに絶対の信頼を置いている限り、結果的にはお互いの理解も深まり、私たちは地域の支援を得ることになる。計画の見直しによって、そのままであれば当然のように進んでいたはずが地域の人々の関心が掘り起こされ、継続的に話し合いの場をもつことによって、地域の人が美術館に求める声が反映されていく柔軟性を獲得したと言える。

　2013（平成25）年10月に美術館が開館してからは、こうした運営の検討や建物の設計ではなく、建物の維持管理や運営、それから当然収蔵作品の管理や展覧会の実施が中心的な業務としてはじまった。青天の霹靂だったが、私はそれに先立つ7月に41歳で初代館長に就いた。専門職の館長としては、国内の公立美術館では異例の若さだった。

　開館記念の展覧会「カゼイロノハナ　未来への対話」では、大きく分けて3つの異なる場所で作品が見られるようにした。1つ目は館内の展覧会、2つ目は館内外に点在するコミッションワーク、そして3つ目が館外に広がる地域アートプロジェクトである。そのうち、館内の展覧会は、前橋になんらかの形でゆかりのあるアーティストだけで構成した（図表3）。このことを決めてから抱えることになった不安

要素は、広報的なアピール力に欠けることだった。開館という祝祭に相応しい、派手な知名度をもつ作家名や作品が見当たらないプレスリリースや案内を見て、マスメディアの人には何を取り上げていいかわからない、一般の人にも有名な作家の作品がない、と言われ続けた。しかし、私は美術館の役割として、過去からの連続的な時間を未来へつなげていく役割を他にも増して重視する以上は、この地域と関わる作品だけで近代以降を振り返るような試みによって開館するべきだと考えた。そして、展示された作品を眺めたときに、あらためてその意義を確信した。

　かつて生糸によって栄えた街が、近代絵画や日本画の画家を支援し、多くの作品を残してきたこと。そうした作品の一部は、市の収蔵作品となった。それらには、戦争画や戦後の復興期の作品も含まれる。それから、前衛美術の運動が花開く時期があって、それを引き継ぐ活動も生まれた。さらに国際的な美術の動向に関わりながら現代の若手作

図表3　アーツ前橋開館記念「カゼイロノハナ　未来への対話」展（2013年10月26日-2014年1月26日）1960年代に前橋で活動していた前衛運動グループや日本画の新しい試みによる作品を並べた展示室
撮影：木暮伸也

図表4　「駅家の木馬祭り」前橋在住の美術作家白川昌生が創作した架空の物語をもとに行われるお祭り。ジャンルを超えた表現者を集めて、不定期で開催している。写真は2011年開催時の様子
撮影：木暮伸也

I-8：連携・協働　　173

家にも影響を与えた白川昌生、福田篤夫、柳健司らが、この地域で持続的な活動をしてきた(図表4)。そうしたことが、この地域の美術に充実した厚みを与えてきたことを実感できたのである。

　それぞれの作品や作家は、公募団体であったり、前衛グループであったり、固有の表現活動の舞台をもっている。美術館や美術展がそれらを横断的に一緒に並べることは、鑑賞する側から別の文脈や意味を与えていくことに他ならない。そこに、名声や権威によって光り輝く「色」はないかもしれないが、時代やメディアが異なる表現者たちの感性が響き渡る空間になれば新しい意味を生み出す。それが「カゼイロノハナ」である。それは、言うまでもなく、西洋や東京を中心とした「美術」だけでなく、地域ごとに書かれ得る複数の歴史が生み出す文化としての豊かさを感じることだと思う。歴史は唯一の正当性を築き上げるのではなく、逆に複数の視点から何度でも書き換えられていくことで新しい価値を生み出していく魅力を獲得する。県美術会の会長をつとめた中村節也が描く独特の雲のかたちと色使いのように自然と向き合った近代絵画もあれば、その横では、赤城山で蘚苔類の研究に没頭した角田金五郎のスケッチからカナイサワコが着想した小さな彫刻が会期中も増殖していった。

　この巨匠や名品を欠いた非祝祭的な開館展には、多くの美術館を知るベテランの専門家から好意的な意見をいただいた。地域の文化発信という点について、全国紙に長文のレビューが開館後早い時期に掲載され、手ごたえを感じた。建築デザインも、開館前から主要な建築誌で表紙になるなど、数多く取り上げられた。ほとんどの場合は、展覧会の会期終わり頃、あるいは終了後に反応が届くことのほうが多いので、作品を出している作家と同様に、企画者にとってもこうした反応、それもよい反応が早くあることは本当にうれしいことである。作家が作品をつくったり私たちが展覧会を行うのは、当然ながら労働や名声

のためでなく、作品や展覧会がまさしくこうした言説の網の目に置かれていくことを望んでいるからである。

　特に重要な指摘として、新築ではなく商業施設を改装することによって街なかに立地している点、科学者のノートや被災し歪んだガラス片など、美術以外の領域が展示作品と関わり合う点などがしばしば言及された。また、地域の前衛芸術についても大きな関心が寄せられた。1960年代、金子英彦を中心とした「群馬NOMOグループ」という前衛美術集団が、商店街や七夕祭りのような日常生活のなかへの介入を企図していたことと、現在私たちが館外で展開する地域アートプロジェクトとの間には、明らかな照応関係を見出すことができる。芸術を日常生活へ接近させる試みとして、前衛芸術と昨今の地域におけるアートプロジェクトの実践は類似する。数多実施されている後者について考える上で、前者から学び得ることの1つは、それが戦争に対する厳しい反省の側面をもつことであろう。それはつまり、「反芸術」という言葉が想起させる芸術の刷新ではなく、発達した科学技術をもちながらも人を殺してしまう人間への深い懐疑と批判である。「NOMO」とは「Non Homosapiens」の略であるらしい。

　開館展の図録に掲載した拙文にも記したように、その際に芸術の専門家と一般の非専門家が一緒に協働する可能性や、権威や伝統ではなく人々の公共的な意識によって支えられる共有の場をつくり出す点に、前衛から現代の地域アートプロジェクトに引き継がれている最良のものが見つかると考えられるのではないだろうか。

　かつて特定の場所（フロント＝前衛）を占めていた芸術は約50年経ち、社会の日常生活において各所に広がっている。それは、個人の周辺や身の回りの出来事と関わり合うものへと場所を移してきている。どこか抽象的で普遍的な活動理念を掲げていた前衛芸術は、具体的で個別性の強いものになって地域と関わりだしているという変化が認め

られる。つまり、美術館は運営面でも扱う作品でも双方において、美術という固有の分野と結びつくだけでなく、広く社会との関わり合いをもつことを重視するようになってきていると言えるのではないだろうか。

　アーツ前橋では、これまで4つのプロジェクトを実施した。

　「マチリアルプロジェクト」では、空きスペースの再利用を行っている。その1つは「アーツ桑町」という登録団体による自主運営の試みで、ここでは打ち合わせやトークイベントの他にも、DJの活動をしている人がはじめてサウンドインスタレーションを発表するなど、気軽さと実験性を持ち合わせる活動が生れている。また、休業した銭湯では、伊藤存が採取した色々な生き物から形をつくり出す作品と、幸田千依が滞在中に出会った光と自然の風景を使った絵画作品を、共に公開制作した（図表5）。

　「きぬプロジェクト」では、西尾美也が要らなくなった服を回収し、自由に貸し出しをする「ファッションの図書館」を実施し、その後も継続的に活動を行い、展示監視員のユニフォームをつくった。

　「ダイニングプロジェクト」では、スペイン人のフェルナンド・ガルシア・ドリーが、この地域の料理を学びながら、さまざまな世代の地元農家やイギリスでアーティストと農業を行っている「グライズデール・アーツ」のディレクターなどを招き、知識や経験の継承と市場を巡る食の問題を話し合う場をつくった。また、増田拓史は「前橋食堂」と称

図表5　「地域アートプロジェクト報告展〈磯部湯活用プロジェクト〉伊藤存、幸田千依」展（2014年7月5日-9月28日）前年に閉鎖された銭湯で滞在制作と作品発表をおこなったプロジェクトを、美術館で再現展示した　撮影：木暮伸也

して、一般の家庭料理を調査してレシピ化することで、普段は気づかない特徴の顕在化や失われていくかもしれない味を伝えるプロジェクトを行い、会期末にはレシピ本の完成披露を行った。

　最後に「ガーデニングプロジェクト」では、街なかの空き地にEARTHSCAPEによる《メディカル・ハーブマン・カフェ・プロジェクト》が設置された。自生する薬草を人体の形に植えて育てるのだが、お茶にして飲んだり、押し花にしたりする行為を通して、自然を利用する知識や実践を消費行為から取り戻し共有するきっかけをつくっている。

　当初の計画では、開館後は、館外に出る事業は徐々に縮小していくつもりだった。しかし、実際にこれらのプロジェクトが美術館に与えてくれる地域とのつながりは、かなり重要な財産となっており、どのようにすれば館内の事業と並行して維持可能なのか再検討する必要が生まれ、現在も未だに模索中である。

　ただ、アーティストの制作を通じて地域と関わることは、芸術を振興するという美術館の基本的な目的を常に地域の人の目線で考える機会を与えてくれる。つまりそれは、館内で行われている事業も含めて、美術愛好家も美術館に積極的に足を運ばない人も同じように公立美術館の運営を支える基盤として見なす経験を私たちにもたらしているはずである。

　それはもしかしたらアーティストにとっても同じではないだろうか。表現は人と人の間にしか存在しない。だから、いつも変わり続けるし、もし変化の余地のない「固有」なかたちをつくりはじめていたら、それに問いかけをする別の人が現れる。地域社会に出ていくアーティストたちは、そこで芸術の文脈を離れ、政治、経済、福祉、自然などありとあらゆる言説と向き合い、交渉し、思考を重ねることになる。そうした知的で創造的なアートプロジェクトに魅力を感じ、積極的に身

図表6　シンポジウム　〜地域とアートを紡ぐ3日間〜（2014年2月14日、15日、16日）
海外からのパネリストも参加し、アーティスト・イン・レジデンスや地方再生などに取り組む関係者による3日間のシンポジウムを実施
撮影：木暮伸也

図表7　「小泉明郎　捕われた声は静寂の夢を見る」展（2015年3月21日–6月7日）作品展示風景　撮影：木暮伸也

を投じているアーティストが多いことを、近年の地域芸術祭の乱立と同一視せず、これからの芸術表現の可能性として見ていくのも美術館の大きな役割であるはずだ（図表6、7）。

4. これからの美術館

　開館準備をしながら比較のために想定したのは、多くの場合は日本国内の美術館のあり方で、一部ヨーロッパやアメリカの美術館の最近の動向を意識していた。とりわけ、重要と思われた2点をあげたい。

　1つ目は、中産階級層との関係である。戦後の高度経済成長によって一気に増加した日本の中産階級層は、やがて文化的な豊かさを求める傾向が強まり、一般的に美術館の来館者としてもっとも多い対象である。美術館が多く設立された時期も高度経済成長期の後半であり、その欲求を満たす目的があったと考えられるし、その後も展覧会や教育普及などの事業や、ボランティアなどの「市民参加」において意識されているのは、もっぱら中産階級層である。

それは、美術館が公的資金をおもな財源としているという理由も大きい。アメリカの場合は特にそうであるし、ヨーロッパの美術館などでも、もっと美術館は富裕層の方を向いていると言っていいのではないだろうか。もちろん、日本の美術館よりもむしろ多様な来場者へのアプローチが重視されているとはいえ、多額の寄付や支援をすることで富裕層が運営にも関与するなど重要なステークホルダーになっていることが欧米では一般的である。しかし、そのことによって昨今顕著になっているように、市場と美術が密接になりすぎる事態を招いているとも言える。

　日本にももちろん富裕層は居るが、どちらかというと伝統的な技芸への関心が強く、美術館という歴史的に新しい制度に関与する人の割合は比較的少ないように思える。その結果、行政が設置した美術館は人口として多い中産階級層向けの事業として、文化的な教養が浅くても接することができる平易さを求める傾向が強くなり、文化の深化よりも経済効率や透明性などが性急に要求され、予算削減や民間企業との競争に晒されるなど「冬の時代」を余儀なくされたのだと考えられる。

　だからと言って、欧米並みに富裕層を取り込むのがいいのかどうかはわからない。そもそも、経営の効率性や透明性に応えられなかったのは美術館側の問題として解決されないといけないし、社会の成り立ちが異なるからこそ、私たちは異なる文化を生み出しているわけで、日本社会のなかにおける美術館の役割をあらためて考えることが大切だと思う。

　また、日本は大規模な美術館をもたず、中規模の美術館が多い。中国、韓国、台湾、香港、シンガポールと、アジアでも欧米にも負けない規模の大型美術館が増えている。それらは大きな展覧会を実施し、数多くの収蔵作品をもつことで歴史を展望する視点をつくりあげ、そ

の求心力を発揮するための文化的な競争に勝つという役割を担っている。とりあえず、そこに日本は参加していないと言っていいだろう。国立の美術館でも、アジアの美術への影響という点では、そのような役割は果たしていない。こうした競争に先駆けて1999（平成11）年に開館した福岡アジア美術館については、一定の評価や関心をいまでもアジアの美術関係者がもっているが、いまは十分な支援体制がとられていない。10年後にアジアにおける重要なプレーヤーに日本の美術館が数えられているとは考えにくいのが、現在の実情だろう。

　しかし、これだけ多くの美術館が丁寧に調査・研究や作品収集をしてきた積み重ねは、無意味ではないし簡単に失われるわけでもない。中規模の美術館が分散して作品をもつ方が、作品の調査や管理が行き届きやすいとも言えるし、広い地域を俯瞰するのは難しくても、それぞれの地域の文化と深く関わることは可能である。作品の取り扱いや展覧会の実施においても、年月の積み重ねが必要な技術的な面で大きなアドバンテージがある。そして、何よりも大きな物語＝歴史をつくりあげるのではなく、地域ごとの多様性を歴史的に確認していく上では有利な状況にあるとも言えないだろうか。

　そもそも、アジアはヨーロッパのように地続きの大陸だけでなく、海に隔てられた群島的な地域である。特定の美術の様式や価値が入れ替わり現れて歴史を形成していくのではなく、同時にさまざまな表現が生まれている事実を集約的な視点によって狭めてしまわないほうが豊かな歴史を未来に伝えられるはずである。

　このように、日本の美術館は欧米や他のアジアの国々とも違う道筋を通って現在にまで至っている。求心的な役割を果たす大規模な美術館がない以上、各館がお互いに事業企画や調査・研究、作品収集の役割を認識し、共同企画や情報の交換、作品の貸し借りによって連携していくことが重要になる。

5. 連携の重要性

　美術館が連携を重視するということは、自分たちができることの範囲を見定めることである。来館者対応、建物維持管理、事業企画や広報、教育普及、ショップやカフェの運営あるいは場所貸し、そして地域の芸術文化振興など、美術館には実に多様な役割が求められる。実際に、これらを十全に運営していこうと思えば、5,000㎡規模の美術館でも 30 ～ 50 名ほどの人員が必要になるのではないだろうか。しかし、この規模の多くの美術館は、そのおそらく半分から三分の一くらいの人員で運営を行っている。

　アーツ前橋は、地域の声をどのように反映させていくかを模索するときに、まず行政と専門家だけでできる範囲は限られているという認識から、いろいろな人に助言や実際に助けてもらうことを求めることにした。もちろん、実際の業務をボランティアなどで補うことは難しいが、専門的な経験や技術をもつ人を把握して、そうした人たちと常日頃から交流し、適宜必要な援助や助言を得ることは大変有意義である。そうした人材が、地域のなかには数多くいることに眼を向けなければいけない（図表8）。

　作品の制作や展示を例にとっても、現代美術の作品は素材の取り扱いから作家が関心をもつテーマに至るまで幅が広い。そのたびに私たちは、その分野に詳しい人を探すことになる。それは、私たち学芸員の専門性を、はるかに超

図表8　サポーターによる子供向け対話型観賞ツアー「おしゃべりアートツアー」。プレオープン展示「コレクション＋からだが語る」展（2013年7月4日-9月1日）にて

えるものである。たとえば、アーツ前橋のアーティスト・イン・レジデンス事業で招聘した韓国人作家が、前橋のことを調査したいというときに、地元のデザイナーと社会学者に案内をお願いしたことがある。彼らは美術に詳しいわけではないが、地域を多角的な視点で紹介できる。創造的なことはこうした新鮮な出会いから生まれることが多く、この作家は案内をしてくれた社会学者と協働で制作した作品を発表した。

こうした事例からは、美術の専門家がそれ以外の非専門家に対して、啓蒙的な態度によって美術を伝えていくというモデルを捨て去ることが求められていると言えるのではないだろうか。それは美術という表現分野や美術館という文化施設もまた、複合的な知や経験によって支えられていることを明らかにし、美術の専門家が占有することがないように開放することである。

社会のある分野に関心をもつ作家がいれば、彼らはその分野の専門家らから多くのことを学び、作品を制作する。美術館の複合的な機能は、収蔵作品の管理や美術展の企画を担う学芸員を中心としたものであっても、多くの専門性をもつ人々の協働によって成り立っている。そこには、相互的な学びの契機が存在している。

現在、アーツ前橋の事業において、もっとも綿密な連携事業を行っているのは群馬大学である。特に美術教育の研究室とは、開館前から、教育普及の分野で事業の企画から運営まで一緒に行ってきている。私たちがなかなか人員や予算を十分に割けない事業について、群馬大学の教員や学生がそれらの事業に携わることで実践の場を得ることとなり、美術館と大学が相互的に意義を見出す結果になっている。さらに2015（平成27）年からは人材育成講座を設置し、学芸員でも教員でもない、文化事業を担っていく人材の育成に取り組んでいる。これは専門家を育てることだけでなく、会社員や主婦など他の仕事をしてい

る人が、さらなる社会との関わり合いを美術に求めるような例も想定している。専門家と非専門家とを分けるのではなく、両者の間に、どれだけグレーゾーンのような領域をつくることができるのか。これは、その試みの一歩である。

　開館して間もないよちよち歩きの美術館を支えてくれる人の多さに感謝しつつ、美術表現の豊かな可能性を専門家の間で矮小化せずにどれだけ広げていくことができるのか、さらに挑戦をしていかなければいけないと感じている。

※本稿の一部は、Web サイト「artscape」(http://artscape.jp/、2015 年 12 月現在)に掲載した筆者による「学芸員レポート」を元に加筆や修正を行ったものである。

I-9：教育 1

経営の視点から見た博物館の教育活動

杉浦幸子

　2012（平成 24）年、博物館および博物館を取り巻く社会の変化を鑑み、博物館法施行規則が施行（改正は 2009 年）され、1997（平成 9）年に必修科目となった「博物館経営論」が 1 単位から 2 単位に増え、「教育学概論」が「博物館教育論」に名前を変え、1 単位から 2 単位に増えた。この改正から、これからの学芸員には、いわゆる「収集」「保存・修復」「調査・研究」「教育・公開」という博物館の果たすべき 4 つの機能についての知識とスキルを身につけるだけでなく、経営的な視点をもって仕事に取り組むことが求められるということ、また、博物館の「教育」機能の重要性が増している、というメッセージが伝わってくる。

　博物館の「教育」機能の重要性が増していることを示す端的な例が、世界の博物館プロフェッショナルからなる国際博物館会議（ICOM）の博物館の定義の変化である。（詳細は新見隆編『ミュゼオロジーへの招待』武蔵野美術大学出版局、2015 年、pp106–122 を参照のこと）。博物館の定義は、ICOM が設立された 1946（昭和 21）年に最初に制定されて以来、博物館を取り巻く社会の変化を反映し、現在も更新され続けている。最初の定義には「教育」という言葉はなかったが、1961（昭和 36）年の更新時に、それまで博物館の目的としてあげられていた「研究」「喜び・楽しみ」に加え、「教育」が追加された。そして、2007（平成 19）年に行われた最新の更新では、「教育」が目的の一番はじめに置かれることとなった。世界レベルで起こっているこうした変化を、上記の改訂も反映していると言えるだろう。

1. 社会の動きと博物館の経営・教育

　こうした状況を鑑み、この項では、博物館の経営と教育の関係について論じていく。そこでまず、それらがどのように成立し、変化してきたかを、社会の動きと照らし合わせながら整理していきたい。

　一般に開かれた公の存在として、世界で最初に生まれた博物館である、イギリス・ロンドンの大英博物館（1753年開館、1759年一般公開）について、次節で嘉藤笑子氏が詳細に論じていることからもわかるように、博物館経営という概念は、博物館が成立したときから存在していた。そこから約200年経った1950年代に新しい組織形態として、営利を目的としない非営利団体（NPO）が登場し、それらをどのように運営するかという議論のなかで、博物館の経営が活発に論じられはじめた（倉田公裕＋矢島國雄『新編博物館学』東京堂出版、1997年、pp.279-280）。

　日本においては、明治維新によってはじまった日本の近代化を推進する1つの文化的装置として、1882（明治14）年に博物館が誕生した（詳しくは、『ミュゼオロジーへの招待』、pp.102-106を参照のこと）。その後、第二次世界大戦に敗北し、国を立て直していくプロセスのなかで、1947（昭和22）年に「教育基本法」、1949（昭和24）年に「社会教育法」が制定され、博物館は、図書館、公民館とともに、社会教育機関としてあらためて位置づけられた。そして、1951（昭和26）年に「博物館法」が制定され、博物館の目的と機能が定義された。

　その14年後の1965（昭和40）年、第二次世界大戦後に起こったさまざまな変化を受け、ユネスコの第3回世界成人教育推進国際委員会において、フランスの教育学者ポール・ラングラン（1910–2003）が「生涯学習」という新しい概念を提唱した。この概念は、人間は人

生の限られた時期、限られた場所でのみ学ぶ、というそれまでの学習観を離れ、人間は年齢や場所を限らず、生涯学び続ける存在であり、社会はその学びを支える仕組みをもたなければならない、というものである。

　この新しい概念は、1971（昭和46）年、心理学者の波多野完治が、ラングランの著書『生涯教育入門』を翻訳、出版する形で日本に入り、同年、文部省社会教育審議会が出した答申「急激な社会構造の変化に対処する社会教育の在り方について」において、はじめて公的に「生涯教育」という言葉が使われた。そして、1981（昭和56）年の文部省中央教育審議会答申「生涯教育について」において、「生涯学習」とは自らの責任で自らが選択し、生涯を通して行う学習であり、「生涯教育」とは学習を望む人を後方から支援する仕組みという関係が明らかにされた。その後1988（昭和63）年、博物館を含む社会教育機関を監督する社会教育局が生涯学習局へと名前を変え、生涯学習振興課が新設されたことで、日本の教育政策のなかで生涯学習が公式の用語として確立されるとともに、博物館が生涯学習を支援する教育機関の1つであることとその重要性がクローズアップされることとなった。

　これらの一連の動きには、戦後社会が再び成熟し、かつてないほど経済が成長していったなかで、学校教育という人生の初期の限られた期間に行われる学習によって獲得された学歴がその人の一生を左右してしまうという学歴社会の弊害が顕在化し、国の教育施策の大方針が、学校教育から生涯教育へと大きく変化していったことが見て取れる。

　また、生涯学習を行う市民が積極的に博物館活動に関わる動きが生まれてきたのもこの時期であった。美術館における教育普及活動を研究した渡川智子が、2009（平成21）年に美術館を対象に行ったアンケートからは、回答した館の約75パーセントが1980年代以降から教育活動をはじめたという結果が出ている。博物館のなかでも生涯教

育を活動の中核に置くのが遅かった美術館においてさえ、この時期に大きな変化がおこっていることがうかがえる。

　その後、1980年後半にバブル景気がはじまり、数年続いた後、1990年代初頭に破たんし、経済状況が極度に悪化したなかで、博物館も経営的な視点をもつ必要があるという認識が高まった（倉田＋矢島前掲書、pp.279-280）。博物館は、公立であれば税金、財団法人であれば預金に対する利子収入、私立であれば運営母体から広報や文化支援活動などといった名目で配分される予算を元に博物館活動を行い、入館料や作品貸出料、教育プログラムへの参加費、図録やグッズなどの販売、カフェなどの営業から収入を得る。博物館は非営利団体であるため利潤を上げることはミッションではないが、社会全体の経済状況や、運営母体の経営が悪化したときでも活動を継続するためには、経営的な視点が必要となる。単純なコストカットや効率化ではなく、行わなければならない博物館活動の内容を再点検し、より適正な予算配分を行う、活動に必要がない支出をなくす、博物館活動を援助する外部機関と連携するなど、活動の質をより高めるという視点から経営的判断を下すことが博物館に求められるようになった。

　ここで、公益社団法人企業メセナ協議会について触れておきたい。この団体は、芸術文化を新たな価値を生み出す可能性がある資源とみなし、芸術文化を支援することが企業の重要な経営活動の一部であるとして、1990（平成2）年に設立された。その後バブルが弾け、二度の震災とリーマンショックが起こった現在も、社会の変化を受けとめながら活動を続けている。このことから、利潤を上げることをミッションとする企業も、長期的視野に立った芸術文化支援は企業の果たすべき役割の1つだと考えていることがわかる。博物館活動においても、こうした俯瞰的、長期的な経営的視点が、これからますます必要とされていくであろう。

2. 経営資源と教育資源

　このように、さまざまな社会的変化を経るなかで、現代の博物館には、経営的視点をもつこと、国の教育施策の大方針である生涯教育を担う中核機関として機能することが求められるようになってきた。この動きのなかで、博物館がもっている資源を、経営的、教育的な視点から見直す必要がある。

　「経営資源」とは、経営活動を行う上で必要なさまざまな資源のことである。一般には「モノ」「ヒト」「カネ」の3つがあげられるが、博物館の経営資源として、佐々木亨や大堀哲は「情報的資源」「時間」「ミュージアム文化」という3つの要素を加えている（詳しくは、佐々木亨＋亀井修『博物館経営論』NHK出版、2013年、pp.23-24と大堀哲＋水嶋英治『博物館学 III 　博物館情報・メディア論＊博物館経営論』学文社、2015年、pp.106-108を参照のこと）。ここでは、「モノ」「ヒト」「カネ」という基本的な3つの「経営資源」を博物館の教育活動にとっての資源、つまり「教育資源」でもあるという視点から見ていきたい。

　博物館はその定義からも読み取れるように、「モノ」からの刺激を中心に教育活動を行う教育機関である。そのため、経営資源としての「モノ」のトップにくるのは、その館のコレクションであり、そこには、それらの集合体である展覧会も含まれる。そのため、学芸員としては、これらコレクションや展覧会について、調査・研究をし、それらが教育資源としてもつ可能性を最大限に活用することが求められる。

　それらに加え、博物館には学芸員が活用できる「モノ」が更に存在する。たとえば館が所蔵する書籍、また館の建物や什器、家具、庭園、また最近ではミュージアムショップやカフェで購入できるグッズや飲

食物といった「モノ」も、博物館を活用する人々に対し、さまざまな学びの刺激を発する、教育資源となりうる。また、それらを活用して行われる各種の教育活動も、無形の「モノ」としてここに含まれることを意識しておきたい。

経営資源としての「ヒト」を教育資源という視点から見たとき、博物館の「内のヒト」と「外のヒト」の2つに大きく分けることができる。「内のヒト」は、館長、副館長といった経営のトップ、総務、経理、人事、施設、情報管理といった運営、館の活動を広く外部に伝える広報、協賛・協力やメンバーシップといった外部資源を開拓する開発に関わる人々、そして博物館の4つの機能を担当する学芸員があげられる。

筆者はかつて勤務していた森美術館（東京都港区）で、開館前に地元の小学校と半年間のプロジェクトを行ったが、その初回のプログラムで、館長以下、美術館のさまざまな部署で働くスタッフに小学校に同行し、小学1年生たちと直接出会い、仕事の内容を説明してもらった。主たる目的は、対象となる1年生たちに、新しく地元に生まれる美術館に親しみを感じ、美術館の仕事の幅広さを知ってもらうことだったが、美術館のスタッフにとっても、館が所属する地元を知り、また自分たちの仕事について再確認する学びの機会として捉えていた。

また、教育資源として忘れてはならない「内のヒト」が、実際に来館者に接する、受付、看視員、警備員といったスタッフである。直接出会う彼らのふるまいの1つ1つから受ける刺激が、意識的、無意識的に来館者の学びの質と量に影響を与えるため、教育的視点から見た彼らの重要性は非常に高い。近年、こうした運営スタッフを外部に委託することが増え、「内の外のヒト」が博物館の顔となるケースが多く見受けられるようになった。このように博物館の「内のヒト」の構造が重層的になった場合には、「内の内のヒト」である館のスタッ

フと、「内の外のヒト」である外部スタッフと彼らの監督をする企業が館のポリシーを共有することが非常に重要になる。

また「内のヒト」だけでなく、協働するアーティストやデザイナー、学校の教員、フリーランスのエデュケーター、また博物館を訪れるさまざまなバックグラウンドをもった来館者や教育活動への参加者といった「外のヒト」たちも学びの刺激を発信する重要な教育資源である。こうした外部とのつながりを生み出し、育てていくことも、学芸員の重要な仕事の1つである。

森美術館に勤務していたとき、視覚に障がいのある方から依頼され、言葉を介しながら一緒に展覧会を鑑賞する機会をもった。そのとき、その人が筆者から情報をえて、豊かな鑑賞をしてくださったのはもちろんのこと、筆者自身も普段以上によくモノを見て、より多くの刺激を受けたことに気づいた。そのため、視覚障がいのある方との言葉による鑑賞プログラムを導入することとし、この発想をもたらしてくれたその人を中心にチームを組み、教育プログラムをデザインした（詳しくは、神野善治監修『ミュージアムと生涯学習』武蔵野美術大学出版局、2008年、pp.65-68を参照）。1人の来館者との鑑賞体験が美術館の新しいプログラムを生み出したこの例も、「外のヒト」の重要性を伝えてくれる。

最後に「カネ」について考えてみたい。博物館の教育活動の予算は、博物館の全体予算から配当される。その額は館によってさまざまであるが、概して限られており、学芸員にはそれを最大限に活用することが求められる。また最近では、博物館が運営母体のみに財源を求めるのではなく、協賛や協力、会員制度などの仕組みを取り入れて、外部に資金を求める動きも出てきている。森美術館の開館後、外部資源を開発する部署の担当者から、美術館における教育活動に関心のありそうな企業に協賛をお願いしてみようという提案をもらい、いくつかの

企業を訪問した。そこには資金調達を行うと共に、教育活動を重視しているという館のミッションを外部に伝え、協賛企業にも教育活動を行う機会を提供するという、経営的かつ教育的視点が含まれていた。企業に協賛を依頼するにあたっては、トップマネジメントを担う理事長や館長、副館長と、開発担当、教育担当が共に訪問し、館のミッションや具体的なプログラムについて先方に伝えた。

　教育活動にかかる支出を考えた場合、造形活動に使われる材料費、レクチャーやワークショップなどの講師料、交通費、宿泊費、またワークシートなどの制作物のデザイン費や印刷費、活動の記録費など、その費目は多岐にわたり、さまざまな人が関わる。そのため重要になるのが、「内のヒト」とのコミュニケーションと、「外のヒト」のネットワークである。こうした人のつながりが、無駄なコストをかけない、コストコンシャスな（支出を意識した）活動を可能にする。

　また「カネ」に関連して思い出すのが、2001（平成13）年にイギリス・ロンドンの美術館、テート・モダンのパブリックプログラムキュレーターに行ったインタビューである。当時フリーランスのエデュケーターとして働いていた筆者は、テート・モダンで教育活動を行うその人が、自分と同じ「エデュケーター」ではなく、日本で展覧会企画者の呼称として使われはじめていた「キュレーター」と名乗っていることに素朴な疑問を感じた。そのため、元々英語であるこの2つの言葉を、彼らがどう使っているのかについて質問した。すると彼女は、展示をするのが「キュレーター」、教育活動をするのが「エデュケーター」ではなく、展示、教育に関係なく、プログラムに関わるお金の管理権をもっている人が「キュレーター」であり、「エデュケーター」はお金の管理権をもたず、教育プログラムを企画・実施する人であると答えてくれた。

　彼女の定義がテート・モダンだけのものなのか、より広く共有され

た概念なのか、きちんとリサーチできていないが、「カネ」という経営資源を取り扱う権利をもっているか否かが、呼称に関わっていることを知り、博物館における教育活動と経営の関係を考える大きなきっかけとなった。

3. 全般的管理と部分管理

　博物館の教育活動を経営的視点から見たときに、もう1つ重要なポイントがある。それは、組織における全般的管理と部分管理である。
　倉田公裕と矢島國雄によると、全般的管理は、博物館の設置者や管理・運営を託された理事会といった上部組織やその長、そして彼らに任命された館長や副館長らが担う管理である。具体的には、1.博物館の理念や目的を定める、2.その理念や目的を実現させるための具体的博物館活動の展開について大きな方針を決定する、3.そのために必要な財政的手当てをし、組織と施設設備をつくる、4.それらを運営・管理する、という4つの役割を果たす。また部分管理は、全般的管理において定められた博物館の理念や目的を踏まえて、各部門が行う具体的な博物館活動の管理を指す。(倉田＋矢島前掲書、pp.281-282、287-298)
　この2つの管理について、再度、森美術館での体験を取り上げたい。2003（平成15）年に開館した森美術館は、開館当初から「私たちの文化や社会における新たな問題をオープンに話しあう場所」をめざし、開館10年たった時点でも「世界の先鋭的な美術や建築、デザイン等の創造活動を……独自の視座で紹介」することを館のミッション、ビジョンとして謳っている。そしてそれらを具体的に実現する手段として、モノを公開する展覧会だけでなく、さまざまな教育活動（パブ

リックプログラム）を明確に位置づけている。

　筆者は、開館準備のために2002（平成14）年に入職し、パブリックプログラムの仕組みと個々のプログラムのデザイン、そしてその実施を担当したが、当時、館の全般的管理を担っていたのが、館長のデヴィッド・エリオット、副館長の南條史生（現館長）、そして理事長の森佳子の3氏であった。21世紀という新しい時代に、六本木ヒルズという新しい街に生まれた新しい美術館に独立した教育部門を立ち上げるという大きな課題にチャレンジできたのは、彼らが、それぞれのバックグラウンドや立場を踏まえつつ、森美術館のミッションを遂行する上で教育活動が欠くことができないという見解を共有していたからであったと思う。教育活動を行う部署のチーフであった自分には、彼らが設定した館全体のミッションを受けながら、部署のミッションを生み出し、マネジメントする姿勢と視点が求められていた。

　教育活動を行うために必要な人員や予算を絞りながら、教育プログラムの質をできる限り上げるためには、教育活動と経営活動のバランスラインをどこに設定するかが重要になる。そこには常にせめぎ合いがあるが、そこを擦り合わせるには、全体を俯瞰的に見て、全般的管理を行うトップと、部分管理を行う現場の学芸員が良質のコミュニケーションをとり、協力し合うことが必要である。

　短期的な成果だけでなく、長期的な成果を目指す教育活動において、「継続」という概念が非常に重要である。筆者が離職してから10年以上が過ぎたが、森美術館では、更に多彩な教育活動が行われ、幅広いバックグラウンドの人々に学びの機会を提供している。社会情勢も厳しいなか、私立の博物館として教育活動を継続、発展させている様子からは、トップと現場が常に擦り合わせをを行いながら、ミッションの実現に日々努力していることが垣間見える。

4. 未来をつくる教育活動のために

　ここまで、博物館における教育活動と経営の関わりについて、いくつかの視点から論じてきたが、最後に未来の来館者の育成と記録の重要性に触れておきたい。

　博物館は生涯教育を行う社会教育機関であることを前述したが、その対象となるのは、生涯かけて学ぶ権利をもつ人、つまり、博物館を活用する可能性があるすべての人である。2011（平成23）年度の社会教育調査によると、2010（平成22）年度における国内の登録博物館、博物館類似施設への入館者数は、約2億7,600万人であった。これだけでも膨大な数であるが、その陰には、博物館を活用する可能性のある更に多くの人たちが隠れている。

　公共財であるコレクションを有する博物館は、博物館を活用する学習者を支援する教育活動を行う使命を担っている。その遂行のためには、博物館が組織として健全に運営され、長期に存続することが求められる。その点において、博物館を訪れている人々だけでなく、未だ博物館を訪れていない「未・来館者」にさまざまな手段でアプローチし、博物館を自律的に活用する学習者として育成していくことが非常に重要である。筆者は、2014年より生後3か月から12か月の乳児の美術鑑賞について研究を行っているが、そこには、人生の最初期に、美術に関わる刺激を提供することで、博物館を自律的に活用する力をもつ、未来の来館者を育成できないかという視座を含んでいる。

　また、博物館の教育活動と経営を考える上で重要なのが、教育活動の「記録」である。教育活動を経営的な視点で評価する場合、参加人数や収入といった量的な評価だけでなく、その活動を行うことでどういった効果が生み出されたかという質的な評価が必要である。質的な

評価をするためには、活動に実際に参加することが必要だが、それが可能でない場合も多い。そこで重要になるのが、活動の記録である。特に、活動のなかでの実施者、参加者の動きや言葉の遣り取り、場の雰囲気、そして活動そのものだけでなく、その前後の準備や片づけ、振り返りまで含めた全体のプロセスを適切に記録することが望ましい。それに最も適したメディアは、現時点では、音と動き、時間の経過を記録できる動画映像である。経営的視点に訴える教育活動を行うために、これからの学芸員には、動画映像に関する基礎的な知識と技術を身につけるとともに、経営に関わる者に動画を見せ、教育活動の詳細を伝える能力が求められる。

　18世紀末に西欧で生まれ、明治維新後、近代化をもたらす1つの文化装置として日本に導入された「博物館」を「教育」と「経営」という2点から読み解くと、博物館は固定化したシステムではなく、社会とそこに生きる人々の変化を受けて、刻々と変容する流動的なシステムである、ということが見えて来る。そうした変化のなかでも、博物館が人々の生涯にわたる自律的な学びを支える教育の場であることと、その教育の場を維持し、より魅力的なものにするには経営的視点が不可欠であることは変わらない。21世紀の博物館を機能させていく学芸員は、このことを常に頭においておきたい。

参考文献

- 伊藤寿朗『市民のなかの博物館』吉川弘文館、1993 年
- 上山信一＋稲葉郁子『ミュージアムが都市を再生する　経営と評価の実践』日本経済新聞社、2003 年
- 大堀哲＋水嶋英治『博物館学 III　博物館情報・メディア論＊博物館経営論』学文社、2015 年
- 神野善治監修『ミュージアムと生涯学習』武蔵野美術大学出版局、2008 年
- 倉田公裕＋矢島國雄『新編博物館学』東京堂出版、1997 年
- 佐々木亨＋亀井修『博物館経営論』NHK 出版、2013 年
- 白澤恵一『博物館経営論』青山社、2011 年
- 新見隆編『ミュゼオロジーへの招待』武蔵野美術大学出版局、2015 年
- 日本ミュージアム・マネージメント学会事典編集委員会『ミュージアム・マネージメント学事典』学文社、2015 年
- 矢島國男「博物館経営論（序）」『Museum Study: 明治大学学芸員養成課程紀要 8』明治大学学芸員養成課程、1997 年、pp.1-12
- ポール・ラングラン著、波多野完治訳『生涯教育入門（第 1 部）』全日本社会教育連合会、1971 年
- 渡川智子「『ともにつくる』美術館をめざして：棚橋源太郎の理論及び現状から考える美術館の存在意義と教育活動の関係」（京都造形芸術大学卒業論文）2009 年

参考サイト（2015 年 12 月現在）

- International Council of Museum "Development of the Museum Definition according to ICOM Statutes (2007-1946)"
  http://archives.icom.museum/hist_def_eng.html
- 社団法人企業メセナ協議会　設立趣意文
  http://www.mecenat.or.jp/ja/about/post/intention/
- 日本大百科事典
  http://japanknowledge.com/
- 森美術館「ミッション」
  http://www.mori.art.museum/jp/outline/mission.html

- 森美術館「組織」
  http://www.mori.art.museum/jp/outline/organization.html
- 文部科学省「社会教育調査　調査結果概要」2011 年
  http://www.mext.go.jp/b_menu/toukei/chousa02/shakai/kekka/k_detail/__icsFiles/afieldfile/2014/04/16/1334547_02.pdf
- 文部科学省生涯学習政策局「図書館法施行規則の一部を改正する省令及び博物館法施行規則の一部を改正する省令等の施行について（通知）」2009 年
  http://www.mext.go.jp/component/a_menu/education/detail/__icsFiles/afieldfile/2009/07/03/1266312_1.pdf

I-10：教育 2
ミュージアムの経営と教育
——大英博物館の創設から今日までを探る

嘉藤笑子

> 彼らは歳を取らず
> 遺された者のみ歳をとる
> 彼らは老いることなく
> 年月にさいなまれることもない
> 太陽が沈むとき
> そして日が昇るとき
> 我らは彼らを思う
>
> ローレンス・ビニョン「倒れし者たちへ」より

1. ミュゼオロジーにおけるマネジメント

　現代社会はミュージアムの危機に苛まれていると言われてきました。その原因は、運営資金やスタッフ削減にあると言われています。さらには刷新を繰り返すテクノロジーがミュージアムに襲いかかってきています。その困難な状態から抜け出すには、予算や人事の確保と最新機器の導入ということになりますが、資金繰りが解決し加速する技術革新に参入することができても有効活用する能力とアイデアがなければ適わないということになります。また、増収を目指して大衆的な大型企画を連発することで、入場者が増えたとしても一過性の成功にしかならないでしょう。つまり、館内のみにその問題を探るだけでは表

象的な状況に真実が隠されてしまいます。そこであらためて考察するためにはマネジメントが肝要であることを理解すべきなのです。

　現在、「経営」は、マネジメントとして語られることが多いのですが、マネジメントとはいったい何でしょう。従来、「マネジメント」とは、会社経営や組織管理などに使われる商業用語として認識しているひとが多いでしょう。しかし、マネジメントの神様と言われているピーター・F・ドラッカーの著書『マネジメント』で語られていることは、企業や営利目的に限った経営学ではありません。ドラッカーに学ぶことは、人間が生きることの普遍的な価値を見出すための考え方だと思います。ドラッカーのいうマネジメントとは組織を構成する1人1人が、「成果をあげるための工夫」をすることで達成される喜びであり、「社会生活を営むために働くことの意義」を共有し、人生を豊かにしていくための道筋なのでしょう。

　ドラッカーは、早くから社会貢献について言及し、『非営利活動の経営』（註1）においてNPO・NGOといった営利目的ではない組織における適切な運営方法を考える機会を与えてきました。その働く場面には、ミュージアム、図書館、病院、学校、福祉施設といった公共施設や組織が含まれています。したがって、ミュージアムにおける「経営」を学ぶことは、博物館の物理的な管理方法や経営戦略という即戦力の手段というより、固定概念に収まらない原理原則とアイデアを探ることだと思います。

　それでは、ミュージアムを経営していく上で、「教育」の要素はどのように機能するのでしょうか。詳しいことは後述していくことになりますが、大前提として、ミュゼオロジーにおいて「教育」は、欠くことができない主柱です。さらに言えば、ミュージアムにおける「教育」とは、知の光によって新たな可能性を拡げていくことであり、人類の啓発に必要不可欠なものです。

2. 大英博物館から考える「経営」と「教育」

　ミュージアムの黎明期を代表する「大英博物館」(図表1) の設立経緯やその変遷を俯瞰することによって、ミュージアムの「経営」と「教育」の両方を探るよい機会となると考えます。そして、正統派の大型博物館から全容を把握することでミュゼオロジー学習の好機になればと思います。

　大英博物館は、18世紀半ばに議会政治の議決によって設立した世界最古のミュージアムになります。別の言い方をすれば、ヨーロッパの黎明期の美術館は、王族や権力者の象徴として独裁的な采配によって設立されてきたとも言えるでしょう。イギリスの議会政治のはじまりは、13世紀のジョン王の統治時代まで遡るので、18世紀における議会採決は、当然の成り行きと考えてしまうかもしれません。しかしながら、イギリス史を振り返れば、議会制民主主義が確立するまでには多くの統治者や歴史的変遷を経てきたわけで、この時代はドイツの王族がイギリスの君主をかねる同君連合体制として統治したハノーヴァー朝 (註2) でした。つまりドイツ語しか話さなかったジョージ1世（在位 1714-1724）が、イギリス内政を顧みず、それによって議会政治が強化し責任内閣制 (註3) が確立した時代だったことを把握しておくべきでしょう。

　大英博物館が成立した1753年は、ジョージ2世（在位 1727-1760）の統治でしたが、父君と本王はドイツ生ま

図表1　大英博物館

200　I　ミュージアムと経営

れの君主であり、当時の国内政治は、内閣主導によって統制されていました。さらにこの時代は、イギリスが産業革命を期に技術革新や産業新興によって大きく飛躍して、世界の強国へとのし上がっていく時代でした。ここで議会決議による設立を詳しく述べる理由は、専制君主とは異なる方法でミュージアムが設立したことによって、ミュージアムが王侯貴族の宝庫の肩代わりというものから解放され、一般市民に開かれた存在になったということを示しています。そのことは、大英博物館が、市民を対象にしたミュージアムであり、公共施設として創立されたことを証明しているのです。

　大英博物館と比肩するフランスのルーヴル美術館は、市民革命の象徴として市民が人権を奪回し、文化芸術を享受できる市民の権利を知らしめるための文化装置として開館しました。しかし、革命までの宮殿の歴史や王家の覇権からわかるように、備蓄された財宝がルーヴル美術館の収蔵品を成していました。1791年、国民議会によって「学問と芸術のあらゆる記念碑的な作品を集めた場所」と宣言されてからも王家や貴族から押収した財宝が展示の中心であったことや、ナポレオン皇帝による戦利品によって膨れ上がったのは事実でした。「ナポレオン美術館」(1788-1815) と名づけられた時期は、ナポレオン皇帝の権力を誇示するための格納庫でもあったのです。このように市民に開放するためのミュージアムをどちらも目指しながら、その経緯や成立は大きく異なることを心に留めてください。大英博物館は、王侯貴族の押収品ではなく個人の知的財産を一般公開することからはじめました。そして、ミュージアムの土地・建物、収蔵品のすべてが議会によって決定され、公的資金を使って創設された"公営"ミュージアムのはじまりでした。

3. 資金源となった公営宝くじ（宝くじ助成金）

　大英博物館の成立時に話を戻しますが、1753年に国王の認可を受け「大英博物館法」(註4) が採択され、世界初の国立博物館が成立しました。この法に基づきハンス・スローン卿（1660-1753、註5) の8万点の遺品を2万ポンドで購入しました。このとき、ロバート・ハーレイ伯爵のメダルや写本のコレクションも1万ポンドであわせて購入しています。その購入資金は「宝くじ」によって賄われました。この公営宝くじは、その後にも公共事業を支える重要な資金源になる画期的な方法でした。「宝くじ」は、国民に新たな負担となる課税を行なわない具体的な解決策となったと言えるでしょう。くじの売り上げから特別な資金を得ることで長期的な運営方法が画策できたのです。

　実は、「宝くじ助成金」は、イギリスにおける公共事業の補助金として今日でも活用されています。1994年に設立した「ナショナル・ロッタリー」(註6) と呼ばれる宝くじは、現在、チケットの売上げから、勝者への支払いや手数料などを除き、総売上げの1%が国庫に入り、4%が組織の運営資金になります。そして、およそ25%が補助金として公共事業に提供されています。

　その助成金の配分は、①保健・教育・環境・福祉40%、②スポーツ20%、③アート20%、④歴史的遺産20%となっています。ミュージアムは、④のカテゴリーに相当し、ナショナル・ロッタリーから「文化遺産宝くじ基金」（Heritage Lottery Fund、以下HLF）に資金が巡り助成金にあてられています。HLFは、その名前からもわかるように、その売り上げは主に古代遺跡のある場所や公園などに提供されています。

　③のカテゴリー「アート」は、そのほとんどがアーツ・カウンシル

という文化機関に提供され、そこから同時代の芸術事業に分配されています。アーツ・カウンシルは、美術に限らず工芸、音楽、文学、パフォーミングアーツ、複合芸術など多ジャンルにまたがって支援していく助成団体であり、キュレーターなど専門家を雇用して独自の芸術プログラムを運営しているのも特徴です。

　これまで、2000年にテート・モダンが設立された際も多額の資金が、ナショナル・ロッタリーから出されました。2012年のロンドン・オリンピックも例外ではありません。英国民のギャンブル好きが、このような形で活かされているのかもしれません。

　イギリスの文化資金の流れは複雑です。日本の文部科学省（文科省）にあたるのが、「文化メディアスポーツ省」（Department for Culture, Media and Sport、DCMS）になります。国立ミュージアムは、行政府の本省から年間補助金が直接に出ています。したがって、HLFからミュージアムに拠出される資金は、不足分を補うためか特別な目的に必要な助成金になります。また、宝くじ助成金を束ねて運用しているのが「国立遺産記念基金」（National Heritage Memorial Fund、NHMF、1980）となりますが、本基金は国家予算の補助金を得て運営している独立行政組織（Quasi-Autonomous Non-Governmental Organisation、QUANGO）と言えるものです。HLFは、本基金の配分先であり、下部組織の類ということになるでしょう。このHLFには、年間3億7500万ポンドの補助金があてられています（2015年3月31日現在）。

　さて、日本でも「宝くじ基金」が、展覧会の助成金として活用されているのは偶然ではありません。日本の場合は、一般財団法人として運営されています。このように日本の文化政策は、イギリスに倣っているといわれています。独立行政法人や指定管理者制度が導入された背景に英国の文化政策が影響したのは事実です。日本のアーツ・カウ

ンシル構想も英国のアーツ・カウンシルを真似たものですが、イギリスでは、イングランド、スコットランド、ウェールズの3連合国それぞれに名称が異なるアーツ・カウンシル (註7) が存在しますが、日本では、東京や大阪などの自治体で、同様の組織をつくろうとする動きがあります。日英に限らず複雑な文化資金の流れがつくられる背景には、文化事業が必要とする費用に対して元本が少なすぎるからとも言えるでしょう。

4. イギリスのミュージアム徴収制について

　イギリスでは、大英博物館に限らず国立ミュージアム（14館、分館を除く）が無料で公開されています。経済効果からすれば、ミュージアムの入場料を徴収するのがあたり前と考えてしまいますが、イギリスでは事情が異なります。それは、税金で運営されている国立機関であるならば、税金を払っている国民が無料で利用する権利があると考えるからです。
　フランスでは、海外旅行者がミュージアムを利用する機会が多いため、多くの場合は入場料を徴収し、その多額の売上を国家の文化資金に回すという考え方です。イギリスでも多くの観光客がミュージアムを利用しているのですから、海外利用者は、この独特のこだわりとも言える入場無料という恩恵を受けているわけです。とはいえ、イギリスの入場料の徴収問題は、国政の議案として何度か協議されていますし、過去には複数のミュージアムが有料になっていました。しかし、2001年に再導入というかたちでイングランド・ウェールズ・スコットランドの国立ミュージアムは入場無料が決定されています。
　博物館評議会 (註8) が述べているように、国民の権利が保護され、

入場者数の増加のために有効であると考えているからです。どうやら「徴収なし」というのは、イギリス国民にとって重要な姿勢のようです。イギリスの入場無料は、常設展に対する徴収を指しますので、企画展や特別展は有料で開催されるケースが多いです。これは各館が保有する収蔵品が、それだけ魅力があることの裏づけですが、無料にしたことでミュージアムのアクセスを増やし、企画展や特別展のみではなくショップやレストラン、カフェ、イベントなど関連事業で増収が見込まれると判断したからです。また、寄付金箱を入口周辺に設置して募金を促していることは、国庫に頼るだけではないことを示しています。

現館長のニール・マクレガーは、2008年に"大英博物館を生き返らせた"人物としてタイムズ紙の「今年の英国人」に選出された経験をもちます（註9）。彼が就任した2002年当時、大英博物館は500万ポンド（約7億円）の赤字を抱えていて、職員のストライキによって館内の3分の1を閉じていたほど深刻な状態でした。それが、彼の方針に従い「秦の始皇帝の兵馬俑展」（2007-08）などのブロックバスター企画を実施したことで、年間来館者600万人という驚異的な数字をたたき出し、抱えていた赤字を解消することに成功しました。その後も世間の大きな関心をひく特別展を継続的に開催し、入場者を増加させることで、確実に収入が上がることを証明してみせたのでした。

さらに彼は、2010年からBBC‒Radio4で「大英博物館展──100のモノが語る世界の歴史（A History of the World in 100 objects）」（註10）という、所蔵品のなかから100点を選出して解説する番組をはじめました。本ラジオ番組によってミュージアムのファン層が広がり、ミュージアムの健全な運営のために不可欠なリピーターの獲得につながる信頼を勝ち取ったのでした。しかも、大衆性ばかりを追いかけて

いるのではなく、ミュージアムの価値を引き上げる教育的なアプローチを主力にしたことが、観客の信頼につながったと言えるでしょう。

5. 大英博物館と大英図書館

　創設時の大英博物館は、モンタギュー公爵家の邸宅（モンタギュー・ハウス、図表2）を入手し、それを改修して1759年1月15日に開館しました。1845年に館内を描いた水彩画は、階段室の天井にフレスコ画が描かれていて、階段をあがったところにはキリンのはく製が3体置かれていたことがわかります（図表3）。この天井画は、『大英博物館展示品概要』（1844）に、シャルル・ド・ラ・フォッス（1636-1716）作と記載されています。その後、邸宅は、何度も増改築をしながら博物館として活用されていました。

　さて、開館当初の収蔵品の公開は、ウィークデイだけの事前予約制（註11）でした。したがって、一般公開といっても時間に余裕がある人々や学者や研究者が中心だったと言えるでしょう。観覧方法は、予約した人たちが一堂に集合して、ライブラリアンによる案内で館内を

図表2　モンタギュー公爵邸（モンタギュー・ハウス）の外観

図表3　モンタギュー・ハウスの階段室

一周巡るようになっていました。観客は決められた時間に観覧予約をして、事前に発券されたチケットを受け取ってから入場するなど、かなり面倒な手続きが必要でした。それは決して自由な閲覧ではなく、事前に見学計画を立てた人々が、館が決めた方法に従いながら、そろって「珍しい工芸品類」を閲覧したということになります。

　当時、ガイドが学芸員ではなくライブラリアンであったことは注目すべきことです。19世紀になって、大英博物館内に「大英図書館」が併設されることになりますが、発足当時から貴重な書籍が収蔵されていたのでライブラリアンが雇用されていたのは自然なことでした。このときの学芸員は、資料の整理や研究に専念する専門職であり、資料解説者ではなかったのでしょう。それに代わってライブラリアンがガイドを受けもったのは、文献資料を網羅的に解説する"リファレンス"という必要な職能があったからと考えられます。

　いずれにせよ、ガイドを行うことで、セキュリティに一役買ったのは確かでしょうし、博物館見学をはじめて体験する者の理解が深まったのも事実でしょう。このガイドが来館者の理解を深めるという点をもってミュージアム・エデュケーションと呼ぶには、かなり時期尚早ですが、そこに教育的機能の萌芽をみることはできます。

　実際のミュージアム・エデュケーションの活動は、後年になってからになります。1820年代に来館者への情報提供や所蔵品の教材活用が行われました。1830年代には館外で学芸員が講義をすることもあったようです。1890年代には、館内に講義室が設備されました(註12)。そして、20世紀になるとミュージアムの教育的機能は大きな発展を遂げます。1903年には、最初のガイドブックが出版され、1911年には、予約制で学芸員ガイドが行われるようになりました。しかし、本格的なミュージアム・エデュケーションが確立していくのは1970年代に入ってからになります。

前述したように大英博物館の収蔵品には、博物資料と図書資料が混在していました。スローン・コレクションにも歴史的遺物や自然科学の資料のほかに書籍や写本、世界中の出版物や希少書が含まれていました。1823 年にジョージ 3 世の貴重書が寄贈されることになり、大英図書館の建築が決定されました。それに従い、1846 年にモンタギュー・ハウスは解体され、その後 30 年以上かけてロバート・スマート卿（1780-1867）の設計で新築のミュージアムが設立しました。館内にはドーム型丸天井をもつ読書室が内造されました（1857）。こうして博物館と図書館という複合機能をもった公共施設に生まれ変わったのでした。

　この大英博物館の建物は、アレキサンドリアのムセイオン（註 13）を意識して、先人から続く古代文化の憧憬を具現化したような姿でした。まさに古代ローマの遺跡ロタンダ"パンテオン"（註 14）を模した円形閲覧室（リーディングルーム）（図表 4）は、世界中の賢人が憧れる文化遺跡となりました。そして、賞賛すべき学術研究機関となり、偉大な功績を遺すための期待どおりの活躍をしました。

　大英図書館は、ミレニアムの大改修の際に、大きく変貌しました。1997 年に図書館の機能がセント・パンクラスの新館へ移された後、

図表 4　円形閲覧室（大英博物館）
(c) The Trustees of the British Museum c/o DNPartcom

図表 5　グレートコート（大英博物館）
(c) The Trustees of the British Museum c/o DNPartcom

ドーム型大閲覧室は建造物として遺されましたが、白い壁に覆い隠されて偉人たちの敬慕する威光は影を潜めました (図表5)。それまでの大閲覧室は、研究者向けの閉鎖的な環境でしたから、誰でも利用できるリファレンス閲覧室に改変されたことは歓迎すべきことですが、一方で多くの人々が寂しさを覚えているようです。かつての荘厳な雰囲気の漂う読書室の面影を追って、多勢がノスタルジックなオマージュを捧げているのでした。

ところで、今回の大改修によって図書館が博物館から独立したわけではありませんでした。すでに1973年の「大英図書館法」によって大英博物館から機能を切り離し、「大英図書館」は独立していたのでした。1969年に、当時の教育科学省が国立図書館調整委員会の報告を受けて、国立中央図書館の機能・組織を効率的に運営することを目的に、分割は決定されていたのです。増え続ける大量な蔵書を効率的に分類・整備して、本来の図書館機能を実務的にするには必要な手段でした。

しかし、新設する図書館が完成するまでの長期間、1つの屋根の下で家族のように共存していたのも事実でした。その共存生活によって、大英博物館と大英図書館が両輪をもつ高等学術施設として発展してきました。今回の実質的な図書館の引越しによって、大英博物館が自律した学術研究機関を目指すことになるでしょう。それは、ミュージアムがもつ自己発展能力を最大限に活かせば可能なことだと言えます。

6. 啓蒙思想の文化的装置としてのミュージアム

　多くの学問・芸術を志す者にとって、大英博物館は長きにわたり大きな存在であり続けていますが、その博物館に深く関わることができた人物は、日本人であれば一握りかもしれません。その貴重な1人に、南方熊楠（在英1892-1900）がいます。

　熊楠は、当時の学芸員オーガスタス・ウォラストン・フランクス卿（1826-97）や日本研究者として有名な東洋刊本・写本部長であったロバート・ダグラス卿（1838-1913）ら当時の知識人と交友しながら、6年間大英博物館に通い詰めました。その間に、論文の発表や珍書・稀覯書などの写本、書籍目録の作成などを行いました。残念ながら偶発的な殴打事件が起こり、熊楠は入館禁止の措置となりましたが、そこで得た広範な知識や経験は計り知れないものでした。熊楠に限らず世界中の鬼才・碩学の類が集い、大英博物館は博学者にとって夢の宝箱だったに違いありません。カール・マルクスやレーニン、コナン・ドイルなどの有名無名の見識者たちが、学問のみならず瑞々しいインスピレーションを得ていたのは事実です。

　さて、18世紀のヨーロッパでは、啓蒙思想が興隆していましたが、ミュージアムはその思想を具現化するための文化的装置となり、恒久的な資料展示から人類の普遍性を光で照らしていくことでした。啓蒙思想とは、イギリスで興った思想運動で、人間の可能性は、正しい「理性」によって切り開かれ、そこに真実の認識と人類の幸福を得ることができるという考え方でした。

　スローン卿のコレクションは、彼の個人的な知的好奇心の結晶ですが、この全領域にまたがる文化遺産を通して、人類の営みや叡智を学び、世界を知るための網羅された情報から万物の真理を探る機会と

なったわけです。さらにジョージ3世（在位1760-1820）の6万冊におよぶ蔵書が、ジョージ4世の命で大英博物館に寄贈されました。この蔵書は、現在でも啓蒙思想を探求するための重要な書籍と言えるでしょう。寄贈が決まると「キングス・ライブラリー」という特別な建物が建築されました（1823-27）。

そして時代は変わり、大英図書館が増え続ける蔵書のために移転したときに、「キングス・ライブラリー・タワー」というガラスケースのなかに王室の稀覯書は展示替えされました。現在、このタワーは、セント・パンクラスの新図書館の目玉になっています。蔵書が置かれていた移転後のスペースは、「啓蒙主義ギャラリー」という名称になり、大英博物館設立250周年記念事業として大幅に改修されました（2000-03）。ギャラリーは、その過去の功績を見直すために、大英博物館の初期資料を用いて啓蒙時代を振り返る常設展示「啓蒙主義：18世紀から世界を探求する」を設置しました。ちなみに本改修事業は、個人や財団の寄付金のほかに、HLFなどの助成金によって完成されました（註15）。

大英博物館の出発点となった啓蒙思想は、創立時に流行った主義主張というより、ミュージアムの骨格となる歴史的意義を探求する姿勢を示すものであり、ミュージアムの存在意義を継承していくための秩序と言えるものでしょう。したがって、本館における最古の展示室であり、その起源となった啓蒙思想を象徴する場所に敬意を示し、モノによって啓蒙思想を体系的に蘇らせることは、大英博物館が培ってきた歴史をミュージアムにしかできない手法の「展示」によって俯瞰していくものでした。まさに"ミュージアムとは何か"という問いを、自らの歴史と機能で現出させたと言えるのではないでしょうか。

「それはイベントではなく、物の考え方であり、既存の価値観の再確

認、そして新しい観念を新しい方法で探求することである。」
(出口保夫『物語 大英博物館』中公新書、2005年より)

この、啓蒙主義ギャラリー主任学芸員キム・スローンの言葉からは、本ギャラリーが啓蒙主義をモノによって具現化した場所であることが伝わってきます。

7. 機運を摑むコレクション構築

　18世紀のヨーロッパでは、大航海時代を経て野心的な冒険家が大海に出ていきました。そのなかでも有名なキャプテン・クック (1728-79、註16) は、太平洋航路から民俗資料を持ち帰りました。その多くはクックに旅費を提供した王家に献上され (1768)、その後、大英博物館に寄託され一般公開されています。しかし、王室所蔵のマオリ族による「チキ」というニュージーランドの魔除けの首飾りは、現在の女王エリザベスII世に著作権があります。つまり、現在も王族コレクションに帰属していることになります。
　収蔵品は、資料を購入するだけではなく、寄贈や寄託、長期貸し出しといったあらゆる方法によってミュージアムに保存・管理していく必要があります。多岐にわたる収集方法によってミュージアムが望むべき体系的なコレクションを形成し、コンテキストに基づく展示公開をしていくことが必要です。貸主と借主の相互間の信頼を守るためにも著作権の管理は重要なことです。
　19世紀になって、大英博物館のスターとも言える収蔵品が多く収集されました。ロゼッタ・ストーン (1802) やパルテノン神殿 (1816) などの世界遺産となる貴重な文化財が収蔵されたのです。それらがコ

レクションに至るまでは、さまざまなドラマがあり機運を読み取る術と交渉能力が必要でした。

　草創期のミュージアムに関与した人物に、名門貴族の出身でナポリの公使ウィリアム・ハミルトン卿（1731-1803）がいます。彼は、ギリシャ・ローマの古美術以外にもヴェスヴィオ火山の地質・鉱物資料を収集しました。後続するチャールズ・タウンリー（1737-1805）は地方豪族で、やはりイタリアに魅了され、古代ローマ美術を収集し37年間にわたり大英博物館理事を努めました。この両者は個人財産で購入した収集物を寄贈し、大英博物館の古代ギリシャ・ローマ美術部門に大きく寄与しました。1808年に設けられたタウンリー・ギャラリーは、旧モンタギュー伯爵邸の敷地に建てられた最初のミュージアム建築（展示を目的とした部屋）でした。

　大英博物館が誇る至宝・パルテノン神殿（図表6）は、エルギン卿によって寄贈されると、1832年にエルギン・ギャラリー（註17）と名づけられた仮設の建物を建てて公開されました。このギャラリーの様子がアーチボルト・アーチャー（1789/90?-1848）によって描かれています。その絵には、古代ギリシャの大理石彫刻のなかで上席学芸員が理事と同席し協議をしています。その様子から上席学芸員は、博物館

図表6　パルテノン神殿（大英博物館）

図表7　パルテノン神殿大理石彫刻彩色発見展示（大英博物館）

の上層部として重要な役割を担っているということがわかります。当時の館長や上席学芸員といった上層職員は、良家の富裕層が占めていたので、収集活動は彼らの個人資産が活用されていたのでした。

　パルテノン神殿は、1999年、建築家ノーマン・フォスター（1935-）による"グレートコート"（図表5参照）と呼ばれる中庭をはじめとするミュージアム大改装のときに、最重要作品として大きな展示スペースを与えられました。最近の研究でパルテノンは、建造物の全体に彩色されていたことが科学的に実証され、その学術的成果が2009年に特別展示され注目を集めています（図表7）。かつてパルテノンは白亜の殿堂と思われていましたが、極彩色に彩られた神殿であることが判明したことで、1930年代に理事の圧力で神殿彫刻の洗浄を行ったこと（註18）は、悲惨な破壊行為だったことがわかります。

　パルテノンに関わる出来事は、これだけでは終わりません。イギリスは、1980年代からずっと神殿の母国であるギリシャから返還要求を受けています。そもそも、エルギン卿がパルテノン神殿をイギリスに持ち帰るときから曰くつきだったのですが、その後のイギリスとギリシャの両国間における主張の違いがあり、それぞれ複雑に入り組んだ政治情勢によって和解は成り立っていません。2015年現在まで、ギリシャ側の要求は認められておらず、依然としてパルテノン神殿は大英博物館の人気の展示資料となっています。

　実は、こうした文化財の返還に関する国際的な問題は、歴史上何度も起きていて、その多くが未解決のままです。まさに、わが国にも朝鮮王朝「儀軌」の返還問題が起きているのです（註19）。深刻な政治課題でもある文化財返還は、ミュージアムのなかだけで解決できることではありません。しかし、学芸員にとっても文化財の保護や管理の一環として重要な問題です。状況判断を精査した上で、目をそらさずに解決の糸口を探る姿勢が大切だと思います。

8. 人材の育成がミュージアムを育てる

　大英博物館の学芸員は、どのような役割を担うのかを考察してみたいと思います。

　大英博物館のはじまりは、一度に収蔵することになった8万点を超える資料について、それまで無造作に扱われてきたものを分類・整理していくことでした。近代の多くのミュージアムでは、事前に資料の収蔵方針を決めて、それに沿って収集を行い、コレクションを構築し、長期にわたって調査・研究した成果を随時公開していくのが定石になっています。しかし、大英博物館の開館当時、そのような方法論はまだ確立されていませんでした。つまり、大英博物館は眼前にあるモノを博物学に基づき研究・調査し、整理・分類していくメソッドを創出していったわけです。その過程で、本館に相応しいものを取捨選択し、不必要なものは自然史博物館（註20）などの他館に移動したり、手をつけずにそのまま保管したりと、現在の大英博物館の収蔵方針を構築していきました。こうした収蔵品の体系を集約し、新たにコレクションを形成していく作業を担っていたのが学芸員です。彼らは、研究・調査に焦点をあてた学術的作業や、その成果を展示というかたちにして実績を積んできました。

　冒頭に掲載した頌歌「倒れし者たちへ」（註21）は、当時、大英博物館の学芸員を務めていた美術史家で詩人のローレンス・ビニョン（1869-1943）によるもので、第一次世界大戦の犠牲者に捧げた追悼詩です。この詩は、今日の追悼式典にも活用されている特別な詩で、長年イギリス国民に愛されてきました。ビニョンは、芸術と文学を跨ぐ研究を通して、多数の美術書を書き残しています。ビニョンのような文学的素養の持ち主が、偶然にも大英博物館の学芸員だったと言う

べきでしょうが、学芸員は文章力に秀でていることが望ましいでしょう。それは、学芸員の日常業務には執筆活動が多く含まれ、文筆家としての役割も求められているからです。

　ミュージアム創世記には、特異な能力をもちながらも学芸員だった人物がいます。有名な人物では、ルーヴル美術館のジャン＝フランソワ・シャンポリオン（1790-1832）です。シャンポリオンは、非凡な語学力を生かしてさまざまな言語を習得しました。そして、18歳のときにロゼッタ・ストーンの古代エジプト文字の複写を入手して以来、ヒエログリフの解読に生涯をささげた人物でした。ロゼッタ・ストーンに刻まれたヒエログリフ、デモティック、ギリシャ語の3つの文字が同一の内容であることを解明し、1822年に解読文をパリ学士院にて発表しました。彼は、大学で教鞭をとりながらルーヴル美術館のエジプト美術担当の学芸員としてヒエログリフ研究の体系をつくり上げたのでした。シャンポリオンの偉業は、学芸員とは学者であり研究者であるという姿勢を、身をもって示したことでしょう。現在、ロゼッタ・ストーンは、パルテノン神殿の隣の部屋で、毎日大勢の観客に囲まれています。

　最後にもう1人、重要な役割を担った人物を紹介します。それは、熊楠を紹介した際に触れたオーガスタス・ウォラストン・フランクス卿です。彼は、19世紀の考古学者として活躍し、大英博物館におよそ半世紀もの間勤めて、第二の創設者とまで言われた人物です。新たに5つの部署を開設し、前史時代から民俗、考古学、日本を含む東アジアや中世時代に目を向けて、広範囲で豊富な重要資料を積極的に収集しました。特に母国の文化財の発掘に尽力し、ケルト文化や中世カトリック文化に再評価を与えました。

9. ミュージアム・エデュケーションの発展

　ヴィクトリア女王時代（在位 1837-1901）は、イギリスの最盛期と言われますが、大英博物館にとっても成長の時期にあたります。経済の発展が著しく成熟した時代には、国民教育によって国力が増進するという考え方が定着していきました。教育熱が高まるとミュージアムは学術教育機関として注目を集め、世界各国が国力を誇示するためのいわば甲冑として博物館を築いていきました。同時に、ヨーロッパ社会は植民地化が進み、産業革命による殷富を享受し、その隆盛の成果を納めていく宝庫でもあったわけです。

　1970 年代は、ミュージアム・エデュケーションが大幅に改革され成長した時代でした。さまざまな教育プログラムが開発され、カタログやガイドブックなどを常備するために出版部門が設立されました。現在では、さらに細分化が進み学校の教師や生徒、家族、高等教育や生涯教育のあらゆる人々を対象にした多彩なプログラムが行われています。

　そのなかでも、国家プロジェクトとして注目しておきたいのが、2014 年に発足した教育省による国内ミュージアムのオンライン教材事業「歴史を教えるための 100 点（Teaching History with 100 objects）」でしょう。学校の歴史授業を効果的に向上していくためにミュージアムの所蔵品をカリキュラムに沿うかたちで紹介しています。教師の授業アイデアとなる所蔵資料を、画像や文章で掘り起こしていくものです。これは、オンライン教材なので、比較的容易に全国の学校に普及できることが有効な点ですが、あくまでもヴァーチャルなかたちでしか資料に接することができない弱さがあります。やはり、ミュージアムに実物があることは強みです。本物から得られる情報の多さや感

動は計り知れません。したがって、オンラインでの学びに留まらず、ミュージアムを実習の場にすれば、より効果的な教授法が生まれるというものです。

　当然ながら、多数の生徒たちがミュージアムを利用することで、相互に活気が生まれるはずです。たとえば、アングロ・サクソン民族を知る手がかりとなるサットン・フーの兜（大英博物館蔵、註22）やガイ・ホークス事件（註23）に使われた洋灯（ランタン）（アシュモレアン美術・考古学博物館蔵）などが、「歴史を教えるための100点」で教材として紹介されています。オンラインに記載された資料をきっかけに興味をもち、実際にミュージアムへ足を運び実物を目にすることで、学習はより深まることでしょう。こうした情報量が豊富な資料に直接接触できることは、ミュージアムの真骨頂と言えるでしょう。

　この事業の実際の効果が教育現場で具体的に表れてくるのは、しばらく先になると思われますが、その経過に注目したいと思います。最新の技術とミュージアムの知的資産を活かした教材開発には、無尽蔵に可能性があると考えられます。

10. ミュージアムの未来

　大英博物館が歩んできた誇るべき功績や歴史的評価から、社会に与えてきた影響が、如何に多大なものかが理解できたと思います。しかし、大英博物館は、混迷するミュージアムの救世主でもなければ魔法の箱でもありません。たとえ最上級な収蔵品を収集して、エリートたちによる研究・調査を重ねても、最高峰に立って全世界を掌握できる訳ではありません。そこには、人類の文明や歴史に対する畏怖の念と、モノを通して普通の人々が成長できるように導こうとする真摯な態度

が求められます。そして、ミュージアムに関わるすべての人々が率先して内発的発展を拡大するために、周辺環境や構造を刷新していく必要があるでしょう。孤高を求めるのではなく、集合知を活かすのがミュージアムの本性なのだと思います。

　最後に、大英博物館は将来の設計図をどのように考えているのか触れたいと思います。2014年に「ミュージアムの未来」について大掛かりなシンポジウム（註24）が開催されました。そのなかで明らかになったのが、「ナレッジ・クオーター（Knowledge Quarter、KQ）」というキングス・クロス周辺（1マイル円周）にある文化施設のコンソーシアムを形成し、21世紀型の文化芸術エリアを築いていこうとする一大プロジェクトの開始です。この地域に集積している文化施設は、どれも一流の大型学術系施設ということもあり、さらなる学識的衝動を誘発していく文化タウンが創出されると期待が高まります。

　運営は、有料メンバー制で、すでに国立大英図書館、大英博物館など公共施設、大学などの高等教育機関、新聞社など55組織が加入していて（2015年12月現在）、その規模の大きさや質の高さは比類なきものと言えるでしょう。

　上記のような地域活性化事業については日本にも先行事例が多いのですが、KQとはかなりの違いを感じます。日本では、文化・芸術が地方行政の課題を改善するために活用されていますが、このKQは、国立、民間、公営組織などが入り混じりながらも、決して行政主導ではなく、大都市の中心部におきていることです。そして、特定のエリアに限った地域活性化事業というより、人文社会科学などの他ジャンルが交流していきながら、新たに学際的な文化力を発信しようとしている学術的行為であることが明白な違いだと言えます。

　私たち人間は、文明という人類の足跡を通して世界を眺望し、深遠な真理に近づくために人知を探ること、その探求から次世代に継承し

ていくべき未来を目指さなければなりません。そのためには、常に変化する社会と向き合い、そこに関わる市民と協働していく必要があるでしょう。ミュージアムは、蓄積された知恵を活かしていきながら、知識豊富なスタッフによって「教育」を通して知的欲求に駆られた観客を触発していくべきなのです。それが、ミュージアムを意識的に「経営」することでもあり、「進化するミュージアム」を実践していくための果敢なチャレンジになるのです。

註

1 P.F.ドラッカー著、上田惇生訳『非営利組織の経営（ドラッカー名著集4巻）』ダイヤモンド社、2007年
2 ドイツ皇帝の選出権をもつ有力な諸侯であったゲオルグ1世は、ジョージ1世（1660-1727）としてハノーヴァー朝グレートブリテン王国およびアイルランド王国の国王に即位した（在位1714-27）。1917年以後、宮殿に由来するウィンザー朝に改称。
3 ジョージ1世時にホイッグ党のウォルポール首相（在任1721-42）が、与党を統制して閣議を主宰し、議会の支持によって政治を行う責任内閣制を確立した。「国王は君臨すれども統治せず」の原則は、当時の責任内閣制を象徴している。
4 1753年6月7日に発布された「大英博物館法」は、1963年に新しい法律が施行され、3人の首席理事（カンタベリー大主教、大法官、下院議員）から、理事長1人になった。
5 ハンス・スローン卿は王族の主治医であり、王立学士院長を務めた医師だった。27歳のときにジャマイカ総督の侍医として西インド諸島に行き、自然史関係の収集を大掛かりに行った。帰国後も古遺物、貨幣、書籍、写本などを収集した。ココアの発明者でもある。
6 チケット727億ポンドの売上げから179億ポンドが宝くじの助成金「国立遺産記念基金」（National Heritage Memorial Fund、NHMF））として活用されて

いる（2015年3月31日現在）。

7 通称アーツ・カウンシルは、1940年にCommittee for Encouragement of Music and the Arts（CEMA）として設立し、1946年にArts Councilと改称、1994年にArts Council of Great Britainとなる。2003年よりArts Council of England。スコットランドではScottish Arts Council（1994）、ウェールズではArts Council of Wales（1994）という。

8 イギリスのミュージアム徴収は、1987年に保守党政権下で公認され、ヴィクトリア＆アルバート・ミュージアム（V&A）が5ポンドの入場料を開始した。それに倣い多くの博物館が有料化した。しかし、大英博物館、ナショナル・ギャラリー、テートギャラリーは無料を継続した。この有料化したミュージアムは入場者数が減少し、無料のミュージアムでは増加したという顕著な違いが表れた。したがって1997年に労働党に政権交代したときに、無料化によって入場者を増加すべきであると協議されるようになった。そして、2001年12月1日に無料化が施行された。その後、V&Aの入場者は、2002年230万人へ、2003年560万人、2004年600万人と順調に上昇した。

9 Rachel Cambell-Johnston "Briton of the Year : Neil MacGregor ─ 'Saint' whose charm and enthusiasm had a curative effect on the British Museum" The Times（2008年12月27日掲載記事）。

10 この番組の内容を基軸に構成された展覧会が「大英博物館展── 100のモノが語る世界の歴史（A History of the World in 100 objects）」（2015年4月18日–2016年1月11日、東京・福岡・神戸3会場で開催）。同タイトルの書籍も刊行されている（日本語版：ニール・マクレガー著、東郷えりか訳『100のモノが語る世界の歴史』全3巻、筑摩選書、2012年）。

11 1759年1月15日に開館した大英博物館には、以下のような入館者向けの規則があった。「月・水・金曜日が一般見学日（クリスマス、イースター、謝肉祭、断食日は休日）。希望者は10時から14時に本館控え室に個人名と住所を名簿に記入し申し込みをする。1時間15人ずつ、10時、11時、12時、13時、14時（1日5回）参観可能。参観者は希望者の承認後に入館証を受理し、参観に臨む。参観時の服装は小奇麗に、規則違反者は入館を断わられる。10歳以下は入場不可。係員に金銭を与えてはならない」。

12 1890年代に、アッシリア展示室の地下に講義室を設置。現在は、グレートコート地階にクロア教育センターが設備されている。

13 アレキサンドリアのムセイオンは、プトレマイオス1世（在位BC323–285）

によって建立された。当地に大図書館があったことが有名でそれとは別棟だった。文芸を司るムーサ（複数形ムーサイ）のための学問の研究機関だった。

14 パンテオン（Pantheon）は、紀元前25年、ローマ市内マルス広場に建てられたドーム型神殿。頂上部に採光用の開口部がある。現存する建造物は、ローマ皇帝ハドリアヌスによって再建（118-128）されたもの。

15 啓蒙ギャラリー（Enlightenment Gallery）の出資元：Saimon Sainsbury, The Wolfson Foundation, Francis Finlay, Heritage Lottery Fund (HLF), Pidem Fund, 大英博物館友の会, John Ellerman Foundationほか。

16 キャプテン・クックは通称。本名はジェームス・クック。イギリスの海軍士官、海洋探検家、海図製作者。太平洋を3回航海し、ハワイ島の原住民との抗争中に同島にて死去。第一次航海に同行した植物学者／博物学者のジョセフ・バンクス卿（1743-1820）は、民俗資料の収集と分類に貢献した。

17 エルギン卿よりパルテノン神殿を3万ポンドで取得（1816）し、仮説展示室で公開（1817）するが取り壊される（1831）。新しいエルギン・ギャラリーは、1832年に設立される。

18 画廊主デュビーン（理事）からエルギン・マーブルを洗浄すべきだと理事会に申し入れがあり、パルテノン神殿を常設する展示室を改修している間（1937-38）に行われた。この出来事が、新聞沙汰となり問題になった（"The 1930s cleaning of the Parthenon Sculptures in the British Museum" by Ian Jenkins）。

19 NHK取材班編著『朝鮮王朝「儀軌」百年の流転』NHK出版、2011年、など参照。

20 1856年、リチャード・オーウェン（元ハンテリアン博物館の学芸員）が大英博物館自然史部門部長に就任。1873年、サウスケンジントンに自然史部門分館建設がはじまり、1881年に完成。1881年に植物、昆虫、動物などの標本・剥製（スローン・コレクション中心）、鉱物・地質学資料、民俗資料などを移設し開館。1963年に自然史博物館として独立したが、1992年まで正式名称ではなかった。2009年にダーウィン・センターを開館している。

21 原文："For The Fallen", The Times, 21 September 1914.
邦題「倒れし者たちへ」は、ローレンス・ビニョン著、茅原道昭訳『イギリスの美術と詩における風景』（南雲堂フェニックス、2009年）の茅原の文中より引用。詩の和訳は、ジョン・マック「大英博物館：記憶の劇場」『創立250周年記念　大英博物館の至宝展図録』（朝日新聞社、2003年、p.22）より

引用。
22 サットン・フーの兜（Sutton Hoo helmet、7世紀初頭、鋼鉄、錫鍍金、鍍金）は、イングランド・サフォーク州サットン・フーで発見された7世紀アングロ・サクソン時代の墳墓（船葬墓）から出土した。
www.teachinghistory100.org（2015年12月現在）
23 ガイ・ホークスは、1605年に発覚した、火薬陰謀事件の実行責任者として捕らえられ処刑された人物の名称。イギリスの祭典「ガイ・ホークス・ナイト」として英国民に親しまれている。
24 2014年11月18日に開催されたシンポジウム「Museum of the Future」の模様は、大英博物館「Museum of the Future」サイトで音声記録が聞けるようになっている（2015年12月現在）。http://britishmuseumofthefuture.tumblr.com/

参考文献
・上田惇生『ドラッカー入門──万人のための帝王学を求めて』ダイヤモンド社、2006年
・ジョン・マック「大英博物館：記憶の劇場」『創立250周年記念　大英博物館の至宝展図録』朝日新聞社、2003年
・フランク・マクリン著、日暮雅通訳『キャプテン・クック──世紀の大航海者』東洋書林、2013年
・出口保夫『物語 大英博物館──二五〇年の軌跡』中公新書、2005年
・藤野幸雄「円型の大閲覧室」三上次男＋杉山二郎編『世界の博物館6　大英博物館──秘宝と人類文化の遺産』講談社、1977年
・三浦一郎「ミューズの遺産」三上＋杉山前掲書
・岩村忍「大英博物館と日本人」三上＋杉山前掲書
・ミヒャエル・パーモンティエ著、眞壁宏幹訳『ミュージアム・エデュケーション──感性と知性を拓く想起空間』慶應義塾大学出版会、2012年

コラム　学芸員の履歴書 2
美術館を支援する仕事

大竹嘉彦

突如舞い込んだ「出向」の話

　世田谷美術館で働き始めて3年目、出向の話を持ち掛けられた。
　その頃には分館事業課も課長以下4名の体制となり、非常勤学芸員3名が、それぞれ1つの分館を受け持っていた。私は宮本三郎記念美術館を担当し、年3回の展示替えに毎回頭をひねっていた。所蔵する宮本三郎の作品に、さまざまな角度から光をあてる必要がある。新味のある切り口を、いかに設定するかがポイントだ。1人の画家と向き合い、地道な調査を続け、その成果をささやかな収蔵品展で披露するプロセスは、若手学芸員にとってよいトレーニングになっていた。
　そうしたところに突如舞い込んだ出向の話である。行き先は「財団法人地域創造」。名前は聞いたことがあっても、いったい何をしている財団なのか、全く知らなかった。資料を読み、事業の概要はおおよそ理解したものの、具体的な仕事はイメージできない。美術館に戻ってこられないのではないか、という不安もあった。しかし、一晩考えた末、思い切って飛び込んでみることにした。最大の理由は、非常勤学芸員としての雇用期間である。

非正規雇用の学芸員

　現在、多くの公立博物館で非正規雇用の学芸員が働いている。名称や雇用条件はさまざまだが、世田谷美術館の場合は非常勤学芸員という名称で、月16日の勤務。各種保険や休暇制度は正規職員と同等だが、賞与及び退職金はない。毎年契約を更新するかたちで、多くの公立博物館と同様、最大4回の更新（通算5年の勤続）を上限としている。
　余談になるが、契約の更新は年度単位で行うため、4月1日が

区切りになる。したがって、3月15日に採用された私は、17日経ったところで1回目の更新を迎えた。ゆえに、通算4年と17日が勤続期間の上限となり、実質4年間しか働けないのだ。

　次のステップが白紙の状態だった私は、美術館の運営母体である「せたがや文化財団」（指定管理者）の正規職員試験を受け、財団事務局に籍をおいて、2006（平成18）年4月、地域創造へと出向した。

財団法人地域創造とは

　財団法人地域創造は総務省（旧自治省）の外郭団体として、1994（平成6）年に設立された。その目的に掲げているのは、「文化・芸術の振興による創造性豊かな地域づくり」だ。

　通常、芸術文化の分野を所管する国の省庁は、文部科学省であり文化庁である。旧自治省系の地域創造は、いわゆるハコモノ行政で全国に乱立したホールや美術館の活動を支援し、活性化することを主眼としている。美術そのものではなく、美術館（及び自治体）と、その地域に視点をおいているのが特徴だ。

　職員の大半は全国の都道府県から出向してきた20〜30代の公務員で、管理職は総務省から派遣されてきた現役官僚である。専門家ではない、地方自治体の職員が各地から集まり、協働して文化事業に従事するということ自体が、人材育成の機能を果たしている。

　公立文化施設を人・金・情報の各側面から支援するため、研修事業（＝人）、助成事業（＝金）、調査研究事業（＝情報）などを行うほか、音楽・ダンス・演劇・邦楽・美術の各ジャンルで、特色あるプログラムを実施している。私は、その美術部門を担当した。

市町村立美術館活性化事業のスキーム

　美術部門が行うプログラムの中心は、「市町村立美術館活性化

事業」（以下、〈市美活〉）である。これは、都道府県立美術館の所蔵品による展覧会を、全国の市町村立美術館に巡回するもので、地域創造が企画を提示し、開催館を募って実施する。

　巡回展には、企画会社が展覧会を仕立てて提供する、いわゆる「買い企画」のタイプ（多くの場合、企画協力に会社名がクレジットされている）や、新聞社やテレビ局が事務局となって行うタイプ（美術館の関与の仕方・度合はさまざまで、主催として社名がクレジットされる）などがあるが、〈市美活〉の場合は開催館同士で実行委員会を組織して、自分たちで運営する。地域創造は出品作品の骨格を担保して企画の土台を用意するのみで、展示構成やさまざまな肉づけの検討、解説の執筆、図録の編集などは開催館が共同で行う。比較的小規模な市町村立の美術館が連携して１つの展覧会をつくり、巡回展を運営していくプロセスに意味があるのだ。共同事業を通じたネットワークの形成が主眼である。

　美術館が〈市美活〉に参加するメリットは、それだけではない。そもそも巡回展は、図録の制作費や額装費、展示ケースやパネルの制作費など、共通でかかる経費を開催館で「割り勘」することにより、単館では開催できない規模の展覧会を実施できるスケールメリットがある。〈市美活〉の場合はそれに加え、開催の前年（準備年）に100万円、開催年には1,200万円をそれぞれ上限として、実行委員会に対し、総支出から総収入を差し引いた3分の2を助成している。これは大きい。

　一方、都道府県立美術館にとっても自館のコレクションを全国で展示紹介することは、活用と普及という点で意義がある。全国規模の公立美術館の連携組織としては、1982（昭和57）年に発足した「美術館連絡協議会」が先進的な活動を行っているが、地域創造の取り組みは、市町村立美術館に重点をおき、コレクションの活用を推進している点に特徴がある。

公立美術館の活性化とは何か

　美術館の連携促進も助成も、あるいはコレクションの活用推進も、美術館の活性化という、大きな目標にむけた一方策である。それではそもそも、公立美術館の活性化とは何だろうか。何をもって活性化したと言えるのだろうか。

　来館者が増えることや収入が増えること。これらも大切なことだが、あくまで指標の1つに過ぎない。より大局的な視野に立てば、美術館を心のよりどころとする人が増え、地域の人々の生活に美術館がなくてはならない存在になっていくこと、そうした、美術館のあり方の変化や成長が、活性化の本質的な意味ではないだろうか。

　そのためには何が必要か。この問いを考えるとき、地域創造の仕事で大変お世話になった、あるベテラン学芸員の話を思い出す。曰く「美術館が地域に根ざすには神輿が必要。地域住民と美術館のスタッフが一体となって神輿を担ぐことで、皆が美術館を大切に思うし、地域に活気が生まれる。各地に美術館が出来始めた頃は、そこにあるお宝（収蔵品の目玉）が神輿になった。でも開館から何十年も経つと、その効力は薄まってくる。新たなお宝を購入する予算もない。じゃあ、何が神輿になるか。それはミッションだ。独自のミッションを明確に掲げ、地域の賛同と協力を得ること。美術館が地域に根ざすための第一歩は、それしかない」。

　ミッションとは、美術館のスピリットに輪郭を与える言葉である。職員や住民だけでなく、自治体の首長や作家、美術館にかかわるあらゆる立場の人間が「神輿」の担ぎ手になることで、美術館は地域に深く根をおろし、枝葉をひろげて成長していくことが可能となるのだ。

（コラム3へつづく）

II　ミュージアムと資料

II-1：理念
「モノ」が語る「出来事」
——文化の「レーゾン・デートル」物語

新見 隆

1. ミュージアムの活性化

　ここ最近、ヨーロッパ出張では必ずオランダに寄っているが、数年前に久しぶりでアムステルダムの市立ステデリック美術館に行って、副館長と話した。展覧会の出品交渉だが、その後で学芸員の部屋をみせてもらって驚いたのは、「個人の机が無かった」ことだ。これが最新式のオフィスだな、と思われるほど「何も無く」、ただスッキリしたカフェのような空間（実際の職員用のカフェも、すぐ隣にある）に、お洒落なテーブルや椅子が並んでいるのである。資料ファイルやコンピュータはその都度ロッカーや棚から出して使い、一日終わったら仕舞ってしまう。そこで外部の人との、たとえば図録やら展示やらの打ち合わせもするし、机というかコンピュータに向かって仕事する人もいるので、どこか大学の図書館のようだ。無音コーナー（ここでは、沈黙）もあって、そこでは「執筆」のような根を詰めた仕事中のキュレーターが、PC に向かっている。

　おそらく、日本の学芸員の事務所の有様を知っている人なら誰でも、吃驚するような光景である。日本では普通、資料、手紙、図録が山のように積み重ねられ、その資料の穴蔵からキュレーターがヌッと現れるのが常で、それが学芸員の習性なのか、オフィス環境の劣悪さのせいなのか、あらためて問う意味もなくなるほどの、体たらくだからである。

ステデリック美術館は、ロシア・アヴァンギャルドの師父、カジミール・マレーヴィチや新造形派のモンドリアン、戦後のオランダにおけるアンフォルメル運動とも言えるコブラのカレル・アペルなど、近現代美術を専門にするミュージアムで、最近古い旧館につけ足すようにして、巨大な「バスタブ」のような新館を増築して話題にもなったが、あるのは市の中心部でそう大きな美術館ではなく、学芸員のオフィスも旧館の屋根裏部屋のような最上階にある。
　外国の例にならうのがよいとはつゆ思ってはいないが、オランダは日本のミュージアムにとって、ある種お手本になる国とも思われる。
　私見では、オランダはあらゆる部分に独特のユニークな人間主義、ヒューマニズムが浸透している国に思われるが、それは美術館がもっている考え方にも共通する。それは、こういう、以下に述べることである（註1）。

2.「モノ」が語る「事」＝物語る「モノ」

　僕は、根っからのキュレーターなので、言葉や言葉の論理を駆使して、人を説得しようとはあまり思わない、そういうタイプの人間だ。「モノ」を持ち出し、並べて展示し、指し示すことで、「モノ」が語ってくれる、と長年の経験で信じてしまっている。また、極端に言うと、「モノ」＝作品や資料は、たとえば、ある絵は、収蔵庫に入れてあるときには「死んでいる」が、いったん展示室に持ち出して、「適正」な関係性で、間隔と高さで、壁面に掛ければ、途端に生きて、「物語り」はじめるものだ、ということを知っている。
　「ミュゼオロジーと展示」という授業で、僕は一コマ、学生たちに、友人作家の小さな作品や本や、ガラス器や焼き物や、スプーンなど、

種々雑多に僕がゼミ室にコレクションして並べてある「作品＝資料」を、廊下に設置した木を白く塗った台にアクリルケースのカヴァーを被せた展示台に、並べてもらう、という演習を行っている。

　「まあ、これができたら、学芸員になるのは簡単さ」と冗談めいて嘯くのだが、彼らは簡単そうにみえて、この「並べる」ということが、なかなか上手くできない。というより、ほとんどが壊滅状態で、白旗を揚げたら、僕がやって見せる。僕は、「モノ」（作品、資料）の気持ちが見ればわかるので（昔は、展示の鬼、ゴッド・ハンドと、冗談じゃなく言われたぐらい、展示は得意だった）、耳を傾ければ、どの位置、どの角度で他のどの「モノ」と並び合いたいのか、合いたくないのか、はすぐわかる。画家がスケッチを執拗にするように、そういう鍛錬を飽くことなくやってきた。だから、いまも現役学芸員でいられる。

　彼らが下手な原因はいろいろあって、まず彼らがそういう雑多なものの表面的な見え方（飽くまで自分に対しての見え方）に拘りすぎていて（その実、数ミリの間隔を揃えたり、完璧に平行とか垂直とかに並べたりの、繊細さも足りていない場合が多いが）、「では、それらはミュージアムの観客にどう映るか？」に配慮していない点や、「その観客への映り方に応じて、主役脇役を配分し直して、『ドラマの盛り立て方に沿って』配置してゆく技」がないことにもよる。授業なので、できないことをできるように学ぶのは、無論当たり前なんだが。

　この演習の後で、「『芸術とは、森羅万象に対する感受性だ』と言った人がいて、その言葉を終生忘れないように」とコメントしながら、以下の内容のプリントを学生たちに渡す。

as of September 21, 2015, Geibun

キュレーターの心得
――未来のプロたちに、「ゴッド・ハンド」と呼ばれた男より。

「主体は世界に属さない。その限界である。」
　　　　　　　　　　　　ルードヴィッヒ・ウィトゲンシュタイン

明日のためのその零、
　　展示とは、「森羅万象に対する、感受性（センシビリティ）」のことである。
　　だから、繊細さを欠く者は、基本的には、キュレーターに適さない。
　　（「芸術」そのものも、また、言うまでもなく）

明日のためのその一、
　　展示とは、Lay out「レイアウト」、である。
　　そして、レイアウトとは、「モノ」と「モノ」と、その間の「気」を謀る（はかる）（プランする）ことである。
　　さらに展示とは、「活気と緊張感」、その「あわい」である。

明日のためのその二、
　　まず、「モノ」に憑かれ、憑依されよ。（「モノ」に、憑依せよ」。）

明日のためのその三、
　　「モノ」の気配を身体に入れたら、それから離れて、社会に

身を投じよ。時代を呼吸せよ。(時代を「病理(パトロジー)」として読んでよいが、展覧会には、飽くまで、ポジティヴな希望を与えよ。)

明日のためのその四、
　展示は、二点を並べることで、決まる、「合わせ技」である。

明日のためのその五、
　ミュージアムを支える欲望が「Chaos を Cosmos に整理整頓、分類」することであるとしたら、キュレーションの欲望とは、「Cosmos を Chaos に、押し戻す」ことである。

明日のためのその六、
　既存の概念に囚われるな、アナーキーであることを躊躇するな。

明日のためのその七、
　造形の基本原理、「構成」と「揺らぎ」、つまり、アポロとディオニソスを具有した両性具有であれ。

明日のためのその八、
　すぐ傍に有る「モノ」と、もっとも遠くに有る「モノ」を探せ。

明日のためのそのΩ、
　暗喩的(メタフォリカル・アソシエイション)なる想像力を、鍛えよ。

ここで、僕が何を言いたいのかというと、他の施設ではどうかは知らないが、そして非常に特殊な考え方であるのを承知で、ミュージアムでは、「モノ」＝資料作品を生かすも殺すも学芸員が、その「モノ」と「人」と「空間」のあわいの呼気を「吸って」、「モノ」に憑依できるかどうかに、かかっている、ということだ。

　ここで、よくお勉強しておられる人なら、音楽学者のテオドール・アドルノという人が世に紹介した、ミュージアムについての、2人の文学者ポール・ヴァレリーとマルセル・プルーストの、美術館をめぐる論考を思い出す方もおられるかと思う。以下、自分勝手流に引用翻案する (註2)。

　堀辰雄が『風立ちぬ』で引用した名文句の出てくる「海辺の墓地」の詩人ヴァレリーは、どうも、美術館をむしろ「死んだ作品の貯蔵所」として嫌悪感を抱いていたようだ。一方の、大作『失われた時を求めて』で文学史に屹立するプルーストは逆で、「ミュージアムのなかで、観客に見られることによって、作品＝芸術、は育てられる」と考えたようだ。20世紀初頭にメディアとして伝播しかけていた写真に対して、非常に新鮮なもの、可能性に富んだメディア、表現、芸術として注目したプルーストならではの見解ではある。

　なおアドルノ自身は、ドイツ語の霊廟 MAUSOLEUM とミュージアムの綴りが似ていることを指摘しながら「ミュージアムとは、芸術の墓場」であると批判する（彼やヴァレリーにとっては、「芸術」が生きているのは、作家のアトリエ、だそうだが）。まあ、ヴァレリーの嫌悪もアドルノの批判も一種の極論、暴論だが、考えようによっては納得できる視点をも含んでいる。

　ここで、僕がさらに強調しておきたいことは、作品＝資料をミュージアムで展示するとは、歴史的な有名人物の銅像を町中に建てることと正反対に、「いま、ここ」、「この僕らが生きる現代に相応しく」作

品＝資料を「生きたモノ」として、蘇らせることなのだ、という不変の真実である。

3. 自らの文化のアイデンティティとして

　いま手元に、2013（平成25）年6月10日に、オランダの教育文化科学相が、議会に提出した、「美術館博物館政策に関する覚え書──相互協力による強化」なる文書がある。全体は、4月13日の、ライクス美術館の、改装再オープン以降の、オランダのミュージアムの現状と収蔵作品の点数や、状況を俯瞰しながら、問題点を洗い出し、その解決への提言を行っている（註3）。

　オランダには1,000を超える国内ミュージアムがあり、49が公立であり、うち31が教育文化科学省による運営で、それ以外の18は、他省によるそうだ（健康福祉スポーツ省が運営する『第二次大戦下の、ユダヤ人〔ジプシーなど〕収容所などを歴史遺産とするミュージアム』や、外務省による『シーボルトハウス』、防衛省による『海の博物館』など）。

　これらのミュージアムが、年間2,000万人を来館者として受け入れ、うち450万人が18歳以下。外国人観光客1,000万人中、40％が1つかそれ以上のミュージアムを訪れている。さらに、2012年の「マウリッツハイス美術館展」（東京都美術館、神戸市立博物館）が、「世界でもっとも成功した展覧会である」ことにまで、言及している。

　問題点としては、「収蔵作品に関して、あるいは運営に関して、ミュージアム相互の協力が行われていないこと」「収蔵作品の多くが、収蔵庫に眠ったままで、一般観客がアクセスできない状態になること」「59％のオランダ国民が自国の文化財に無関心で、ミュージア

ムに行こうとしないこと」「ミュージアムへの公的資金導入が難しくなり、経済危機のせいで一般企業のスポンサーシップも難しい。レジャー産業の伸びに対抗して、ミュージアムはあらゆる努力を惜しまず、その地位の、遥か次世代への維持に努めないといけないこと」「いくつかの具体例に示されているように、コレクションは完璧に保存維持されているとは、言い難いこと」などがあげつらわれている。驚くべきことは、これがそのもの、日本のミュージアムにもピタリと当てはまることであって、「いずこも同じ」に、ため息が出そうな気すらする。

　ここで注目したいのは、その冒頭に、括弧囲みで謳われているライクス美術館の再オープンに触れた文言こそ、「（ライクス美術館の）その作品群は、個人として社会として我々がどこから来て、いったい何ものであるのかを示す」というものなのである。無論社会というのは、オランダ人がつくった「オランダ」という国家を示す以外のものではない。このメモランダム（覚え書）をそういう視点で見てみると、「作品とは、自らの文化のよって立つところのもの、その存在理由を解き明かすためのもの」、「その＝自らが何ものであるのかを知る、理解する、唯一無二の手掛かりであり、縁となるもの」であることが主張されているのがわかる。

　かのゴーギャンの『ノア・ノア』じゃないが、「私たちは何処から来りて、何処へ行くか」というこの人間存在の大命題に、まっしぐらに向かっているのが、ミュージアムが所蔵する作品、博物館が所蔵する資料、であるようなのだ（註4）。つまり文化のアイデンティティの問題、その根拠そのものであるかどうかはわからないが、少なくとも、それを解き明かす、最も必要不可欠のものが、作品、資料であるのだ。

　グローバル化が言われて久しいなかで、僕も学生に、「自らの文化を体現せよ」と言い続けてきた。好むと好まざるとにかかわらず、外

国に行って、あるいは異文化の人と交流し仕事して、訊かれるのは等し並みにこのことだからだ。

では、文化とは、いったい何であるのか？

昔ある人が、「そりゃ、銭湯と豆腐屋だよ」と言ったことがあって、人間の普段の日常生活こそが文化で、その在り方、佇まいが文化でなくて、何が文化なの？と、おそらくその人は言いたかったのだろう。非常に個人的にも、共鳴できる考え方ではある。だが、至極常識的に言って、坂口安吾の、かの有名な『日本文化私観』じゃあるまいし、「法隆寺なんかなくなって駐車場になったって、日本人の美意識や文化は、微動だにしない」と自信をもって言える人はごく少ないのじゃなかろうか (註5)。

それに、日本のアイデンティティを海外からやって来た友人に見せるのに、銭湯と豆腐屋も、秋葉原も、それなりに説得力はあるが、「もっと他には？」と問われて一日しか滞在時間がなかったら、やはり、誰しも「国のお宝」が集う上野の東京国立博物館（通称東博）と、民衆の生活、その最高位の美意識が集う「民藝」の殿堂、駒場の日本民藝館に伴うのではなかろうか？　僕自身もそうやって、多くの海外の美術館仲間をもてなして、喜ばれてきた事実がある。

安吾は、文化は「見えるモノ」ではない、と主張したわけだが、僕もそこに一面の真理を窺う者ではあるけれど、やはり、誰でもわかる「見えるモノ」は、アイデンティティを知らしめる（自らに、そして他者に）のには、断然強いと言わざるを得ない。

例の「覚え書」に戻ると、次に重要なポイントとして「ミュージアムと教育」というのがあげられていて、括弧囲みでこうある。「19世紀オランダの役人にして政治家だった、ヴィクトル・デ・ストアは、かつて『もっとも無くてはならない、人間教育のための道具が、ミュージアムである』と言った」。さらに、こう続ける。「知識を伝え、

創造的な技術を産みだし、芸術的審美眼を育てることは（筆者註：つまり教育は）ミュージアムの機能の柱であり、過去が現在に対して、継続的にかかわっている、という歴史的知見を産む、手助けをする」。

それは、先のミュージアム同士、文化遺産にかかわる施設同士の連携を主張した関点と同じく、教育において、学校や他の研究機関との連携を即している。まあ、当然の成り行き議論であろうか。

歴史とは、教科書で学ぶような「王朝交代や、政権交代」の「大文字史」ではなく、いずれにしても、今日の私どもが存在する「レーゾン・デートル」であって、「死んではいないもの」「いまも生き続ける（人間が生き続ける以上）もの」という、確固たる認識がそこにはある。このあたりは、歴史の検証というとすぐ闇雲に、有名武人の銅像を立てたがる（まあ、これはヨーロッパ文化の真似、エピゴーネンなわけでして）日本としては、いささか耳の痛い話ではある。

そして、この教育科学文化相は、MoMA（ニューヨーク近代美術館）の先駆的例を引きながら、オランダでもアルツハイマーの患者をミュージアムに連れて行くことで、「長く残る記憶」を身体に新たに植えつける医療的効果すら、ミュージアムにはある、と付言もしているのである。やはり、これは「モノ」の力でなくて、何であるだろうか。

4. クンストハーレなるものの功罪

僕が駆け出しの、アシスタントのそのまたアシスタント・キュレーターとしてミュージアムで働きはじめたのは、1980年代の初頭、東京においてである。そのミュージアムは、当時ドイツで出はじめていた「クンストハーレ」（英語でアートホールとなるか）という、コ

レクションをもたずに、企画展ばかりを打ってゆく「展覧会専門のミュージアム」だった。

　その実、東京での西武美術館（後のセゾン美術館）は、兄弟館とも言い得るコレクションを中心に常設展を行うミュージアムを財団法人の形で軽井沢に、軽井沢高輪美術館（先代の古美術収蔵館が、港区の高輪にあったものの新装移転。後のセゾン現代美術館）としてもっていた。

　西武百貨店の12階にあった西武美術館は、故堤清二さんの考えるミュージアム・スピリット満載の「前衛の拠点」であった。それは僕が大学4年間、他のどのミュージアムよりも通い詰めたことで知れる（註6）。

　西武美術館は、1975（昭和50）年9月5日、「日本現代美術の展望」という、ガチガチの前衛路線の直球企画によってオープンする。それは堤清二さんの「時代精神の拠点」たるべし、という果敢なる戦闘スピリットの賜物であった。それは、すでに代表取締役店長に堤さんが就任した1961（昭和36）年に、「クレー展」が行われていた（僕は、3歳だ！）し、またその記念図録出版が、草月出版から、瀧口修造＋杉浦康平の装丁（！）で出ている、などといういまから思えば、夢のような事実で知れる。

　そしてその「夢のような前衛！」は、何と以降、日本一の巨大ターミナルだった池袋駅の上に建つ百貨店の最上階で、実に38年間も続くのである。いまの東京に、そして過去の巨大都市に、40年近くも続いた「前衛の拠点」など、皆無である。

　当時僕は、デザインや建築の展覧会を多く企画していて、はじめは「お隣の百貨店で売っている商品を、何故美術館で見せてお金を取るのか」というような冗談のような批判もあったようだが、逆に「膨大なモノの山＝消費化と都市化がパンク寸前の臨界点に達した」80-90

年代だったからこそ、「ミュージアムで、そのポストモダン的検証をする」という「モノの物語」が、「前衛の拠点」として、成立していたのではないか、といまから振り返る。

「クンストハーレ」は、「物語」が紡ぎにくい、ひじょうに難しいミュージアムの形式である。堤さんと僕らは、それを逆手に取ってメガロポリス東京のど真ん中で、「文化の批判的拠点」を演出した。あるいは、演出できた、のだと思う。

逆に、いまの 2015（平成 27）年の東京で、コレクションをもたない「クンストハーレ」が成立するか、というと、それには僕はかなり批判的である。六本木や、丸の内に企業ミュージアムはあるが、そこに「文化のアイデンティティ」のスピリットに欠ける気配が漂う、一抹の寂しさを感じるのは、僕だけだろうか。

手前味噌になるが、大分県は 2015 年 4 月末に、それまで 1977（昭和 52）年から県の芸術会館として収集してきた 5,000 点の作品を引き継いで、新県立美術館を開館させた。県が集めてきたのは、主に大分県に生まれ（育った）、それぞれの時代の日本美術の牽引者であった作家たちの作品群である。重要文化財もある。竹田の豊後南画のリーダー田能村竹田から、近代日本画の革命家福田平八郎、髙山辰雄、日田の東洋的抽象画の宇治山哲平、名匠生野祥雲齋（人間国宝）を中心とした竹工芸。ミュージアムとして、竹工芸については、質量とも日本一ではないかと自負している（註 7）。

つまりこれらは、「現代の大分県民が、自らの文化のアイデンティティとして、誇る、大分の美の宝」である。僕はさらにこれら大分の「大きく言って（ルネサンス以降は近代と考えるので）、モダン大分芸術」の特徴は、「生の揺らぎを基調にもった、ロマン派的、ディオニソス的（アポロ的古典主義に対して）」特徴を有していることと考えていて、開館以来の企画展の基本方針、ポリシーも、「大分のヴィー

ナス性に現代的な焦点をあてること」と定め、「コレクションをより主役として引き立てるために、国内外有数のミュージアムから、モダンな優品を積極的に招来して、並陳する」という、これまで日本のミュージアムがほとんどやってこなかったことに挑むこととしたのである。

　ヨーロッパ近代に学んだ日本のミュージアムが踏襲してきた、「素材別、国・地理別、時代別」に整理整頓して、展示するという「西欧近代型」に異を唱え、コスモスに整理された「モノ」をキュレーターの「千利休的審美眼ともてなし」によって、再び「カオス」＝作品の時空を超えた取り合わせの妙、に押し戻す、という日本初の試みに挑戦中である（註8）。

5. コレクションとアーカイヴ

　最後に、現在重要になってきている、アーカイヴについて、お話しをしよう。

　日本がヨーロッパからミュージアムを移入してきたプロセスで、コレクション（作品）が重視されたのは、否めないし、致し方ない過程であったと思う。

　オランダのゴッホ美術館のアーカイヴには、ゴッホが晩年集めて、使っていた「毛糸」が資料として保管され、研究されている。ゴッホはどうやら、この毛糸を撚り合せたりしながら、キャンヴァス上の絵の具の配置によって、それがどう見えるかを検証していたらしい。

　「毛糸」は、ゴッホの作品ではないが、ゴッホの作品を読み取るために、重要な資料であることは誰が見ても明白なので、捨てる訳はなく、保存して、研究することになる。この「毛糸」と「作品」の関係

が、コレクションとアーカイヴの関係を典型的に表しているだろうか (註9)。

世田谷美術館には、分館施設というのがあって、宮本三郎、向井潤吉、清川泰次という3人の画家の旧宅やアトリエが、そのまま作品とともに保存され、公開されている(本書のコラムも参照してほしい)。僕が、学芸顧問をしている香川県高松市のイサム・ノグチ庭園美術館も、同じように個人作家のアトリエ住宅を保存公開する、ミュージアムである。

世田谷は、戦前から都市郊外の田園地帯として知られていて、そこに暮らした芸術家たちも多い。彼らが亡くなって、美術館は、ときに作品などの寄贈を受けることになる。作家たちが暮らしたアトリエや家に遺された、油絵やらその他の生活道具、それをどこまで貰って美術館にもってくるか、それが問題になる。

一昔前なら、本絵はまず貰う、下絵スケッチもまあ、展示のやり方で使い道(適切な言葉ではないかも知れないが)は、あるから貰っとこう、スケッチブックもね。手帖とか(ウィーンで友人が預かっている、世紀末のクリムトの最晩年の手帖に描き込まれた「死と花嫁」のスケッチの、息をのむ面白さ!を思い出す)やはり、欲しい。

じゃあ、作品ではないが、日記はどうする? 家族アルバムは? 几帳面な人で、夫ながらつけていた家計簿は? 洋服は? 手に馴染んだ愛用のコーヒーカップは? 世界中で集めた民藝品や郷土玩具は? カメラ狂で、旅行中に撮った写真は? 蔵書は? どれ1つとして、その作家の作品や生涯や、活動を感じ考え知るための手がかりとして、「捨ててしまってよい」ものは皆無だ、と人は誰しも気づくだろう。

ここらへんで、コレクションとアーカイヴの境目の問題が出てくるのだが、一般には、コレクションは作家の作品、アーカイヴはそれを

補完して、理解の手助けとなる主に紙に書かれた（主に文字？の）資料と大まかに理解すればよいとは思うのだが、そこらのボーダーは曖昧で、逆にその区別を厳密につけるのが本質的な問題ではないことも、わかってくる。

世田谷区のとった分館活動に敬意を表するし、逆に収蔵庫に限りがある何処のミュージアムにおいても、今後も膨大に膨れ上がるだろう資料作品に、嬉しくも困らされるのが、現在のミュージアムの実情だろうか。

最後に、この日本では導入の最も遅れたアーカイヴを、逆に「モノをもたない」新しいミュージアムの在り方として、極めて戦略的、戦闘的にここ十数年、展開してきたのが、母校慶應義塾のアート・センターという組織、機関である（註10）。詩人、美術批評家として戦後の日本美術を牽引した瀧口修造、前衛舞踏の創始者土方巽他のアーカイヴを擁して、戦後前衛の時代と運動に、ユニークで類例のない光をあててきた。

「作品は他所へどうぞ（現に、瀧口修造の場合、デカルコマニーやデッサンなどの「作品」は、出身地富山の県立近代美術館や多摩美術大学にある）。そのかわり、うちは、アーカイヴ『手紙や、手記、旅行の資料』で、瀧口に新たな光をあてます」と堂々と言い放って、それを現実にやってのけている。アーカイヴの基本作業は、資料の読み込み、入力、データベース化などの、膨大なる人的作業の総体である。そしてその管理マネージメントである。

恥ずかしいことに、現在も当センターの訪問所員であるが「宿命的な、モノ屋キュレーター」である私は、恩師たちが1993（平成5）年に立ち上げたこの新組織、この新機関が、発足当初、いったいどういう活動をやろうとしているのか、皆目ちんぷんかんぷん、であった。

その後、家具道具室内史学会の発足の会で、前田富士男先生に基調

講演をお願いしたが、その講演でポップ・アートのパイオニアであるリチャード・ハミルトンを、優れて「アーカイヴ的」作家と分析され、「アーカイヴ」的行為が、如何に「創造への契機」になるかを、「アーカイヴ」が潜在的にもっている創造的欲望にまで及んで、力説された。それは、私にも、長年憧憬してきた、アメリカのシュルレアリスト、箱の作家ジョセフ・コーネルをみれば、明らかというか、ひじょうに納得がゆく議論であった。

　ここでは詳しくは紹介しないし、本心で今昔の感ありだが、アート・センターのその先見の明、そして包括的かつ、果敢に刺激的な活動を牽引してこられた先輩方に未だに、止まぬ敬意を持ち続けている、とだけ言っておこう。

註

1　よく言われるのは、アムステルダムなどの主要大都市も、海洋交易の街であって、王宮がありながらも、そこが中心でなく、飽くまで港が中心であって、極めて民主的で、市民層がロイヤル・ファミリーに寄り添って都市に暮らしていることだ。
　（よいことかどうかはわからないが）マリファナなども早くから解禁して「大人の判断に任せる」非管理型の政治が基本だし、30年代からの社会主義的な廉価で簡素な共同住宅を、積極的に政府がつくった。運河沿いの倉庫を若い人々に開放していた時代もあった。ヒッピーにも優しい、自由主義の風土がある。さすが、交易で得た利益を基に、ヨーロッパで先んじて17世紀の市民社会をつくった国だけのことはある、といつも感心する。そこに美術の勃興もあったのは、光の作家フェルメールと闇の作家レンブラントをみれば知れる。
　それは政府の文化政策にも、現れていて、「第二のゴッホ」を生もうと作家や芸術育成に積極なのは、お家芸だが、驚いたのは、1990年だったか、国家建

造物芸術法（？）のような法律が施行され、一定以上の大きさの建物すべてに、その建築費の1％を美術作品の設置（作家への委嘱制作）にあてることを義務化したことだった。その当時、「デ・ステイル1917–1932」展（セゾン美術館ほか、1997–98年）の出品交渉で、しょっちゅう行き来していた私は、ある元ステデリック美術館学芸員が、「来年から、その作家選定のためのアドヴァイスをする、国家学芸員」になるので、忙しくなる、と漏らしたことを覚えている。

2　記憶で書いているので、どうか詳しく（正確に）は、テオドール・W.アドルノ著、渡辺祐邦＋三原弟平訳『プリズメン――文化批判と社会』（ちくま学芸文庫、1996年）を是非、参照されたい。

3　オランダ教育文化科学省のウェブサイトよりダウンロード。以下は、すべて、"Museum Policy Memorandum ― Strength through cooperation"(Letter to Parliament by the Minister of Education, Culture and Science, 10 June 2013) による。訳や解釈、注釈は、本文の通り、筆者が行った。

4　ポール・ゴーガン著、前川堅市訳『ノア・ノア――タヒチ紀行』（岩波文庫、1960年）を参照されたい。というより、くだんの大作、ボストン美術館にある、かの作品のタイトル、と言った方が早いだろうか。

5　ここも同様記憶で書いているので、興味のある方は『日本文化私観――坂口安吾エッセイ選』（講談社文芸文庫、1996年）他、岩波文庫などの、原典にあたっていただきたい。さらに別の「日本文化論」的アプローチをも知りたい方は、私はしばしば、芸術文化学科の学生には、伝統論争時代、昭和初期の「日本文化論三名著」として、和辻哲郎『風土』、九鬼周造『「いき」の構造』、そして奇書（どうしてか、というと、ちょっと不思議な、艶色老人の戯言的部分もあるので）谷崎潤一郎『陰翳礼讃』を紹介している、と記しておきたい。

和辻哲郎『風土――人間学的考察』（岩波文庫、1979年）／九鬼周造『いきの構造 他二篇』（岩波文庫、1979年）／谷崎潤一郎『陰翳礼讃』（中公文庫、1995年）。

6　一般に出回っている本、図録ではないが、セゾン美術館閉館に際して、発行された記録集的存在がセゾン美術館編『西武美術館・セゾン美術館の活動1975–1999』（セゾン美術館、1999年）であって、現在も図書館や古書店とかで探せば、見つけることは十分できるもの。

7　『美の宝、大分：大分県立美術館作品選：1977→大分県立芸術会館、2015→

大分県立美術館』（大分県立美術館、2015年）は、私共、新生大分県美がこの度新たに発行した、県のコレクション（収蔵作品、資料）の図録である。

8 学生へのプリントでも、そう言っているが、近代的美術館博物館の基本運動を、「カオス→コスモス」的行動と評するのは、今日では常識的知見になっているものだろうが、これを最初に聞いた（読んだ）のは、はるか昔90年代に、亡き多木浩二さんが、ミュージアムについて対談されたもののなかで、あったように記憶する。そこから、借りている。「生のゆらぎ」とは、イサム・ノグチの彫刻の本質を、亡き詩人にして彫刻家飯田善國さんが、指摘された言葉。本書「組織・人材1」の、拙論の註1を、参照のこと。

9 国立ゴッホ美術館の会報か、季刊誌で紹介された記事（学芸員の書いたもの）で読んだ記憶で書いた。詳しく知りたい方は、ゴッホ美術館のウェブサイトなどで検索の上、原稿を入手されたい。

10 初代所長は、仏文の恩師の1人、フランス18世紀の碩学鷲見洋一先生、二代目所長は、クレーなどドイツ美術の前田富士男先生であった。そして、いくつかの展覧会を経て、瞠目すべき、『瀧口修造1958 ──旅する眼差し』（慶應義塾大学アート・センター、2009年）を上梓したのは、アート・センターのキュレーター渡辺洋子さんの功績であり、それを支えた組織的戦略であった。

II-2：収集 1
日本民藝館のコレクション
——柳宗悦の蒐集をめぐって

杉山享司

1. ミュージアムとコレクション

　コレクションは、ミュージアム活動の要である。ミュージアムは「資料の蒐集・保管」「資料の調査・研究」「資料の活用（展示や教育普及）」といった機能をあわせもつ文化装置であるが、その機能はすべて資料の集まり、すなわちコレクションを起点としている。

　言うまでもないが、コレクションは資料の蒐集からはじまる。これは抽象的な観念や思想などを形象化するための最初の手続きであり、これによってミュージアムの姿がしだいに形成されていくのである。

　ある価値観に基づき体系的に集められた資料群を、我々はコレクションと呼んでいるが、コレクションはミュージアムと人々を直接結びつける媒介物であるのみならず、ミュージアムの理念を形象化するシンボルとも言える。つまり、コレクションはその館の思想や理念を映し出す鑑なのだ。

　このことは、個人における蒐集についても同じことが言える。「書は人なり」と言われているが、同様に「蒐集も人なり」と言えよう。書が、その人となりを正直に描き出すように、蒐集という行為も、コレクターの人柄や美意識を見事に映し出す。蒐集もまた 1 つの自己表現なのである。

　さて、全国に数多くのミュージアム（特に美術館）が存在するが、そういった意味でオリジナリティに富むコレクションをもつミュージ

図表1　柳宗悦(62歳)。日本民藝館にて　1951年撮影

アムは、はたしてどのくらいあるだろうか。多そうでありながら、実はそうでないのが現状ではなかろうか。

本稿では、日本民藝館を実例にあげながら、創設者である柳宗悦(むねよし)（1889-1961、図表1）の足跡や蒐集家としての理念、そして美術館に寄せる想いなどに触れながら、柳が中心となって構築したオリジナリティに富むコレクションについて紹介していきたい。

ちなみに、「蒐集」と「収集」は同じ意味をもつ漢字で、ともに「しゅうしゅう」と読む。本来は「あつめる」という意味で「蒐」の字が使われていたが、戦後に常用外となり、「収」に置き換えられた。しかし、「収集」では単なる物理的な行為の感が否めないので、精神的行為の意を強調するために、本稿ではあえて「蒐集」を用いることにしたい。

2. 民藝運動の父、柳宗悦

　まずは、「民藝」という言葉の生みの親である、思想家の柳宗悦（通称：やなぎそうえつ）について紹介する。

　柳宗悦は1889（明治22）年、現在の東京都港区に柳楢悦(ならよし)・勝子の三男として生まれた。父は海軍少将で和算家としても知られて、母は嘉納治五郎（教育家で講道館柔道の創始者）の姉である。学習院高等科卒業の頃に、武者小路実篤、志賀直哉らと雑誌『白樺』の発刊に参加する。柳は、西洋の芸術文化や宗教哲学に関心を深め、美術の分野

ではゴッホやセザンヌといった後期印象派の画家をはじめ、彫刻家ロダンなどの紹介につとめた。なお、同誌は人道主義・理想主義・個性尊重を標榜する総合芸術雑誌として、若い芸術家や教師たちに大きな影響を与えていった。

　1913（大正2）年に、東京帝国大学哲学科を卒業。このころより、英国の神秘的宗教詩人で画家でもあったウィリアム・ブレイクに傾倒する。啓示とも言える自らの神秘体験に基づくブレイクの芸術は、宗教と芸術に立脚する柳思想に大きな影響を与えていった。そして、これを契機にして、柳の関心は二元的対立を超えた純粋な意味の世界に向けられ、宗教的真理と根を同じくする「美」の世界へも眼が注がれていく。

　その後、浅川伯教(のりたか)を介して朝鮮陶磁器（図表2）との運命的な出会いを果たし、その美しさに魅了された柳は、1916年以降たびたび朝鮮半島に渡る。そこで柳の心をとらえたものは、仏像や陶磁器などのすぐれた造形文化の世界であった。そして、その美しさに魅了された柳は、それを生み出した朝鮮の人々に対して敬愛の心を寄せることとなる。柳は、日本政府による植民地政策を批判する文章を発表する一方、1924（大正13）年には、朝鮮民族美術館をソウルに開設する。そこに陳列された品物の多くは、朝鮮時代の無名の職人によってつくられた民衆の日用雑器で、柳はそれまで誰も顧みることのなかった、生活に厚く交わる工芸品のなかに、驚くべき美の姿があることを発見したのであった。

　朝鮮工芸との出会いによって開眼された柳の眼は、自国日本へと向けられてい

図表2　染付秋草文面取壺（18世紀前半、高さ12.8cm）。柳と朝鮮を結びつけた記念の品で、元来は瓢箪型の瓶の下半分であった

く。まず、柳の眼を引きつけたものは、木喰仏(もくじき)（図表3）と呼ばれるこの江戸時代の民間仏であった。柳はその調査を志し、木喰仏が奉納されている村や町の寺々を訪ね歩き、300体以上にわたる仏像を発見していった。なお、その調査の旅は、同時に地方で用いられている民間の日用雑器の美を発見する旅ともなった。

その頃のことを、柳の仲間の1人である医師の式場隆三郎は「私は駄菓子屋の店頭から大きな馬の目皿が発見され、一膳飯屋からにしん皿がみつけられ、寺の仏壇から伊万里の香炉や線香立や花立などがみつけられた光景を想い出す。木喰仏発見の悦びは、副産物としてこうしたものの発見で二重に大きかった」（「木喰上人の民藝仏」『月刊民藝』1941年9月号）と、述べている。

民衆の暮らしのなかから生まれた美の世界。その価値を人々に紹介しようと、陶芸家の濱田庄司（1894-1978）や河井寬次郎（1890-1966）と図り、「民衆的な工芸」あるいは「民間の工芸」の意

図表3 「木喰仏」（地蔵菩薩像、1801年、高さ70.0㎝）。柳が1924年に甲府市郊外の旧池田村の旧家で発見した民間の木彫仏。作者は、木喰上人という遊行僧

図表4 1926年、柳は陶芸家の富本憲吉、河井寬次郎、濱田庄司の賛同を得て、4人の連名で発表。民藝品の公開展示のみならず、調査蒐集や保存管理するための美術館施設の設立計画を始動させていった

味から、「民藝」という言葉をつくったのは 1925（大正 14）年のことであった。ちなみに、「民藝」の意とは、柳が『民藝とは何か』（昭和書房、1941 年）のなかで述べているように、「民衆が日々用いる工藝品」であり「実用的工藝品の中で、最も深く人間の生活に交る品物の領域」である。

　さらに 1926 年には、民藝美という新しい美の標準を提示するため『日本民藝美術館設立趣意書』（図表 4）が発表され、1928（昭和 3）年には、民藝美論を骨子とした、初の本格的な工芸論『工藝の道』（ぐろりあ・そさえて、1928 年）が刊行された。

　正しい工芸の特性について柳は、鑑賞よりも実用が重視されたもの（実用性）、無名の工人達によって造られたもの（無銘性）、分業体制により多産されたもの（分業性・複数性）、誰もが買い求め易い廉価なもの（廉価性）、継続的な労働によって得られる熟練技術を伴うもの（労働性）、地域の風土や文化が造形に反映されたもの（地域性）、先人達の知識や技術の積み重ねが継承されたもの（伝統性）である、と説いている。そして、用と美が結ばれるものが工芸であり、工芸の美は「健康の美」であり「無心の美」であると、民藝美論の骨子を集約したのであった。

　この「民藝」という新しい言葉の登場によって、それまで俗に「下手物」と呼ばれ、およそ美的価値などとは無縁のものと考えられていた民衆の日常品に、新たな評価の光が当てられていくこととなった。

　柳の思想に共鳴する人たちもしだいに増え、各地での民藝品の調査蒐集や展覧会が盛んになるなか、1931 年には雑誌『工藝』が創刊される。この雑誌は、「美の生活化」や「手仕事の復権」を促す民藝運動の機関誌として、重要な役割をはたしていった。

　1934（昭和 9）年には民藝運動の活動母体となる日本民藝協会が発足。そして、機が熟すなか、倉敷紡績など数多くの企業を経営する実

業家大原孫三郎などの支援によって、1936年、東京・駒場に「日本民藝館」(図表5)が開設される。完成すると柳は初代館長に就任し、1961(昭和36)年に72年の生涯を閉じるまで、ここを活動の拠点とした。なお、1957年には文化功労者、1960年には朝日文化賞を受賞している。

図表5　建築中の日本民藝館　1936年撮影

3. 日本民藝館とそのコレクション

　日本民藝館の設立は、柳宗悦自身はもちろん濱田や河井など周囲の工芸家たちも熱望していただけに、その喜びは格別なものであった。
　柳はその喜びを「私はよくこういうことを想像します。もし民藝館のような仕事を誰か他人が何処かで企てているとしたら、どんなに私は感心するであろうかと。そうして誰にも劣らず讃辞を惜しまないであろうと。」(「日本民藝館について」『民藝とは何か』)と述べている。
　また、開館式を紹介する当時の新聞記事に、柳は「民藝の集成を思い立ってから十年余りやっと望みが叶いました。欧州を巡って見て日本の民藝は内容といい質といい決して遜色はないという確信を得たので、美しいもの芸術的にすぐれたものを唯一の条件として集めたので規模は小さいが中味は整っているという自信があります。在来のものばかりでなく将来の民藝の発達にも貢献したいので随時に現代民藝の展覧会をやる積りです」(「東京日日新聞」1936年10月9日)と、その抱負を語っている。

以来、柳とその仲間たちは日本民藝館を拠点にして、展覧会を中心に、内外への民藝品の調査や蒐集の旅、正しい伝統を継承する各地の民藝品の紹介やその保護、そして新しい民藝品の製作指導などに邁進していった。

その旺盛な活動を後押ししたのは、これまで常に歴史のなかに埋没していた「民衆」という存在への共感や、しだいに失われていく民族や地域固有の文化に対する危機感や喪失感であった。そして、華美な美術工芸品が流行していた当時の工芸界や、機械時代を背景とした大量生産品に席巻されつつあった生活文化を憂い、柳は無定見に変質していく社会の状況に対し警鐘を鳴らしたのである。

さて、主な実践活動としては、1930年代から40年頃にかけての東北地方や九州、沖縄など日本各地への民藝調査や蒐集の旅、そして新作工芸の指導などがあげられよう。特に沖縄には、1938（昭和13）年から1940年にかけ4回にわたる工芸品の調査と蒐集を実施した。土地の材料と伝統を重んじた手仕事の数々は、まさに民藝の宝庫を見るおもいであったという。その後、不幸にも沖縄は戦争で尊い人命とともに、多くの文物が灰燼に帰してしまった。このことを考えあわせると、柳たちがそのときに持ち帰った陶器（図表6）や染織品などの一群は、掛け替えのない日本の宝と言えよう。

沖縄以外で特筆すべきは、東北地方の民藝調査である。柳は地方工芸の正しい発展を願い、1937年以降たびたび出向いている。そして、その際に蒐集した蓑や背中当などの民具の展覧会の実施や、秋田県角館特産である樺細工の伝習会を

図表6　鉄釉御殿形厨子甕（壺屋焼、沖縄、18世紀）。厨子甕（ジーシガーミ）とは、洗骨した遺骨を入れるための甕

図表7　アイヌ木綿切伏衣裳（19世紀、丈121cm）

開催するなど、新作意匠の試みを実践していった。その活動は、地方の職人達の精神的支柱となり、各産地の復興に少なからず貢献したのである。

アイヌ工芸（図表7）や台湾先住民の工芸文化の紹介も、忘れてはなるまい。民族固有の文化に価値を見出した柳の眼差しは朝鮮民族や沖縄の人々にとどまらず、日本の北方に暮らすアイヌ民族や台湾先住民にも向けられた。自然との深いつながりや、敬虔(けいけん)な祈りの心から生まれた暮らしの造形物に、本能的とも言える神秘的な美しさを見出したのであった。

現在、日本民藝館には、陶磁器・染織品・木漆工品・絵画・金工品・石工品・竹工品など、古今東西の諸工芸品が約17,000点収蔵されている。

なかでも、丹波・唐津・伊万里・瀬戸・九谷等の日本古陶磁、日本各地の筒描布や東北地方の被衣、大津絵や物語絵巻、日本漆工や木喰仏、沖縄の陶器や染織品、アイヌ衣裳やアイヌ玉、台湾先住民族の衣裳、朝鮮時代の陶磁器・木工・絵画、英国の古陶スリップウェアなどは、国の内外で高い評価を受けている。また、柳の盟友として民藝運動を支えた陶芸家のバーナード・リーチ（1887-1979）、富本憲吉（1886-1963）、濱田庄司、河井寬次郎をはじめ、染色家の芹沢銈介(せりざわけいすけ)（1895-1984）、版画家の棟方志功（1903-1975）、木工家の黒田辰秋(たつあき)（1904-1982）らの作品も数多く所蔵しており、国内有数のコレクションとして知られている。

さて、日本民藝館の建物の特徴について触れておこう。本館の外観は西館（旧柳宗悦邸）長屋門の建築意匠を取り入れており、外壁は上

部を漆喰で塗り込み、壁面の腰から下には耐火性を高める意味もあり大谷石を貼り巡らせてある。陳列室の構成は、平面図的に見ると左右両翼に配置された小陳列室の奥には大広間（大陳列室）がつながっている。

　外観・内観ともに和風意匠を基調としながらも、随所に洋風を取入れた建築様式となっているのもこの建物の特徴で、昭和初期のモダニズム思潮の現われであろう。一階の床には大谷石が敷き詰められ、二階へと誘う左右に拡がる正面大階段や二階回廊の手摺は洋館の佇まいを感じさせる。また、陳列室の内壁には葛布が貼られ、窓からの採光には日本の伝統である障子を用い、温かい雰囲気を醸し出すように工夫されている。

　また、本館の西側と南側に巡らされた大谷石を用いて築かれた塀も、同時期に設けられたもので、本館正面にあたる西側中央に門一所を設けている。門柱は上部に小屋根を設け和風の意匠とするが、門口部及び西南隅部を曲線状につくる近代的な意匠で、独特の雰囲気をつくり出しているのも興味深い。ちなみに、本館（旧館部分）及び石塀は、1999（平成11）年に国の有形文化財に登録された。

　柳宗悦の没後は、二代目館長には濱田庄司が就任。三代目は宗悦の長男で工業デザイナーの柳宗理、四代目は実業家の小林陽太郎、現在はプロダクトデザイナーの深澤直人が五代目を継いでおり、公益財団法人として運営されている。

4. 美術館への想い

　柳宗悦にとっての美術館とは、いったい何であったのか。その想いが「私達は美しい品物を、共に悦び合いたいためにこの民藝館を建

たのです」(「日本民藝館について」『民藝とは何か』）という一文に表れている。

　美術館とは人に生きる喜びと活力を与える空間であり、美の悦びによって人と人とを結びつける場所であることを、柳は早い時期から確信し、その可能性や便宜性に大きな期待を寄せていたのである。

　柳の美術館へかける夢は、雑誌『白樺』の同人であった20代前半の頃に遡る。きっかけは、フランスの彫刻家オーギュスト・ロダン（1840-1917）との交流で、『白樺』「ロダン特集」が縁となり、ロダン本人から《マダム・ロダン》《或る小さき影》《ゴロツキの首》の彫刻作品が、白樺同人たちに贈られたことからはじまった。

　彼らはこのロダンよりの贈り物を、私蔵するのではなく広く公のものとするために、美術館を自分たちでつくることを決意したのである。当時の日本には、まだ西洋美術を専門とする美術館が存在しておらず、民間初の美術館である大倉集古館（1917［大正6］年開館）がやっと誕生した時期である。

　西洋の美術作品を展示するために計画された美術館は「白樺美術館」と命名され、1917年に『白樺』（第8年、第10月号）にその建設計画が発表された。同誌では「小さくってもいい、生々した、深い生きた喜びの感じられる、……深い人類的な喜び、愛の感じられる美術館をたてたく思っている」（「美術館をつくる計画に就て」）との決意を語っている。

　柳らは『白樺』誌面を通じて有志に寄付を募り、また白樺美術館募金のための音楽会などを開催し、セザンヌの自画像や風景画、ゴッホの向日葵の絵などの作品を購入していった。

　残念なことに、白樺美術館の夢は関東大震災の影響などにより実現には至らなかったが、もし実現していれば、日本で最初の西洋近代美術館の誕生となるはずであった。このことだけでも、彼らの活動がい

かに日本の美術館史において先駆的なものであったかがわかろう。

ちなみに、ロダンから贈られた彫像3点は、1950（昭和25）年に大原美術館の開館20周年を記念して、セザンヌの風景画とともに同館に永久寄託されている。

なお、夢の続きは1924（大正13）年に「朝鮮民族美術館」となって結ばれた。朝鮮王朝の王宮であった景福宮内に開設されたこの美術館は、後の日本民藝館の原点とでもいうべきもので、朝鮮時代につくられた民間の日常品が宿す独自の造形美が紹介された。この美術館は柳の朝鮮への敬愛心の集約とも言うべきもので、設立に関わる準備や運営には多くの日本や朝鮮の民間人の厚志があてられた。

翌1925年には、陶芸家の河井寛次郎や濱田庄司とともに「民藝」という言葉を造語し、新しい美の見方や価値観を提示する。そして、民間の日常品に宿る民藝美を具体的に品物によって紹介するための施設、すなわち、日本民藝美術館の設立構想を発表したのであった。

民藝館設立運動の本格的なはじまりは、1928年に上野公園で開催された、御大礼記念国産振興博覧会への「民藝館」出品である（図表8）。その施設は、都市に住む中産階級のためのモデルルームで、柳らが設計した民家風の木造平屋建ての一軒家が、そのまま「民藝館」という展示施設として出品された。他に類のない展示館であったため、博覧会では注目を集め、多くの来館者が訪れたという。

1929（昭和4）年に訪れた、スウェーデンのスカンセン野外博物館や北方博物館も、柳

図表8 「民藝館」。博覧会終了後、民藝運動の支援者である実業家の山本為三郎が什器とともに買い上げて、大阪・三國（現在の三国）に移築。その後「三國荘」と呼ばれた

の美術館構想に大きな影響を与えている。同博物館は、北欧に暮らす人々の生活を最も芸術的に集約した施設として世界的に知られ、柳はその規模の大きさに驚くと同時に、古い伝統的家屋の活用の仕方や、民族資料の見せ方などに大いに感心させられた。そして、この博物館と比較することで、柳は自分たちが目指す美術館の方向性は、コレクションの「量」ではなく、「質（美的価値）」に重点を置くべきだと強く意識していった。

　ところで、この頃再建中であった東京帝室博物館に対し、柳は自ら蒐集した民藝品の寄贈とともに展示室の設置を申し入れた。日本の民藝品の蒐集と紹介、そしてその保存という仕事は、本来は国が成すべきことであると考えたからである。だが、この提案はあえなく断られてしまう。柳は民藝館の設立準備に苦慮していたが、かえってそのことによって、官に頼らない美術館建設の決意をより強いものにしていった。

　1936（昭和11）年、このような経緯を踏まえて、いよいよ東京駒場の地に世界で最初の民藝美術館が誕生する。名称は、当初の案では「日本民藝美術館」であったが、館の特徴や使命をより明確にするため、名称から「美術」という語を削除し、「日本民藝館」（図表9、10）と命名されたのである。

図表9　日本民藝館の外観

図表10　日本民藝館の内観（玄関付近）

260　Ⅱ　ミュージアムと資料

設立にあたっては、先述の大原孫三郎のほかにも山本為三郎（朝日麦酒〔現アサヒビール〕初代社長）をはじめとする、民間の多くの支援者の協力があったことを忘れてはならない。彼らは、柳たちの民藝運動にかける情熱やその意義に共感し、「金は出しても、一切口出しはせぬ」という、見事なパトロンシップを発揮したのであった。

5. 蒐集家としての柳宗悦

　「自分の眼で自分らしく物を見ることができれば、これは一つの創作といっていい」。これは濱田庄司が著した随筆集の一節である（「撰び方並べ方」『無盡蔵（むじんぞう）』朝日新聞社、1974年）。その濱田をして、「眼による不世出の創作者」と言わしめた人物こそが、柳宗悦その人であった。
　また、世の人々は、柳のことを類まれな蒐集家（コレクター）と呼んだりもする。だが、当の本人は蒐集家と呼ばれることを好まなかった。その訳について、柳は自著『蒐集物語』（中央公論社、1956年）のなかで「なぜならば蒐集のための蒐集をしたことがないし、またこの世の蒐集家とは、類が大いに違うと自分では思うからである。それに私有するために物を集めてはいないので、この点でも多くの蒐集家とは全く違うように感じる」と、述べている。つまり、柳の言葉を借りれば、蒐集という行為は「自分の本来の面目を、そこに見出し且つ見直していること」（「序」『蒐集物語』）に他ならないのだ。
　では、その歩みを俯瞰してみよう。白樺同人として活動した青年期から、民藝運動の指導者として活躍した壮年期、そして美と宗教について説いた晩年に至る間、実に蒐集の領域が広範で独創性に富むものであることに驚かされる。

ざっと辿るだけでも、20代におけるデューラーの版画、ロダンの彫刻、ウィリアム・ブレイクの文献や複製版画、セザンヌの絵画など西洋美術の蒐集。30代から本格化する朝鮮陶磁器など東洋の諸工芸、英国人の陶芸家バーナード・リーチや濱田庄司ら個人作家の作品、先にあげた江戸期の民間仏である木喰仏（図表3参照）、下手物と呼ばれて民間で用いられていた日常品の蒐集といった具合である。

　その時期の蒐集の足跡は、残されたアルバムの写真やスケッチなどを通しても垣間見えるので、いくつかを紹介してみよう。

　まず、書斎の椅子に腰かける柳の写真（図表11）である。これは、1913（大正2）年に撮影された東京・麻布兵衛町にあった柳邸でのもの。当時、柳は24歳で、この年に東京帝国大学を卒業している。机の上に置かれているのは1911（明治44）年にロダンから贈られた彫像の内の1つ《ロダン夫人胸像》。そして、壁にはゴッホの《二本の糸杉》の複製画と、江戸後期の浮世絵師菊川英山の美人画が飾られている。このことから当時の柳の関心が、西洋の印象派美術や日本の浮世絵などに向けられていたことがわかる。

　新婚時代に住んでいた千葉県・我孫子の柳邸の書斎を描いた素描

図表11　東京・麻布兵衛町にあった自宅書斎での柳　1913年撮影

図表12　バーナード・リーチ《書斎の柳宗悦（我孫子）》素描　1918年

262　II　ミュージアムと資料

（図表12）は、バーナード・リーチが1918（大正7）年に描いたものである。柳は手賀沼のほとりに住まいし、自ら設計したこの書斎で、思索や執筆に励んでいた。窓枠の下の棚には、ロダンの彫刻《或る小さき影》をはじめ、中国宋代の鉄絵壺や唐代の緑釉博山炉などが置かれている。

　もう1枚は、1921年5月に東京・神田小川町の流逸荘において日本で最初に開催された「朝鮮民族美術展覧会」の会場写真である（図表13）。当時、柳は32歳。手控え帖らしき柳の自筆スケッチなどから推察すると、この展覧会においては柳を中心に、友人である浅川伯教・巧の兄弟や志賀直哉などが蒐集した、壺や瓶や水滴といった陶磁器、金工品の筆筒や莨筒、刺繍の花鳥図や蓮池図などの民画、身辺の木工品や石工品など、200点程が展示されたようである。

　最後は、1928（昭和3）年に撮影された京都・吉田神楽岡にあった自宅での写真である（図表14）。柳は、当時39歳。民藝運動に参加していた仲間とともに写っている。部屋には所狭ましと陶磁器や木工品などが置かれ、これまでの写真と比べると、柳の眼差しに大きな変化があったことがよくわかる。その眼は西洋から東洋へと転じ、美への

図表13　「流逸荘」で開かれた「朝鮮民族美術展覧会」での柳。流逸荘とは、黒田清輝と親しかった仲省吾が経営した画廊で、白樺派が関係した展覧会などが行われていた　1921年撮影

図表14　前列左端が柳。京都・吉田神楽岡の自宅　1928年撮影

関心が美術から工芸の世界へと向けられていったことが鮮明に映し出されている。

中心の円卓の上に並んでいるのは、朝鮮の白磁台鉢、英国のピッチャー、富本憲吉作の呉須鉄絵皿、濱田庄司作のピッチャー、伊万里の蕎麦猪口などの器。右側の4種程の朝鮮膳の上には、武雄系唐津の大鉢、丹波の流し壺、古染付の香炉、濱田作と思われる面取蓋物などが置かれている。また、左側に置かれた朝鮮箪笥の上段には伊万里の赤絵角瓶、下段には濱田作の流掛徳利。そして、床の間の右端には木喰仏自刻像、中央には武雄系唐津の緑釉指描大鉢、壁面には種子両界曼荼羅が掛けられ、左側には絵志野平鉢などが置かれている。

その後、日本民藝館の開設準備がはじまった40代前半から、開館後の50代にかけての柳の蒐集は、英国の古陶スリップウェア（図表15）や家具、大津絵や泥絵といった日本の民画、日本各地の民窯の陶磁器や染織品などの諸工芸、沖縄の染織品や陶器、アイヌや台湾先住民の染織品や木彫品などといった具合に、蒐集品の量や範囲を拡大。晩年には、丹波の古陶、色紙和讃や仏教絵画などを精力的に蒐集していった。

しかし、このような独創性に富む柳の蒐集も、当初は「金がないからつまらぬものを美しいといい出したのだ」（「貧乏人の蒐集」『蒐集物語』）などと、揶揄されたりもしたそうだ。また、朝鮮陶磁器の蒐集に情熱を注ぎはじめていた頃の思い出として、「私の蒐集は、最初はいろいろと非難を受けた。李朝の品なぞを悦んでいるのは眼の見えぬ

図表15 英国のスリップウェアをもつ柳。アメリカ・ケンブリッジの宿舎にて　1930年撮影

奴だと、陰口を云はれた。それは当時高麗焼(こうらい)の名声が余りにも高く、『李朝』は末期のものだといふ考へが支配していたからであろう。それ故その頃は李朝ものは、道具屋の店頭にまだ無数にあつた」(「李朝陶磁の七不思議」『民藝』83号、1959年)と、柳は述べている。ちなみに「李朝」は李氏朝鮮時代の略称であるが、現在では一般に朝鮮王朝時代や朝鮮時代と呼ばれている。

　これらの記述からは、当時の柳の蒐集への世間の評価が、いかに低いものであったかが窺い知れ興味深い。だが、独自の思想と信念をもった蒐集は、いつしか人々に認められていったのである。

6. コレクションの質を決めるもの

　河井寛次郎が、自著『いのちの窓』(1948年)のなかで、柳のことを「歩いた跡が道になる人」と称している。まさに柳という人物は、いままで人々がすでに見てきたものを異なる角度から見直し、いままで見出されることのなかった美を発掘する、いわば新たな価値の創造者であったと言えよう。

　事実、柳は「地方的にいいものは普遍的にもいい。この神秘がわかればそれでいいのだと思う」(「挿絵小解」『工藝』25号、1933年)との信念のもと、日常の世界に埋もれていた古今東西の品々のなかに美を次々と見出し、オリジナリティ溢れる日本民藝館のコレクションを成していったのである。

　ここで注意すべきは、これらの発見のすべてが、理論からはじまったものではないということである。すべては品物との出会いからはじまり、その美への感激がより深い観察を促し、そこから理論が導き出されていったのである。つまり、日本民藝館に収蔵されているコレク

ションが、柳をして民藝美論という新しい美学を生ましめたのである。

　生涯をかけて構築したこの新しい美学は、実に柳自身の美的体験に深く根ざすものであった。美の本性に触れるには、何よりも「直観」が不可欠であると柳は説く。この「直観」の力とは、人間が本来もっている美を感受する本能的な力であり、知識や先入観に囚われず、自由な眼と心の働きだと言えよう。

　柳は、蒐集と「直観」の関係について「直観ほど純粋なものはなく、いわば立場を越えた立場と云っていいでしょう。知識は補助としては役立つことがあっても、ものの真価を見極めることはできません。もし直観を充分に働かせたら、美しさの世界はどんなに変化を受けるでしょう。今まで有名なあるものは価値を失い、今まで省みだにしなかったものが燦然と輝いてくる場合が起るでしょう。」（「日本民藝館について」『民藝とは何か』）と述べている。つまり、現在ある日本民藝館のコレクションのほとんどが、柳自身の「直観」に基づき集められたものであることを考えると、まさに日本民藝館とは柳宗悦という人物の美意識を表す鑑であり、個性そのものだと言っても過言ではなかろう。

　さて、柳がこのようなコレクションを構築することができた理由は何であったのか。もちろん、そこには類まれな審美眼が働いていたことはいうまでもない。しかし、それにもまして肝心なのは、私心なき蒐集への情熱がそこに働いていたからであろう。「私有するために物を集めてはいない」（「序」『蒐集物語』）という強い自負心や、公共のために蒐集するのだという使命感が、柳をして蒐集への情念を浄化させていったのである。

　たとえ財力があっても、よいコレクションができるとは限らない。結局は蒐集家の眼の力や品物への愛情、蒐集家本人の生き方やミュージアムとしての理念といったものが、コレクションの質を決めるのだ。その真実を、柳宗悦の蒐集が雄弁に物語っている。

参考文献

・柳宗悦『柳宗悦全集 著作篇』（全22巻〔25冊〕、月報）筑摩書房　1980-92年
・水尾比呂志『評伝 柳宗悦』筑摩書房、1992年
・鶴見俊輔『柳宗悦』平凡社、1994年
・中見真理『柳宗悦──時代と思想』東京大学出版会、2003年
・熊倉功夫＋吉田憲司共編『柳宗悦と民藝運動』思文閣出版、2005年

II-3：収集 2

いま美術館のコレクションにできること

蔵屋美香

1. 美術館のコレクションは日々動き続けている

　美術館のコレクションについて語るときには、いくつかの切り口がある。そしてそれらの切り口は互いに関連し合い、コレクションの姿とそれをめぐる活動とをダイナミックに変化させ続けている。
　切り口の1つは作品収集だ。購入、寄贈、寄託（所有者から作品を一定期間預かって保管し、研究・展示に活用すること）などの形で、美術館は常に新しい作品を受け入れている。収蔵庫のスペースにも管理の人手にも、もちろん予算にも限りがあるから、世のなかに存在するすべての作品を収蔵することはできない。したがって美術館は、収集の方針を立て、何を受け入れるべきか、何を見送るべきかの判断を絶えず行っている。歴史的な評価の定まらない同時代の作品については、特にむずかしい判断を迫られる。一度定めた収集方針を、時代の変化によって見直さなければならないときもある。こうした折々の判断の連なりによって、コレクションの全体像は常に変わっていく。
　2つ目の切り口は保管だ。受け入れた作品をよい形で残し、後の世代に手渡さなければならない。そのためには作品台帳を作成し、収蔵庫や展示室の環境を整え、絵具の浮きや剥落、支持体のぜい弱化といった状態の変化に目をこらし、必要なときには適切な修復を施さなければならない。近年は地震等の災害への備えもますます重要になっている。

3つ目は研究・展示である。一定の評価を得て収蔵された作品とはいえ、それがコレクション全体のなかで永遠に同じ地位を保ち続けるとは限らない。新しい研究動向が現われ、これまで見過ごされていた作品の方にスポットライトが当たるかも知れない。1つの作品の解釈の変化が、展示の組み立て全体を変えてしまうことだってある。展示の組み立てが変われば、それが1つ目にあげた作品収集の方針にも波及する。このとき収蔵庫は、いわば作品が解釈の変化を待ち受けて長い時間を過ごすための待機場所となる。すると、作品がよい状態で待機し続けられるよう、2つ目の保管の側面が重要になる。加えてこの展示活用には、自分の館での展示のみならず、国内外の展覧会への貸出という形での活用も含まれる。貸出に伴う梱包・輸送は作品にとって最大のストレスだから、このストレスを最低限に抑えるためにも、作品保全の知識が必要となる。

　このように、美術館のコレクションをめぐる活動は、日々いきもののように動き続けている。しかし、実際には日本の観客の多くが、あちこちから作品を借り集めて一定期間華やかに行われる特別展に比べ、コレクションにまつわる活動を、地味なもの、十年一日に変化しないものと思っているようだ。特にコレクション展示は、期間限定の特別展に比べ、どうせいつでも見られるのだからいま見なくてもよい、と思われがちである。たとえばわたしの勤める東京国立近代美術館では、2012（平成24）年まで10年以上の間、特別展を見た後でコレクション展示を訪れる人の割合は約40％だった。特別展のチケットで追加料金を払うことなくそのままコレクション展示を見られるし、展示点数は約200点、スペースは特別展ギャラリー（約1,500㎡）の倍あり、そもそも年4-5回の大規模な展示替えを行っているからいつも同じものが並んでいるわけでは全くないにもかかわらず、である。後で述べるようなさまざまな試みによって、現在この割合は約50％まであ

がった。しかし、この数字を多いと見るか、まだたったの半分と見るかは意見が分かれるところだろう（註1）。

このテキストでは、上にあげたコレクションについての3つの切り口のうち、主に展示の側面を取り上げて、コレクションにはいま何が可能なのか、という問題を考えたい。

2. そもそも、なぜコレクション展示は見なくてもかまわないものと思われているのか

日本からパリのルーヴル美術館を訪れるとき、みなさんは何を見に行くだろう。まずは《モナ・リザ》（1503-06年）や《ミロのヴィーナス》（紀元前2世紀末）が並ぶコレクション展示を目指すのではないだろうか。もちろん、これはわたしたちが観光客であって、何度もルーヴルに通う地元住民ではないからかも知れない。しかし、ルーヴル美術館でも、またロンドンのナショナル・ギャラリーでも、ニューヨークのメトロポリタン美術館でも、特別展は行われているのに、これらの館のイメージをかたちづくるのは、観光客にとっても地元住民にとっても、やはり《モナ・リザ》や《ミロのヴィーナス》といったコレクションではないだろうか。一方、日本の場合、東京国立博物館や東京国立近代美術館のように、豊富なコレクション、特別展スペースに倍するコレクション展示スペースをもっていても、コレクション展示から館をイメージする、という人は決して多くない。

おそらくこれには、日本における美術館・博物館成立の歴史が関わっている。一例をあげれば、日本最初の博物館、東京国立博物館は、明治期に開催された博覧会（1872年）や数度の内国勧業博覧会、ウィーン万国博覧会（1873年）への出品などをきっかけにコレ

クションの基礎をつくった（もちろん他の経緯で集まったものも膨大にある）。他方、世界最初の美術館、ルーヴル美術館は、先に王家のコレクションがあり、それらを人々に公開するため1793年に開館した。コレクションからはじまったルーヴル美術館と、イベントからはじまった東京国立博物館は、スタート地点が異なっているのだ。

　また、日本最初の国立美術館、東京国立近代美術館はどうだろうか。太平洋戦争の敗戦から5年、美術館の設立が検討されはじめたころ、美術界は、文部省が所有する作品を常設展示する施設がようやくできるとの期待を寄せた。文部省は1907（明治40）年より文部省美術展覧会を主催し、作品を買い上げてきたが、それらの作品は40年以上の間、決まった展示場所をもっていなかったのだ。しかし、1952（昭和27）年に国立近代美術館が開館したとき、所蔵作品数は0、開館の年度末に収蔵した作品は23点だった。翌年、いよいよ文部省から178点が移管された後も、空襲で焼け残ったビルを改装した小さな建物に常時コレクションを並べるスペースは取れなかった。こうした状況のもとで、国立近代美術館は、コレクション展示の実現に向け努力するどころか、逆に2、3週間から1か月ごとという早いペースで特別展を開き続けるという方針を打ち出した（実はそこには、戦前までに文部省がつくった価値観を一新し、新しい美術の歴史をつくり上げようとする初代スタッフの熱意が関わっていたのだが）。美術館がようやく約3,000㎡の所蔵品ギャラリーをもったのは、現在の東京都千代田区北の丸公園の建物に移転した1969（昭和44）年、つまり開館から17年後のことだった。しかし、当初1階のもっともアクセスのよい場所に計画された所蔵品ギャラリーは、途中の設計変更により4、3、2階に移され、1階には現在に至るまで特別展ギャラリーが置かれている。観客のみならず、美術館を運営する側にも、特別展重視の発想が根強かったのだ。

もう一度東京国立博物館に話を戻すと、コレクション形成の基礎の1つとなった内国勧業博覧会は、第一回（1877年）に会期3か月で約45万人、第二回に4か月で約82万人が訪れた、当時の大イベントだった。アトラクションあり、出店ありの内国勧業博覧会は、江戸期の出開帳の性質を色濃く受け継ぐもの、との指摘もある (註2)。出開帳とは、地方の社寺の宝物を都市部で公開する興行で、一定期間のみ遠くからもたらされた貴重な品が見られるという意味で、確かに今日の特別展のあり方につながっている。その後、「ミロのビーナス特別公開」（1964年、国立西洋美術館［約83万人］他）、「モナ・リザ展」（1974年、東京国立博物館［約151万人］）から、バブル期を経て、近年の「国宝　阿修羅展」（2009年、東京国立博物館［約94万人］他）に至るまで、出開帳型の特別展は、多くの人々にとって美術館・博物館訪問の大きな動機となっている。個々の美術館・博物館は「あの特別展を見に行った場所」として認識され、多様な特別展群を1つ上のレベルで束ねるはずのコレクションの姿は、なかなか人々のなかに根づかない。

3.「MOMATコレクション」がこの3年でやってきたこと

　こうした状況に対して、いったいコレクション展示は何をするべきだろうか。というより、そもそも何かする意味はあるのだろうか。次に、東京国立近代美術館のコレクション展示「MOMATコレクション」が行ったことを具体的に述べながら、この問題を考えたい。
　わたしは2009（平成21）年からこのテキストを執筆している2015年末現在まで、東京国立近代美術館でコレクション部署のチーフ・キュレーターをしている。2009年の時点でコレクション展は、「近代

日本の美術」のタイトルのもと、2002（平成 14）年のリニューアル・オープン時に組まれた明治から 1990 年代に至る流れに沿って展示を行っていた。「I–1　明治・大正期の美術　文展開設前後」（4 階）から「Ｖ　現代美術　1970 年代以降」（2 階）の章まで、安定した内容だったが、せっかく現在と同様、年 4-5 回の大きな展示替えを行っていながら、いつも同じ章立てに従い、似たような作品を入れ替える発想に陥っていた感は否めない。全体の枠組みを見直すことなく、岸田劉生、梅原龍三郎、安井曾太郎といった（わたしたち美術館スタッフが考える）不動の定番作品が、常に一定の壁面を占めていた。

　しかしあるとき、会場で次のような 50 代女性の声を耳にした。「岸田…何とかって誰？」。20 代の若者ならともかく、これまで日本近代美術の主要なファン層と考えられてきた 50 代以上の観客にこんな反応があるとは思っていなかった。何しろ名前すら読めないのだ（ちなみに「りゅうせい」と読む）。「ご存じ岸田劉生の作品です」ではなく、「岸田劉生という人を知っていますか。知ってみるとおもしろいですよ」という紹介の仕方をしなければ、作品そのものにはまだたくさんの可能性が眠っているのに、その醍醐味を伝える回路はなくなってしまう。枠組み自体への意識を変えなければいけないタイミングが来ていたんだ、と気づかされた。

　2012（平成 24）年、開館 60 周年を記念して、所蔵品ギャラリーをリノベーションする機会を得た（図表 1）。これを機に、細長い空間が切れ目なく続く構成を変え、4 階から 2 階までを 12 の部屋にはっきりと区切った。最初の

図表 1　「MOMAT コレクション」入口
撮影：木奥恵三

1室は「ハイライト・コーナー」と名づけ、重要文化財を中心に、「これらが現時点での有名作品、重要作品とされるものです」と明確にわかるようにした。残り11室は室ごとにテーマを設定し、「いつも同じストーリーに沿って似たような作品が入れ替わるだけ」という構成を、「毎会期、室ごとにテーマが変わり、室の連なりによってストーリー全体も変化する」というつくりに変えた。このスペースのつくり直しに関わる部分は建築家の西澤徹夫が担当した。

　あわせて、基本的な館の案内表示を日・英・中・韓の4か国語とし、毎回書下ろしの各室のテーマや作品解説は日・英のバイリンガル表示とした。これら文字関係についてはデザイナー、服部一成に依頼し、文字が大きく読みやすく、しかし作品鑑賞をじゃまするほどキャプション自体が大きくなってしまわないフォーマットを作成した。解説の多言語化は、明治・大正・昭和などの時代区分や関東大震災といった出来事を知らない海外からの来館者に向け、彼らの多くがやはり知らないだろう作家、作品についてそのおもしろさを説明する、という方向に、わたしたちの意識を変えてくれた。これは当然「岸田…何とかって誰？」という日本の新しいタイプの来館者への配慮にも通じている。

　あわせて、展示の名称も、実情に合わない「近代日本の美術」を見直し（なにせ実際には現代の作品も海外の作品も展示されていたのだから）、館の略称をとって「MOMATコレクション」と変更した(註3)。

　以後、リノベーションから3年が経過した今日に至るまで、「ハイライト・コーナー」とその他11室のテーマ立ては、コレクション部署に属する7名の研究員と1名の研究補佐員が分担して行っている。「ハイライト・コーナー」は、おなじみの有名作品がいつでも見られるという点に重きを置き、あまり大幅な作品の入れ替えは行わないが、では、残り11室のテーマは毎回どのように組み立てるのだろうか。

これには大きく分けて2つの方法がある。だが、そこに進む前に、どんなやり方をするにせよコレクション展示で意識すべき2つの基本事項に触れておこう。

　1つは1階で同時開催中の特別展との関係づけだ。特別展が日本画なら日本画を充実させ、現代美術展を開催中なら現代のパートを手厚くする。そうすれば特別展を見た人は、コレクション展示でもう一度好みの作品に多く出会い、特別展だけでなく館全体として楽しい経験をした、との印象を持って帰ることができる。コレクションと特別展を一体のものとして実感できれば、どの特別展も唐突に行われるわけではなく、コレクションを基礎とした研究の積み重ねの上ではじめて開催可能になるのだ、と理解してもらえるだろう。また、せっかくこうした配慮をしたのだから、2つ目として、特別展の出口からコレクション展示の入口まで来館者を間違いなく誘導する案内表示を徹底することが重要だ。たとえば「菱田春草展」（2014年）開催時には、春草とともに日本美術院を創設した横山大観、下村観山らの作品を特集し、春草展の出口に大きく案内パネルを出した。企画内容の連動と誘導表示の完備。考えてみれば当たり前のこうした仕掛けは、2012年のリニューアル時にコレクション展示の位置づけを検討し直すまで、意外にもわたしたちスタッフの意識から抜けていた事柄だった。

　話を戻すと、11室の内容を企画する方法の1つは、明治から今日に至る時代の流れをゆるやかに踏まえるという申し合わせをした上で、各室は担当者が自由にテーマを組むやり方だ。つまり、事前のミーティングで時代の流れという大枠は設定するものの、各室、各担当者の独立性が比較的高いやり方である。

　たとえば2015年4月の特別展「生誕110年 片岡球子展」開催時の「MOMATコレクション」では、2室で「面がまえ、いろいろ」と題し、さまざまな肖像画を特集した。日本画家、鏑木清方が敬愛する明

治の噺家を描いた《三遊亭円朝像》（1930年、重要文化財）と、その清方を弟子である伊東深水が描いた《清方先生寿像》（1951年）を並べたり、また洋画家、佐伯祐三の《自画像》（1915年）と石膏で取られた佐伯のライフマスクを比較展示したりした。特にライフマスクは、いわゆる美術作品ではなく「資料」に分類されているもので、こういうテーマでも立てない限りなかなか展示のチャンスがない。ちなみに「面がまえ」というテーマは、片岡球子を代表するシリーズ〈面構え〉から借りている。こうした企画は、親しみやすさゆえ好評で、上手に組めばライフマスクと《自画像》のように、作品の新しい側面を発見することもできる。

　もう1つ、11室の内容をつくるにあたって、統一テーマによる大特集を組む、というやり方がある。つまり、各室の独立性ではなく、全体のつながりを重視する方法だ。このときには、コレクション部署の8名全員で、大テーマのもと、どんな小テーマがあり得るかのブレインストーミングを行い、その後各人の専門や関心に従って各室を割り振るやり方を取る。このやり方だと、特別展との連動は意識しつつ、よりコレクション展示単独で楽しめる内容を組むことができる。

　2012年以後の3年で、わたしたちはこうした統一テーマによる大特集として、「何かがおこってる：1907–1945の軌跡」（2013–14年）、「何かがおこってるⅡ：1923、1945、そして」（2014年）、「誰がためにたたかう？」（2015年）、「特集：藤田嗣治、全所蔵作品展示。」（同）の4つを開催した(註4)。

　2回のシリーズ「何かがおこってる」は、日露戦争から1990年代末まで、約100年の時代の変遷を扱う特集だった。ここで意識したのは、美術の流れではなく、社会の動きを基礎にして、そこに個々の美術作品を配置していくという方法論だった。たとえば、洋画家、黒田清輝らが設立した白馬会の後を受け、1907（明治40）年

に前述の文部省美術展覧会ができ、それに反発する若者たちが1912年、フュウザン会を結成した、という流れは、日本近代美術史の定番だ。しかし、実際にはこれは相当美術に興味をもつ層にしか共有されない「定番」である（いま読んでいて首をかしげた方も多いだろう）。わたしたちスタッフはなまじ専門知識があるだけに、こうした筋書きを当然の前提として展示を組んでしまいがちだった。しかし、同じような時代を扱うにしても、1905年に日露戦争が終結し、1912年に元号が明治から大正に変わり、1923（大正12）年には関東大地震が起こる、という社会の動きの方が、はるかに多くの人に共有される知識である。これが高度経済成長、1964（昭和39）年の東京オリンピック、1970年の大阪万博ともなれば、自分の経験に重ねて時代をたどることのできる人もどんどん増える。こうして美術以外の歴史の流れを重視する観点から、「何かがおこってる」では、時代を語る雑誌や絵葉書、ポスターなどを多数展示した（図表2）。身近なものを入口に、国内外を問わず、より多くの来館者に、作品に近づくための手がかりを得てほしいと考えたのだ。

　このように意識的に方法論を変えたことで、「何かがおこってる」ではいくつもおもしろい発見があった。

　関東大震災の後、短い間、アーティストや建築家たちが活発に都市の復興に関わる時期が出現する。しかし社会不安と不況が原因で、1925（大正14）年には治安維持法が公布されるなど、社会は徐々に息苦しくなっていく。1940（昭和15）年にはアジ

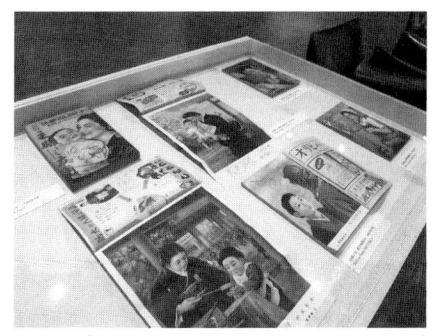

図表2　「何かがおこってる：1907-1945の軌跡」（2013-14年）　雑誌展示のようす

ア初のオリンピックが東京で開催される予定だったが、1937年に日中戦争が勃発し、日本政府はオリンピック開催を返上する。そして1941年、太平洋戦争に突入する。わたしたちはディスカッションのなかで、関東大震災以後の主な出来事が、2011（平成23）年以後の出来事に似ていることに気がついた。わたしたちの時代にも、東日本大震災の後、アーティストやデザイナー、建築家たちの社会への関わりが積極化し、特定秘密保護法や平和安全法制が制定され、東京オリンピックの開催が決定し、中国との関係悪化が起こっている。つまり時代は繰り返しているのだ。

　東京国立近代美術館には、日中戦争から太平洋戦争期にかけ、軍部の要請によって画家たちが制作した戦争画153点が収蔵されている。これまでコレクション展示では、戦争の時代を語るため、主に戦争画を用いてきた。しかし、上記のように時代の流れを現在に重ねて捉え直してみると、近づく戦争の気配を感じながら、まだまだ平和な暮らしが続き、東京オリンピックへの期待もふくらんでいた1930年代の世相が、今日のわたしたちの生活実感により近いのではないかと思えてきた。

　ちょうどこの時期、北脇昇という京都の洋画家が不思議な作品をいくつか制作した。たとえば《空の訣別》（1937年、図表3）には、空を舞うカエデの種と赤いサンゴが描かれている。この作品が、日中戦争時に撃墜されたあるパイロットのエピソードを主題としていることは、すでに研究上知られていた。つまりカエデの種は戦闘機に、サンゴはパイロットが別れの合図に振った手に見立てられて

図表3　北脇昇《空の訣別》1937年　東京国立近代美術館

いるのである。一方、同じ年に描かれた《空港》（図表4）では、カエデや木片の組み合わせが宇宙ステーションを思わせる広大な光景に見立てられている。こちらは《空の訣別》のように特定のテーマは知られておらず、そのメッセージはいまでもあいまいなままだ。

　これまで北脇の作品は、夢や無意識を探求するフランス発祥の芸術運動、シュルレアリスムの日本版と位置づけられてきた。それは美術史としては正しい理解なのだが、しかし、1937（昭和12）年という時代状況をあらためて考えると、この作品の別の側面が浮かび上がってくるように思えた。北脇は、カエデの種や木片やサンゴといった身近で小さなものを用いて、やがて起こるかも知れない戦争の予感という大きなテーマを描き出そうとしたのではないだろうか。カエデの種を戦闘機に見立てるような遠回しなメッセージのつくり方は、はっきりものを言うことが難しくなった時代だからこそ採用された手法だったのではないか。こんな風に考えを進めるうち、遠回しな表現を用いざるを得なかった北脇の作品に比べ、どんなかたちであれ誰もが戦争に向き合わなければならなかった時代につくられ、ずばり戦争を描いた戦争画は、メッセージがずいぶん単純であるようにすら思えてきた。

　歴史は繰り返す、との意識のもと、岡本太郎《燃える人》（1955年）と、アーティスト集団、Chim↑Pomが原発事故の直後に福島で制作した映像作品《REAL TIMES》（2011年、宮津大輔氏寄託）を同じ室に展示したのも新鮮な経験だった（図表5）。《燃える人》は1954（昭和29）年に起こった第五福竜丸の被爆事件を

図表4　北脇昇《空港》1937年　東京国立近代美術館

図表5 「何かがおこってるⅡ：1923、1945、そして」（2014年）。Chim↑Pom《REAL TIMES》（2011年）展示の様子

テーマにした作品だ。しかし、これまでこのテーマを展示の流れのなかにうまく位置づけることができなかった。同じ原子力の問題を扱うChim↑Pomの作品と一緒に並べたことで、歴史的な作品とこんにちの作品がリンクした。56年の間に原子力をめぐる想像力がどのように変化したか、というより深い作品解釈への道が、双方の作品にとって開かれたのだ。

このように、コレクション展示の枠組みを変更すると、1つの作品に対して新しい解釈、新しい歴史上の位置づけがいくつも生まれる。それに連動して他の作品の位置づけも次々と変わっていく。本稿の1で述べたようなダイナミックな運動が、「MOMATコレクション」において実際に生じたのだ。

こうした解釈の変更は、当然ながら作品収集の方針にも影響を及ぼした。枠組みから考える習慣をつけ、展示の全体像を俯瞰することができるようになると、コレクション内で充実している時代やジャンル、反対に欠けている時代やジャンルがはっきりと見えてくる。あとは気づいた欠如を補うべく、収蔵候補となる作品のリサーチを行えばよい。このやり方によって、たとえば2014（平成26）年、重要作家にもかかわらずこれまでチャンスを逸していた森村泰昌の作品を収蔵することができた。女優から名画までさまざまなテーマを取り上げてきた森村だが、日本近代の作品が豊富な「MOMATコレクション」の性質を踏まえるなら、作家、三島由紀夫の1970年の自決事件を扱った《烈火の季節／なにものかへのレクイエム（MISHIMA）》（2006年）

がふさわしい、と判断することができた。

　「誰がためにたたかう？」と「特集：藤田嗣治、全所蔵作品展示。」は、いずれも2015年、戦後70年に際して企画された大特集である。

　5月から9月に開催した「誰がためにたたかう？」は、前年までの「何かがおこってる」で一通り戦争の問題も扱い終わり、次は何をテーマにしようと考えたとき、国同士の戦争に限らず、動物の争いや男女の争い、世代間の争いなど、幅広く「たたかう」ということについて考えようと発案された。2室「野生の証明」では、動物の争いをテーマにしたところ、コレクションのなかで動物を描く作品は圧倒的に1930-40年代に多いことがわかった。やはりはっきりとした主張を唱えづらい戦争前夜、多くのアーティストが、動物の争いを人間の争いの見立てとして用いていたのだ。北脇の手法が隠しもつ意味は、ここで他のアーティストたちの作品によって裏づけられたことになる。また男女のたたかいを扱う8室「男と女のあいだには」では、適切な作品がなかなかそろわず、結局、東京国立近代美術館のコレクションにジェンダー問題を扱う作品が極端に少ないことがはっきりした。以後、重点的に作品を収蔵すべき領域として意識していかねばならない。

　続く「特集：藤田嗣治、全所蔵作品展示。」は、9月から12月の開催だ。これは東京国立近代美術館が所蔵する藤田の作品全25点に、京都国立近代美術館から出品の1点を加え、全26点を展示する企画である。見どころは、はじめて一挙に公開される藤田の戦争画14点だ。藤田は1920年代のパリで成功を収め、日中戦争・太平洋戦争期には帰国して戦争画を描いた。それがもとで戦後は日本に居づらくなり、最後はフランス国籍を取得して亡くなった。このドラマチックな生涯も影響し、日本の洋画家のなかでは抜群の知名度を誇っている。そのため、藤田の大きな特集は、「コレクション展示はつまらないもの、いま見なくてもよいもの」との思い込みをくつがえす最適のチャ

ンスになるのではないかと考えた。

　結果としてこの特集は、75日間で約62,000人という、「MOMATコレクション」単独としては異例の数の来館者を得た。しかし、こうした数の上での成果より、この特集によって次に考えるべき重要なテーマが浮かび上がってきたことこそが、ほんとうの成果だったかも知れない。

　藤田の戦争画に、《シンガポール最後の日（ブキ・テマ高地）》（1942年、無期限貸与）という作品がある。最前景に日本兵とイギリス兵を置き、背後には高い位置からシンガポールのブキ・ティマ高原を見渡す風景が詳細に描かれている。

　さて、2012（平成24）年末以来続く円安により、日本を訪れる海外からの観光客が急増していることは、誰もが実感しているだろう。2014年にはその数は1,300万人を数え、前年より約30％増加し、しかもこのうち約8割はアジア圏からの来訪者だという(註5)。この動きは東京国立近代美術館の、特にコレクション展示にも顕著に表れている。たとえば2014年6–8月の会期では、総入館者33,437人に対し3,852人、つまり8.7人に1人が海外からの来館者だったというデータがある。

　では、これら海外からの来館者、とりわけアジア圏からの来館者は、《シンガポール最後の日（ブキ・テマ高地）》のような作品をどう見るのだろうか。戦争画はこれまで長く日本と欧米という枠組みのなかで主に論じられてきた。日本は太平洋戦争を欧米と戦ったのだし、描いた藤田もまた、ヨーロッパ美術に匹敵するものを描くという動機をもち、ヨーロッパの名画の数々を戦争画制作の参考とした。しかし、この作品に描かれた戦いが行われた場所はシンガポールであり、日英の兵士の背後に広がる田園にはシンガポールの人々が住んでいる。アジアからの来館者が急増するこんにちの状況は、これまで戦争画を論じ

るときにすっぽりと抜けてきたアジアという視点を、否応なくわたしたちに示してくれる。この視点はまた、日本と欧米の作品が圧倒的多数を占め、他のアジア諸国の作品はごく少数しかもたない東京国立近代美術館のコレクションの偏りを照らし出してくれる。ここにまた新たな収蔵の課題が浮かび上がったのだ。

4. コレクション展示、これからの可能性

　以上に、わたしが関わった「MOMAT コレクション」の実践を通して、美術館のコレクションにいま何ができるのか、という問題を考えてきた。しかし、もう一度もとの問いに戻れば、コレクションはいま、そもそも何かをすべきなのだろうか。特別展を中心に今後も美術館・博物館を運営し続けることが、なぜいけないのか。

　もちろんわたし自身も、特別展の高揚感は大好きだし、他館の特別展にも頻繁に足を運ぶ。たとえば、日本でオルセー美術館の名品がまとまって見られるなんて、ほんとうにありがたいと思う。しかし、とりわけ 2000 年代以降、長引く経済不況のため、特別展の開催は難しくなる一方だと感じている。特別展には、他の機関から作品を借りるための借用料、輸送費、保険料などが膨大にかかる。日本の美術館・博物館の大型特別展の場合、こうした経費を負担してきたのは、主に新聞社やテレビ局といったマスコミの文化事業部である。しかし周知の通り、新聞はメディアとしての転換期にあり、新聞社が莫大な経費を負担することは以前より難しくなっている。結局大型特別展を開催できるのは、支出に見合う入場料収入を見込める都市部の大型施設に限られてしまう。展覧会の内容もまた、寺宝展（最初にあげた出開帳型特別展だ）や、海外ものであれば印象派のように手堅く収入の得

られるものに偏りがちだ。「何かがおこってる」や「誰がためにたたかう？」のように、いま社会に問うべき意義はあるのに、経費を要し、ゆえに集客を重視する特別展では扱いにくいテーマも当然出てくる。もちろん、新聞社等に頼らず自主企画としてこうしたテーマの特別展が開催できればいいが、こちらも予算、集客ノルマともにさらに厳しい状況だ。

　この点、コレクション展示であれば、自館の収蔵庫から会場に運ぶだけだから基本的に輸送費も保険料も必要ない。特別展重視の風潮が逆に幸いし、コレクション展示で収入をあげる、来館者数を稼ぐ、という考え方もまだまだ少ないから、挑戦的なテーマ、議論を呼ぶ重いテーマも比較的取り上げやすい。また、特別展に他機関から作品を借りるためには、長くて2、3年前、最低でも半年以上前からの出品交渉が必要だ。しかし自館のコレクションにはそのような手続きは不要で、いま重要だと思えるテーマを即座に扱うフットワークの軽さがある。特別展の開催が難しくなる一方のこんにち、美術館・博物館の活動の持続可能性の観点から、コレクション展示に関わる可能性には、もっと考えられるべき価値があるのだ。

　もっとも、これまで述べてきた「MOMATコレクション」の活動は、60年以上にわたり収集された約12,500点の作品があってこそ可能となるものだ。所蔵作品が限られる館や、経済不況により長く作品購入予算がストップしている館も多いから、「MOMATコレクション」は格段に恵まれている。しかし、恵まれているからこそコレクションの意義をアピールし続けなければならない役目がある。また東京国立近代美術館が収集した作品は、年間約250点が国内外の美術館の特別展に貸し出され、その活動を支える一助となっている。

　最後に「特集：藤田嗣治、全所蔵作品展示。」で触れたアジアからの視点、という問題をもう一度考えてみよう。シンガポールには

2015年秋、巨大なナショナル・ギャラリー・シンガポールがオープンしたし、香港はやはり巨大な美術館、M＋（エムプラス）の開館を控えている。アジアの美術館界は新しい時代に入りつつあり、今後日本の美術館も、この新しい勢力図のなかでどうふるまうかを問われることになる。これらの館との連携を探るとき、ふつうは特別展の共同企画や巡回がまず検討される。しかし、そのためには長い時間と多額の経費が必要だ。だが、たとえば《シンガポール最後の日（ブキ・テマ高地）》をナショナル・ギャラリー・シンガポールに、同じく香港での戦闘を描いた日本画家、山口蓬春の戦争画《香港島最後の総攻撃図》（1942年、無期限貸与）をM＋に、それぞれ比較的長期に貸し出し、代わりに両館のコレクションからやはり重要な1、2点を借り受け、互いに時間をかけて研究・展示してみるとしたらどうだろうか。経費がかからないから素早く実施の決定ができ、共通する経験である戦争について一緒に考える、息の長い交流が可能になる。

　コレクション展示はつまらないもの、特別展の下に位置するもの、という思い込みは、わたし自身のなかにすら眠っていて、意外なときに顔を出す。しかし、この思い込みを1つ1つ洗い直していくと、コレクションを中心に据えた美術館の新しい活動の姿が見えてくる。

註

1 「MOMATコレクション」の年間総入館者数は、特別展への来館者数の50％に、コレクション展示だけに訪れる来館者数（過去5年間の平均で約68,000人）を加えた数となる。したがってその年の特別展によって大きく変動するが、大体14万人から20万人のあいだである。

2 江戸東京博物館編『「博覧都市江戸東京　ひとは都市になにを見たか：開帳、盛り場、そして物産会から博覧会へ」展カタログ』（1993年）などを参照のこと。

3 「MOMAT（モマット）」は館の英語名、「The National Museum of Modern Art, Tokyo」の頭文字を取った略称。しかし、最近アンケートに「何の略なのか、何と読むのかわからない」という意見が寄せられた。ここにも1つ、美術館内だけで通じる知識なのに誰もが知っているはずと思い込む、という落とし穴があったようだ。

4 5回目の大特集は「ちょっと建築目線でみた美術、編年体」（2015年12月–2016年2月、キュレーション：保坂健二朗）。また、別の特集の形式として、3年にわたり大小さまざまな規模で続けた連続シリーズ「東北を思う」がある。2011年の東日本大震災の後、5月に第1回を開催し、2014年までに4回を行った。東北出身の作家を取り上げた第1回、福島第一原子力発電所の事故に的をしぼった第4回など、いまの問題意識を素早く反映でき、かつ継続的な活動が可能なコレクション展示の特性を活かした。Chim↑Pom、藤井光、村越としやなど、関係作家の収蔵も連動しておこなった。わたしたちが90年前の作品を通して関東大震災を考えるように、後の世代の人々が2011年に起こったことを知る手がかりとなる作品をコレクションに残しておくことは重要である。

5 原田和義「2014年の訪日外国人、1300万人超す―旅行者の消費額は2兆円に」nippon.com、2015年2月13日（http://www.nippon.com/ja/features/h00098/、2015年12月現在）による。

II-4：調査・研究1

調査研究活動の基本

金子伸二

1. 調査研究の意義と現状

　一般的に博物館の主要な機能は、①資料の収集、②資料の保管、③展示と教育、④調査研究の4つにあるとされている。そのなかでも④調査研究は、博物館の活動の中心に位置するもので、他の3つの機能も本来すべて調査研究との密接な関わりをもちながら、一体的に展開されるものである。

　今後の博物館の在り方について方向性を示すため、文部科学省に設置された検討会議の中間報告書では、博物館における調査研究の重要性が次のように述べられている。

「資料収集・保管（育成）」だけでは単なる収蔵施設であり、「展示」していても「調査研究」機能を欠いていれば、それは「資料」に対する理解及び教育が単に表層的なものにとどまって深みや奥行きを失い、ひいては、人々が新しい発見を求めて博物館に何度も足を運ぶことにはならないからである。

　（これからの博物館の在り方に関する検討協力者会議『新しい時代の博物館制度の在り方について』文部科学省、2007［平成19］年6月、p.6）

　今日博物館に強く要請されている利用者増の実現に向けても調査研

究の充実が必須であることが謳われている。こうした考え方は博物館の在り方に反映され、今後の博物館はこれまで以上に調査研究を核に形成されていくべき、という考え方が示されている。

これからの博物館は、その特徴である資料の収集や調査研究等の活動を一層充実させるとともに、多様化・高度化する学習者の知的欲求に応えるべく、自主的な研究グループやボランティア活動などを通じて、学習者とのコミュニケーションを活性化していく必要がある。
　（これからの博物館の在り方に関する検討協力者会議前掲書、p.5）

　また、同会議による最終報告書（『博物館の設置及び運営上の望ましい基準の見直しについて』）の提言に基づいて見直された「博物館の設置及び運営上の望ましい基準」（2011［平成23］年12月20日文部科学省告示第165号）では、それまでの基準には無かった「調査研究」の項目が新たに立てられ、博物館が資料やその保管・展示方法に関する調査研究を行うよう努めるものとすることが明記された。

　このように、ミュージアムにおける調査研究の重要性は在り方の根本においても、また目指すべき姿としても、常に強調されるところではある。それでは実際のミュージアムにおいて、調査研究活動はどのように位置づけられているのだろうか。
　日本博物館協会が全国の博物館を対象に実施したアンケート調査によると、「調査研究」「収集保存」「展示」「教育普及」「レクリエーション」の5つの活動のうち、「館として一番力を入れている活動」を問う質問への回答をまとめたのが次の表である（図表1）。
　全体では「展示」に一番力を入れている割合が高く、「調査研究」の位置は四番目にとどまっている。館種別に見ると美術館では「展

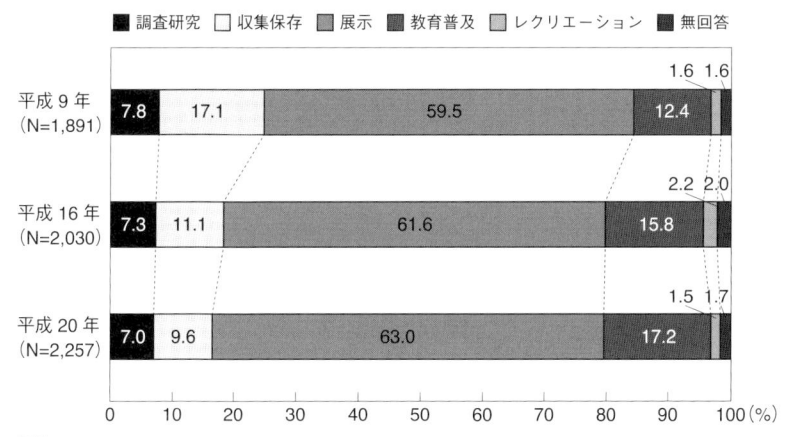

図表1
博物館が「館として一番力を入れている活動」を問う質問への回答。平成20年度文部科学省委託事業『地域と共に歩む博物館育成事業 日本の博物館総合調査研究報告書』(平成21年3月、財団法人日本博物館協会)をもとに再作成

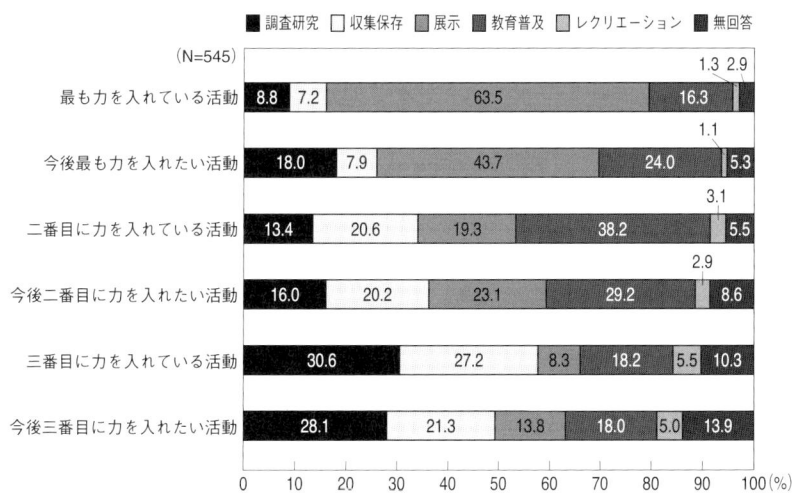

	調査研究	収集保存	展示	教育普及	レクリエーション	無回答
平成9年 (N=1,891)	7.8	17.1	59.5	12.4	1.6	1.6
平成16年 (N=2,030)	7.3	11.1	61.6	15.8	2.2	2.0
平成20年 (N=2,257)	7.0	9.6	63.0	17.2	1.5	1.7

図表2
博物館が現在力を入れている活動と今後力を入れたい活動。平成22年度生涯学習施策に関する調査研究『博物館登録制度等に関する調査研究報告書』(平成23年3月、株式会社三菱総合研究所)の図表をもとに再作成

(N=545)

	調査研究	収集保存	展示	教育普及	レクリエーション	無回答
最も力を入れている活動	8.8	7.2	63.5	16.3	1.3	2.9
今後最も力を入れたい活動	18.0	7.9	43.7	24.0	1.1	5.3
二番目に力を入れている活動	13.4	20.6	19.3	38.2	3.1	5.5
今後二番目に力を入れたい活動	16.0	20.2	23.1	29.2	2.9	8.6
三番目に力を入れている活動	30.6	27.2	8.3	18.2	5.5	10.3
今後三番目に力を入れたい活動	28.1	21.3	13.8	18.0	5.0	13.9

II-4：調査・研究1

示」の割合がさらに高くなり、「調査研究」がより低い値となっている。先に見た博物館の理論や理想とは裏腹に、実際の博物館では展示活動が重視される一方で調査研究活動は軽視される傾向にあり、美術館ではさらにその傾向が強いことがうかがえる。

　一方、三菱総合研究所が実施した調査においても、博物館に現在力を入れている活動と今後力を入れたい活動を尋ねた回答は、次のグラフのようなものであった(図表2)。

　現状で最も力を入れているのが展示活動である点は日本博物館協会の調査と同様であるが、今後最も、あるいは二番目、三番目に力を入れたい活動では調査研究の割合が高くなっている。現実には展示活動が事業の中心を占めている体制でありながらも、今後に向けては調査研究の充実をなんとか図りたいというのが、博物館にとっての望みであると言えるだろう。

2. 調査研究の範囲

　ミュージアムにおける調査研究は多岐に亘るが、そのテーマによって、①資料に関するもの、②保存・展示など資料の管理や活用の技術に関するもの、③展覧会や教育普及、情報提供など事業活動に関するもの、④施設の管理運営や歴史などミュージアム自体に関するもの、の4つに大きく分けることができる。

①資料に関する調査研究
　ミュージアムが保管する資料に関する調査研究は、資料そのものとの密接な関わりをもって行われるので、その内容や形式は資料の性格に応じて異なってくる。絵画、彫刻、工芸品などの美術資料の場合で

あれば、作者、作品名、制作時期、制作場所、分野・種別、寸法・重量、材質・技法、状態、来歴、文献といった、資料に関する基礎情報を特定していくことが調査研究の基本となるだろう。こうした事項は資料ごとに調書に記録され、収集や保管、展示や貸出しといった、資料に関わるさまざまな活動に用いられるデータともなる。手法としては、資料自体の調査のほか、文献研究や取材、聞き取りといったことが行われる。

　同じ分野や種別の資料であっても、調査研究の目的に応じて具体的なアプローチが異なる様子は、屏風を対象にした次の例に見て取ることができる。黒田日出男『謎解き 洛中洛外図』（岩波新書、1996 年）は、米沢市上杉博物館が所蔵する国宝《上杉本洛中洛外図屏風》の作者、制作時期、成立事情といった問題を、研究史・学説史を点検しながら史料学的に探究した研究であった。

　一方、郡司亜也子の「松林図の特質と位置―研究史を中心に―」（『開館三十五周年記念：長谷川等伯　国宝松林図屏風展』出光美術館、2002 年、pp.10-14）は、やはり作品の研究史を辿りつつも、屏風の画面における構図の分析をもとに、現在の形態に改変される前の画面の復元とその構造の把握に取り組んでいる。

　それらに対して福永香による「『檜図屏風』内部構造のテラヘルツ波による非破壊調査」（東京国立博物館研究誌『MUSEUM』第 654 号、2015 年 2 月、pp.65-71）では、狩野永徳作の国宝屏風の修理に際して行われた内部構造観測から得られた知見がまとめられている。対象とする資料の分野にどのような観点や方法での調査研究が行われているのか、他の館や研究者による取り組みに広く目配りをしておくことが大切である。

②資料管理や活用技術の調査研究

　資料の保存に関する技術は、当該のミュージアムばかりでなく、同種の資料を保有する他のミュージアムにとっても有益な知見となる。たとえば資料の材質や状態を把握する技術や、資料の保存や修復方法に関する技術、保管環境を管理する技術、移動や輸送のために資料を梱包する技術などがこれに含まれる。また、展示ケースや照明、映像展示や情報通信技術を活用した展示などについても、技術開発の面は展示機器やデザインの事業者に拠るところが大きいとはいえ、そうした新技術をミュージアムや個々の展示に導入し活用する手法については、ミュージアム独自の研究の蓄積が求められるところである。関連する学会や見本市にも足を運ぶことで、常に最新の動向を把握しておくようにしたい。

③事業活動に関わる調査研究

　展示資料の解説や講座・ワークショップの実施、学校との連携など、利用者の興味関心を喚起したり、学習や研究を促進する取り組みについても、計画から実施、成果分析から改善に至る一連のプロセスがミュージアムの調査研究の主題となりうる。また、資料に関する専門的知識のほか、ミュージアムが保有する種々の情報を蓄積し、外部に公開・提供する手法の開発についても、情報通信技術の活用や知的財産権の保護を軸に、研究課題としての重要度は高い。これらについては、ミュージアムの専門分野にとどまらない、学校教育や生涯学習、文化振興やまちづくりといった領域にも視野を広げて取り組むことが重要である。

④ミュージアム自体に関する調査研究

　ミュージアムの管理や運営、経営に関わる諸課題は、すでに「博物

館経営論」や「ミュージアム・マネージメント学」という概念も定着しているように、学術的な研究の主題となるものである。ミュージアムにとっては、大学等に所属する研究者とは異なる、実践研究としての取り組みが積極的に展開できる分野であると言える。加えて、施設の開設に至る経緯や計画段階の資料、開館後の諸活動の記録は、ミュージアムの歴史を知るばかりでなく、今後の在り方を考える際の材料ともなる資源となりうる。ミュージアムは当該分野の学術・知識が同時代の社会とどのように関わりあったかを顕著に体現する場であることから、「文化装置としてのミュージアム」といった文化社会学的な研究の課題は、今後さらに重要性が増すと考えられる。

3. ミュージアムにおける調査研究の特性

　ミュージアムにおける調査研究の範囲のうち、とりわけ資料に関する研究は、たとえば大学や専門研究機関に所属する研究者によっても取り組まれるものである。しかし、同じ資料に関する研究でも、ミュージアムという場で行われることによって、他では達成しにくい成果を生み出すことにつながる。ここではミュージアムによる資料調査研究の特性を、①網羅性（悉皆性）、②包括性（体系性）、③長期性（継続性）の3点に分けて述べる。

①網羅性（悉皆性）
　世のなかに存在する事物は、ミュージアムに収蔵されることによって「資料」として位置づけられる。収蔵に先立って成立していたコレクションを受け入れる場合もあれば、もともと個々に散在していたものがミュージアムの収集方針に基づいて集められる場合もある。いず

れにしても、ミュージアムの資料は断片的なものではなく、複数の資料から成る「群」として存在するのである。

その資料群に対して、意図的な選別によらず、一定の条件に基づいて該当する対象をすべて調査することで、ミュージアムだからこその強みが発揮される。それによる成果は、当該分野の研究にとっての基礎データとなるものであり、そうした研究基盤の整備がミュージアムならではの重要な役割だからである。こうした調査研究は、たとえば美術館における場合、1人の作者の生涯における全作品の目録化や、それによる回顧展の開催で制作の全貌を紹介することにもつながる。また、社寺などの所蔵する事物を対象とした調査においても、信仰上の宝物とは異なる観点でそのすべてを見直すことにより、文化財の新たな発見に結びつくこともある。

② 包括性（体系性）

ミュージアムという機関が調査研究の場となることによって、単独の研究者ではカバーできない複数の専門分野にまたがる取り組みが可能となる。そのミュージアムに所属する学芸員ばかりでなく、外部の学芸員や研究者との協力体制が編成されることも多い。たとえば仏像を対象に美術史や考古学、宗教史、保存科学の調査が一体的に行われたり、さまざまな種類や材質から成る工芸品のコレクションを各分野の専門家が共同・分担して調査することによって、資料群に関する豊かな知見が得られることになるのである。

③ 長期性（継続性）

ミュージアムでは、収蔵した資料との関係が「保管」を中心とした永続的なものであることから、長期にわたる調査研究を行うことが可能になる。収集時にはすべての調査が尽くせないような規模の資料に

対して、その後の複数年度にまたがる調査を実施したり、長く収蔵している資料の修復にあたって、最新の技術であらためて検査を行って当初の状態と比較することも、ミュージアムならではの取り組みと言える。

こうした特性を発揮することによって、ミュージアムにおける資料調査研究は、次にあげるようなさまざまな間接的成果にもつながる。

・調査研究の成果が展覧会などで公開されることにより、それを観た人から新たな情報や資料が提供される。所在が不明であった資料が確認されるきっかけともなる。
・外部機関や個人との研究上の協力関係や共同研究の基盤が形成される。
・資料所蔵者のミュージアムに対する信頼が築かれ、資料の寄贈や寄託を受けることにつながる。
・対象とした資料が文化財指定を受けるなど、その価値が認識される機会となる。
・研究機関としての評価が高まり、新たな調査依頼が寄せられるようになる。
・当該分野の資料や研究手法が整えられることで、それまで手薄であった研究が全体的に促進される。

ミュージアムとしてもこうした特性が発揮されるよう、成果の独自性を積極的に提示していくことが大切である。

4. 調査研究成果の還元

　ミュージアムにおける調査研究活動は、その成果が広く社会に公開されることによって、意義をもつ。成果を公開する方法には、刊行物によるほか、インターネットの活用など今日ではさまざまであるが、ここでは美術館の場合を中心に①所蔵資料目録、②紀要、③展覧会カタログについて述べる。

①所蔵資料目録

　所蔵資料目録は、そのミュージアムが所蔵する資料の基礎データを網羅的に収録した冊子である。資料の分野や種別によって分けられる場合や、コレクションの一括収蔵にあたって単独で作成される場合もある。

　名称についてはさまざまで、「所蔵」を「収蔵」、「資料」を「作品」、「目録」を「図録」とする場合も多い。記載される事項は、2-①にあげたような資料に関する基礎情報が中心であり、そこに図版や解説が付される場合もある。所蔵資料は年とともに増えていくことから、目録もそれに応じて追加刊行される。また、すでに目録に記載された資料についても資料の移動や新たな知見が加わることから、改訂版が刊行されることもある。

　冊子体の元となる情報もデータベース化されている場合が多く、近年では内容がインターネット上で閲覧できる館も増えつつある。ミュージアム内の事業利用ではこれに加えて、資料の状態や他館への貸し出し履歴、資料写真データなど、資料管理上の諸情報を一体化しているところもある。

　展覧会カタログに比べると、利用のほとんどが専門的な用途に限ら

れる地味な存在であるが、施設の核となる資料の構成や内容を最も体現するものであることから、ミュージアムとしての調査研究活動の質を表す刊行物である。

②紀要

　紀要は一般に大学などの教育機関や研究機関が発行する定期刊行物、いわゆる雑誌で、主に研究論文が掲載される。ミュージアムの場合、学芸員が収集や展示に関連して行った調査研究の報告や、学芸員自身の研究テーマに基づく論考が掲載される。

　刊行頻度については、だいたい年1回の刊行としている館が多いようである。また、複数の館が構成する団体が合同の紀要を刊行するような場合もある。近年では館のWebサイトや国立情報学研究所のCiNii（NII論文情報ナビゲータ）などで記事を公開しているミュージアムも増えつつある。

③展覧会カタログ

　展覧会は大きく、そのミュージアムの所蔵する資料のなかから代表的なものを常時陳列している常設展示と、特定のテーマのもとに期間を限り、他のミュージアムが所蔵する資料も交えながら構成する企画展示とに分けられるが、それに応じて展覧会カタログも常設展示のカタログと企画展示のカタログとでは異なった性格をもっている。

　前者の場合、館のコレクション自体の特色をもとに、常設展示の構成が述べられ、各資料の基本情報や解説が図版とともに掲載される形式が一般的である。①で取り上げた所蔵資料目録のなかでも、「作品選」や「名品選」と銘打ったものは、これに近いものと言える。

　カタログの性格上、学芸員個人による新たな視点の提示や外部の研究者による寄稿などは反映しにくいが、資料に関する標準的な知見を

伝えたり、資料の評価についてミュージアムとしての公式の判断を示す場となることから、内容の正確性や信頼性が最も求められる媒体である。個人作者の作品を資料として収蔵するいわゆる個人美術館のような場合には、常設展示のカタログに掲載されている年譜や作品リストが、研究上の典拠となることも多い。

　企画展示に際して制作されるカタログは、企画の趣旨や内容、規模に応じて性格が異なる。資料の写真が中心の図版集のようなものもあれば、図版以上に解説や論文などのテキスト、資料などデータが中心のカタログもある。美術館の場合、大規模な企画展では、特にテキストやデータの充実が図られている。

　こうした傾向は欧米では1970年代から顕著に見られるようになり、1977年にパリのポンピドゥー・センターで開催された「Paris – New York」展のカタログ (図表3) は700ページを超えるボリュームで、展覧会カタログに対するそれまでのイメージを大きく変えたものであった。

　また、1978（昭和53）年に東京国立近代美術館と京都国立博物館で開催された「フリードリッヒとその周辺」展は、ドイツ・ロマン主

図表3　「Paris – New York」展カタログ　　図表4　「フリードリッヒとその周辺」展カタログ

298　II　ミュージアムと資料

義の画家カスパー・ダーヴィト・フリードリヒの作品が日本で本格的に紹介されたはじめての展覧会で、開催時大きな反響を呼んだ展覧会であるが、そのカタログ（図表4）も、とりわけ文献目録の充実が高く評価され、今日でもこの分野の研究史・学説史を辿る上で重要な資料となっている。

　内容の完璧さを追求するあまりカタログが展覧会までに完成せず、会期中に得られた知見を含めて終了後に刊行されるようなケースも見られるようになってきた。カタログはもはや展覧会鑑賞の記憶を持ち帰るためのお土産品ではなく、展覧会に収めきれない研究成果の全貌を盛り込んだ知的創造物とも言えるだろう。

　このほか、展覧会の出品目録、リーフレットやパンフレット、年報といった種々の刊行物やホームページも、ミュージアムの調査研究の成果を広く伝える場として大切な役割を担っている。

5. 調査研究のための環境

　資料の収集や保管、展示や教育普及など、さまざまな機能を抱えるミュージアムでは、調査研究のための十分な環境を確保することは大きな課題である。調査研究はミュージアムの事業の1つに位置づけられるが、「1. 調査研究の意義と現状」で見たように他の事業との比較においてその比重は低くなりがちで、とりわけ企画展と結びつかない恒常的な調査研究については予算面でも厳しい状況にある。補助金、助成金といった外部資金の獲得が、多くのミュージアムで努められている。

　日本における学術研究助成事業の代表が、文部科学省と独立行政法人日本学術振興会の実施する「科学研究費補助金（科研費）」である。

ただし、大学共同利用機関であるような場合を除く一般のミュージアムの学芸員が研究代表者として科研費を申請するには、所属する施設が科学研究費補助金取扱規程に定める「文部科学大臣が指定する機関」である必要がある。もともとミュージアムは科研費における研究機関として認められていなかったが、関係する学会や団体による運動が結実し、2001年に文部科学大臣決定による「科学研究費補助金取扱規程第2条第4号の機関の指定に関する要項」が定められたことで、指定を受ける途が開かれた。研究機関としての指定を受けるには条件があり、指定を受けて申請のための機関番号をもつミュージアムはいまだ限られているが、今後さらに広がっていくことが期待される。

また、文化系の公益財団法人などによる研究助成はさまざまなものが実施されており、たとえば美術館学芸員に対象を絞ったものなど、それぞれに申請の条件や要項が定められている。また一部の自治体では、設置するミュージアムの学芸員を対象に独自の研究費補助制度を設けている例もある。

こうした諸制度の広がりやその活用によって、ミュージアムにおける調査研究が今後さらに発展することが期待される。

近年、ミュージアムの経営にも業績評価の手法が導入されるようになったが、そこでの指標は来館者数等の目に見える短期的な成果が中心になりがちで、調査研究のような長期に亘る、また成果が数量化しにくい活動はなかなか評価されにくい傾向にある。

しかし、調査研究、つまりは学術という営みは、単に同時代の要請に応えるばかりではない。歴史的に見れば無数の研究が、戦争や革命を挟みながら、世代や国家の交代のなかで脈々と続けられてきた。そしてミュージアムこそ、そうした営みの場であった。その意味でミュージアムにおける調査研究は、未来の人類に向けたプロジェクトでもあるのである。

参考文献

・神庭信幸『博物館資料の臨床保存学』武蔵野美術大学出版局、2014年
・日本博物館協会編『博物館資料取扱いガイドブック──文化財、美術品等梱包・輸送の手引き』ぎょうせい、2012年
・動産文化財救出マニュアル編集委員会編『動産文化財救出マニュアル──思い出の品から美術工芸品まで』クバプロ、2012年
・今橋映子編『展覧会カタログの愉しみ』東京大学出版会、2003年

II-5：調査・研究 2

板橋区立美術館における調査研究活動

弘中智子

1. 美術資料に関する研究活動

　美術館における調査研究活動は、美術作品、つまり掛軸や屏風、油彩画や彫刻、写真などを調査し、その資料の学術的価値を判断することを目的としている。真贋の判断も行うことがあり、さまざまな情報を統合し慎重に進めていく必要がある。最近では日本国内でも収蔵作品をもたない美術館があるが、多くの美術館には館の活動方針、収蔵方針に沿った収蔵作品があり、それらは美術館の顔となっている。

　収蔵作品の調査は原則的に所属している学芸員により行われるが、場合によっては他館の学芸員、研究者に意見を求めることや、共同で調査を行うこともある。学芸員は普段から収蔵作品、収蔵作家に関連する情報を収集するために研究者や関係者と情報交換をし、館が収蔵作品や作家に関する第一の研究機関となるよう、アンテナを張っておくことが重要である。美術館の活動は、その館が収蔵する作家、作品を中心に美術史の新たな1ページをつくることである。それは意義深く、責任のある仕事である。

　これらの研究活動の成果は美術館が公的機関である以上、公開することを原則としている。美術館では展覧会、研究紀要、講演会などで研究結果を紹介する。その成果を広く伝えるために、展覧会の広報、作品情報の公開、紀要の発行などが行われる。また、幅広い年齢層が目にする展覧会の解説パネルは、文字は大きくわかりやすい言い回し

で表記するなど、受け取る側のニーズを考えて情報を出すことも必要である。これらの研究成果は1度限りのものではなく、館で保存し、学芸員が代替わりした後でも簡単に引き出せるようにしておくことが大切である。

2. 板橋区立美術館の設立と事業

　ここでは、筆者の勤務先である板橋区立美術館を例に、調査研究活動について紹介する。板橋区立美術館は、1979（昭和54）年5月20日に東京23区で最初に開館した区立の美術館である（図表1）。赤塚溜池公園、赤塚城址に隣接した、板橋区のなかでも緑の多い地域にある。

　資料の収蔵方針は「板橋区ゆかりの作家」「近代・現代美術資料」「近世美術資料」となっているが、現在の収蔵作品と照らし合わせてより具体的に示すと「板橋区および池袋モンパルナスゆかりの作品」「昭和の前衛作品」「江戸狩野派の作品」となる。作品は購入、寄贈により収集しているが、近年は予算の関係で購入は少なくなり、寄贈の受け入れが多い。作品の寄託も受けており、収蔵コレクションを補強する作品を多くお預かりしている。

　展覧会活動は、近年では年間に5本、近世、近代美術、地域の美術展などをバランスよく行うようにしている。比較的小さな館であるため、新聞社などが主催する海外有名作品、作家の展示は行わず、基本的に自館で学芸員が準備

図表1　板橋区立美術館（外観）

したものを実施している。年間 5 本のうち 2 本は、原則として収蔵作品展である。設立当初より、建物の都合上、常設展示室がないため、年に 1 度、日本の近世絵画と近代美術作品の展示を行っている。「日本のシュルレアリスム展」「戦争の表象展」などと毎回テーマを設定して開催しており、日頃の研究成果を伝える場となっている。

　企画展は原則として収蔵作品、作家を中心に他館や個人から借用した作品を加えて「探幽 3 兄弟展」（2014 年）、「池袋モンパルナス展」（2011 年）など「江戸文化シリーズ」「20 世紀検証シリーズ」とシリーズ化して開催している。加えて 1981（昭和 56）年からは「イタリア・ボローニャ国際絵本原画展」および関連する絵本作家の紹介も行っている。展覧会開催時には関連事業として、研究者や作家を招いた講演会、学芸員によるギャラリートーク、区内の小学生を対象にした鑑賞教室などが行われる。展覧会の他、一般向けの技法講座、親子向けの工作教室などの普及事業も定期的に開催している。

3. 調査研究活動

　板橋区立美術館では、専門性を重視し、近世絵画、日本の近代美術、絵本の各分野を担当し研究する学芸員がいる。収蔵作品管理も、それぞれの分野で受け持っている。しかし、学芸員の人数も少ないため、調査や展覧会の展示作業、関連事業などで人出が必要な場合は、分野をこえて協力をしている。

　大学と美術館の研究活動の一番大きな違いとして、美術館では普段から実物の美術作品に触れることができることがあげられる。筆者も大学院で美術史を専攻したが、美術館が収蔵する作品を熟覧するためには申請などの諸手続きが必要なこともあり、本物の作品を間近に見

て調査することは難しかった。美術館の学芸員として調査を行う場合は、自館の収蔵作品に加え、企画展などで借用する予定の他館、個人所蔵の作品など各地にある作品も実際に調査できる。しかし、一番多く接するのは収蔵作品である。先にも述べたように、収蔵作品はそれぞれの館の活動方針を示し、美術館の顔となるものである。収蔵作品の調査研究活動は、作品を一度収蔵、展示してしまえば終わるのではなく、美術史研究の進歩にあわせて更新され、必要に応じて訂正され、継続されていくべきものである。

　板橋区立美術館では、収蔵作品のデータを紙のものと、パソコンでデータベース化したものの2種類で保存している。特に紙のものは「作品基本カード」として、作品の図版を貼りつけており、他館への作品貸し出し・返却作業のときには、作品調書としてコンディション（絵具の剥落、傷など）をチェックする際に使用している。「作品基本カード」には題名、作者、制作年、寸法（実寸、額寸）、技法、材料、付属品、購入・寄贈の別、受け入れ年度、修復の履歴、貸し出しの履歴を書き込むようになっている。このようなカードは他の美術館でも作成、使用されている。共通のフォーマットはないが、ほぼ同じ内容のようである。

　収蔵作品は自館での展示、他館への貸し出しなどで学芸員が触れる機会が多い。貸し出しや展示の際には、他館の学芸員やマスコミ、一般の方々から問い合わせを受けることもある。そのため、普段から自館の収蔵作品、作家については、情報を逃さぬように心がけている。

　板橋区立美術館は、地域にゆかりのある作家の作品を多数収蔵している。地域に密着した美術館として、地域の美術史をつくり、保存し、発信していく使命がある。筆者の担当している日本の近代美術の分野は、作家本人や作家の遺族に作品調査や作品借用などでお世話になることが多い。加えてコレクターや画廊、他の美術館など、協力者の

方々の理解があってこそ、調査研究活動や展覧会活動を行うことができる。

　次に具体的な作品資料調査について紹介する。まず、調査をする前に準備しておきたいことは、調査する作品資料、作家についての基礎データである。加えて、作品に触れる場合は作品保護のため、爪を切り、ネクタイや装飾品、腕時計などを外しておくことも大切だ。その他、扱う作品資料の材質や状態によって準備するもの、注意すべき点があるので、その都度、所蔵者に確認した方がよい。メモをとる際は汚損事故を防ぐために鉛筆が基本である。その他調査目的にあわせて資料を測るためのメジャー、記録を取る場合はカメラなども使うことがある。また、資料を手脂や唾などで汚さないための配慮として白手袋やマスクをつけることもある。手脂や水分は作品の色が変わる原因となる他、カビなどのリスクを招きやすくなる。資料を後世に伝えていく、保存の観点も大切にしながら調査を行いたい。
　ここから、板橋区立美術館の収蔵作品である《紅葉蓼科》（1936年）を例に、実際の作品資料調査の様子を紹介する（図表2）。
　いざ作品と直に向き合ったとき、どこに注目すればよいだろうか。まずはじっくり観察することが基本である。画集などで見慣れたつもりの作品であっても、写真には写っていない情報が見つかることがある。書き込みが色の暗い部分に隠れていたり、鉛筆などによる下描きの線が残っていることもある。色や筆遣い、絵具の盛

図表2　柳瀬正夢《紅葉蓼科》1936年、板橋区立美術館蔵

り上がりなどは図版では確認できない情報なので、しっかり見ておきたい。また、作品に対する情報を既にもっていたとしても、過去のデータが間違っている場合もあるので、新たな目で見ることが重要である。

借用を前提とする調査の場合には、作品や額縁の破損状況にも注目したい。時間が経過している作品は経年劣化するものである。絵具の剥落や個人宅の場合はカビの発生、額縁の損傷などが多い。収蔵作品については、必要に応じて修復家に依頼し、修復を施してもらうことがある。

柳瀬作品の観察に戻ろう。図表2からでも、山をモチーフにした作品で油彩画、画面の下方に文字が書かれている、という程度はわかるのではないだろうか。画面の下方の文字は「36.10」その隣に「R」を裏返しにしたようなものと、丸いマークが描かれている（図表3）。作品のサイズは、メジャーで測ってみると縦32.0cm、横41.0cm。油彩画で、支持体はキャンバス、額つきである。

通常、展示室で来館者が目にするのは展示されている作品の表の面だけだが、調査では作品の裏を見ることも大切である。裏面が見えないかたちで額装されている作品でも、所蔵者、所蔵館の了解を得て見せてもらうとよい。作品の裏には作家によるメモや展覧会の出品票、

図表3 《紅葉蓼科》の部分図

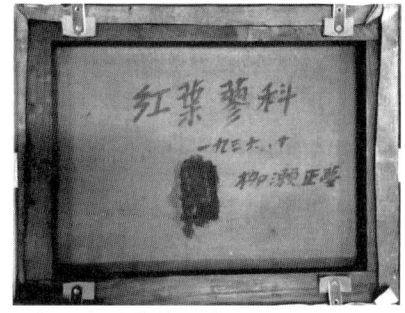

図表4 《紅葉蓼科》の裏面

その後の収蔵者の名前などが残されている場合がある。

　《紅葉蓼科》は額の裏板を外すとキャンバスの裏側に書き込みが見られる（図表4）。その中央には、赤茶色の絵具で「紅葉蓼科」「一九三六、十」「柳瀬正夢」と書かれている。作品タイトル、制作年、作家名である。これが作家の筆によるものかどうかも確認すべきことである。作家の手を離れた後に、他の所蔵者や画商がこのような情報を書き加えることもあるからだ。この作品の場合は、他の作品や資料と照らし合わせてみたところ、柳瀬の筆跡と一致するため、柳瀬の手によるものと考えられる。

　サインや筆跡などの見極めについては、同じ作家の作品を数多く見ることで情報が蓄積されていく。表現方法や画材などの変遷を摑むこともできる。情報収集のためにも、収蔵作家や今後展示を考えている作家の展示には、足を運ぶように心がけている。

4. 作品、作家に関する文献調査

　収蔵庫や所蔵先で得ることのできる作品の情報は、このようなモノ（作品）に付随する目で確認できるものが中心になる。それに加えて、作品の研究に必要なものとして、作品や作家に関連する主に文献から知ることのできる情報があげられる。作品が描かれた目的や状況、描かれたモチーフに関するもの、作家の回想、画業のなかでの位置づけなどである。

　これらの情報は、作家によりさまざまだが、画集、美術雑誌や新聞に掲載された文章、過去の展覧会図録などから得ることができる。特に最新の図録には、新発見の資料や研究成果が掲載されており、文献リストも充実しているため、文献調査の手助けになる。例にあげた柳

瀬正夢であれば、2013（平成25）年から翌年にかけて北九州市立美術館本館、神奈川県立近代美術館葉山、愛媛県美術館を巡回した『柳瀬正夢1900−1945』が最新の図録である。展示された作品や資料の図版、研究者や学芸員による論文、柳瀬の年譜などが掲載されている。この作品が制作された頃の作家の行動を、年表で簡単に読むことができる。《紅葉蓼科》が描かれた年を見ると「蓼科をス

図表5　板橋区立美術館の柳瀬正夢資料ボックスファイル

ケッチ旅行」と記載されており、長野県の蓼科に取材した作品だと考えられる。また、先の作品の画面の下方の制作年月の隣のマークが何を示しているのか、他の作品図版と比較すると、図録に掲載された柳瀬の他の作品にも同じマークがついていることが確認できる。さらに柳瀬に関する論文を読むと、このマークは柳瀬がサインと共に書き入れたもので、"ねじ釘"を基にしたこともわかるだろう。

　文献資料は図書館や美術館に附属する図書室などで検索、入手できる。美術館附属の図書室は、専門性が高く、司書やスタッフの方は美術関連の文献資料に関するエキスパートなので、文献検索について相談もできる。その他、書店、古書店で資料を探してみると、直接関係はなくとも、関連する書籍に出会うこともできるので、時間があるときには書店をめぐるのもおすすめである。美術館では、収蔵作家の資料は作家毎にファイルボックス保存している（図表5）。

　図書館や書店から得られる文献資料に加え、場合によっては作家のアトリエ、関係者などから日記や手紙などの資料を調査させていただくこともある。作家やその家族、関係者に研究の目的、資料の利用について説明し、ご理解、ご協力をいただくことが大切だ。

ここに示したのは作品調査の一部であるが、作品や作家に関する資料調査は、作品や作家についての理解を深め、作品をその作家の画業や美術史のなかに位置づける作業の一助となる。作品や作家に関する情報、材料が揃ったら、いよいよ展覧会準備や論文執筆などの作業に取りかかることになる。

5. 展覧会開催のための調査研究活動

　ここでは、展覧会開催のための調査研究活動について紹介したい。展覧会は、美術館の活動のなかでは一般に最も認知されている活動であり、日頃の研究の蓄積を活かすことができる場でもある。
　展覧会の企画は館内会議、運営委員会などを経て実施が決定される。実施までに数年の準備期間を設けていることが多いが、その間も企画展準備のみならず収蔵作品の調査やその他の事業を掛け持つ。企画展は予算規模が大きく、個人や他館からの借用を伴うため、計画的に進めていくことが必要である。
　ここでは、板橋区立美術館が2015（平成27）年に行った「20世紀検証シリーズ No.5　井上長三郎・井上照子」展を例に、企画展の調査研究活動について紹介したい。井上長三郎は、戦前より日本の前衛画壇で活躍し、戦中は靉光、松本竣介らと「新人画会」を結成し、戦争とは直接関係のない作品を発表していた。戦後は東京裁判やベトナム戦争といった事件を描き、背広姿の閣僚を諧謔的に描くなど、日本のなかでは他に類を見ない、独特の立場にあった画家である。また、1956年頃に、武蔵野美術学校（現・武蔵野美術大学）で教鞭を執っていたことがある。
　井上は戦後より亡くなるまで板橋に暮らしたこともあり、存命中

の 1980（昭和 55）年に板橋区立美術館で個展を開催している。館では作品をまとめて収蔵しており、館にとって重要な作家の 1 人である。地域に密着した美術館には、それぞれゆかりの作家がおり、回顧展を開催することが多い。今回、井上夫妻を取り上げたのは、2015 年が彼らの没後 20 年に当たり、これまであまり紹介されてこなかった照子の作品にも焦点を当てたいと考えたからである。

　展覧会の中心となるのは作品である。その作品を集めるためには、展示する作家の作品の全貌、所蔵先、展示の可否を調べる必要がある。画集や過去の展覧会図録は、全作品を調べるための手がかりとなる。長三郎は生前、1937（昭和 12）年に『井上長三郎画集（独立美術画集）』（独立美術協会編、美術工芸会）、1975（昭和 50）年に『井上長三郎』（現代美術家シリーズ、時の美術社）を刊行している。展覧会図録としては 1980 年に板橋区立美術館で開催したときのもの（図表 6）と、2003（平成 15）年に神奈川県立近代美術館、伊丹市立美術館で開催された展覧会にあわせて発行されたものがある。展覧会図録にはカラーの図版の他、所蔵先も書かれているので、借用交渉の手がかりになる。当館には、展覧会図録に加えて 1980 年の展覧会の資料も残されていたため、その当時の所蔵者、展示プランなど、展覧会図録には掲載されていない情報も確認することができた。

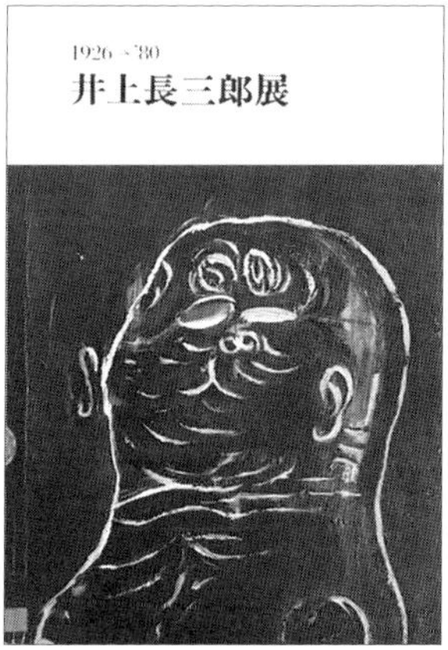

　さらに今回は、画集や図録に掲載された作品に加えて、作家のご遺族にご協力いただき、ご自宅にある作品についても全点調査をさせていただいた。そのなかには、長三郎が所属していた自由美術協会の展覧会での展示以来、発表されてい

図表 6 『区内作家シリーズ 2 井上長三郎展──1926-'80 図録』板橋区立美術館、1980 年

II-5：調査・研究 2　311

なかった作品もあった。照子の作品についても、ご家族宅で数日間かけて全点調査を行うことができた。最初の調査では、記録のための簡易撮影をし、わかるものについては作品名、制作年、出品した展覧会名、サイズを記録した。その他に、他の美術館、画廊、作家のご親戚の所蔵している作品をできるかぎり実見し、調査を行った。

　これらの調査で得られたデータをまとめることで、作家の作品の傾向がよく見えてくる。データベースが整ったところで、作品の選定を行った。展示室の広さにより、展示できる点数が決まってくる。必要に応じて会期中に展示替えなどを行う場合もあるが、今回は行わなかった。どのように作品を見せるのか、伝えたいことやものは何なのか、作品の選定は学芸員の手腕が問われる作業である。

　作品調査と並行して行ったのは、文献資料の収集である。今回の場合、長三郎は収蔵作家であり、1980年の展覧会準備で使っていた資料も残されていたため、ある程度の文献はそもそも手もとにあり、普段から読んでいたのだが、その後の資料や抜けているもの、照子に関する資料を新たに入手する必要があった。先に紹介した、図書館や書店、ご遺族宅で関連するものを手に入れることはできたが、今回の文献調査で時間がかかったのは、長三郎、照子の1930年代の資料の入手であった。特に、長三郎は大連、照子は京城で展覧会出品をしていた時期があり、その当時の古い新聞の記事は1つ1つ当たる他なく、新聞の縮刷版やマイクロフィルムを隅々まで読むことになった。

　集めてきた文献資料を読むことで、作家の考えや作品にまつわるエピソードがわかってくる。知り得た情報を展覧会場の解説パネル、展覧会図録などで紹介することになる。解説パネルと展覧会図録の文章を同じもので作成する場合もあるが、それぞれを読む人を想定して表現や言い回しを変えることがある。美術館には、子どもから高齢者まで、美術への関心度もさまざまな幅広い年齢層の人が来館する。筆者

は、かつて上司に解説パネルは中学生でも読めるものにするようにとアドバイスされたことがあり、常にそれを心がけている。一方、展覧会図録の文章は、展覧会に特に関心のある方、多くの場合は大人が購入して、後にゆっくりと読むことが多いので、読者に満足していただけるように書くことを心がけている。

　作品の選定、展示全体の流れができたところで、具体的な展示プランを作成する。これも、調査研究を経て、はじめて作業のできることである。今回の「井上長三郎・井上照子展」は回顧展の形式をとったため、基本的には制作年代に分けて展示を行ったが、テーマ別の展示など、展覧会趣旨によって作品の展示順はさまざまである。作品を単純に並べるのではなく、魅力的に伝えるため、どのような演出が効果的なのか、展示プランの作成も重要である。作品だけではなく、解説パネル、年表、関連資料の効果的な見せ方にも工夫が必要である。展示のつくり方に、正解はない。決定するまでには、何パターンもシミュレーションを行うことになる。普段から他の美術館や画廊の展示を見て勉強し、見せ方についても研究するように心がけている。

おわりに

　展覧会は、作品や文献の調査を経て、展示作品を決定し、展示プラン、解説パネル、展覧会図録などをつくりあげる、つまりは調査研究活動のまとめ、成果発表の場である。板橋区立美術館では、その研究成果を広く見てもらうために区外に向けて広報活動を行い、展覧会の会期中には小学生対象の鑑賞の授業や一般向けのギャラリートークの実施、美術評論家や研究者を招いた講演会なども行っている。

　さまざまな館や個人が所蔵している作品を一堂に集め、たくさんの

方に見て、考えてもらう、新たな研究の出発点が展覧会である。展覧会がオープンした後に関係者や来館者から、作家や作品に関する重要な証言や資料、作品を紹介していただくこともある。会期中に訂正できる部分は訂正し、新しい資料や情報は今後の研究活動、展覧会に反映させたいものである。

　展覧会が終了し、作品の返却が終われば、大部分の作業は終わりになるが、調査研究活動に終わりはない。展覧会を実施することによって、新たな作品に出会い、今後調査したいことも出てくる。それらの反省や課題が、次の調査研究活動の原動力になっている。

参考文献
・安村敏信『智慧の海叢書3　美術館商売──美術なんて…と思う前に』勉誠出版、2004年
・『板橋区立美術館概要』第13号、板橋区立美術館、2011年

II-6：調査・研究 3
博物館の調査研究
——目の前の資料との向き合い方

小金沢 智

1. 調査研究活動の基本事項

　博物館における学芸員の調査研究活動——特に美術館におけるその実際について、基本的な事項を押さえながら、筆者の見聞きした調査研究にまつわる具体的なエピソードも交えつつ述べていきたい。

　そもそも博物館とは、「博物館法第1章第2条」（最終改正：2014［平成26］年6月4日法律第51号）に定められている通り、「歴史、芸術、民俗、産業、自然科学等に関する資料を収集し、保管し、展示して教育的配慮の下に一般公衆の利用に供し、その教養、調査研究、レクリエーション等に資するために必要な事業を行い、あわせてこれらの資料に関する調査研究をすることを目的とする機関」のことである。調査研究活動は博物館にとって事業の根幹をなすものであり、それなくして博物館とは認められない。ただしその調査研究対象は、自館で収集している資料だけにかぎらず、他の博物館や類似する各種機関、個人が所蔵しているものも含まれる。したがって、学芸員は自館の資料に対して専門的知見を深めるとともに、研究上関連する内外の組織や個人との緊密な連携や交流を行うことで、よりその研究を進展させなければならない。また、博物館自体を1つの資料として見なせば、博物館内で行われている事業全体が調査研究対象にもなる。既存の枠組みにとらわれない視点をもって自館を含めた博物館全体の事業を見直してみることもまた、時代や風土によって変化する博物館運

営のあり方を考える上で重要である。

　では、資料とは何か。「博物館の設置及び運営上の望ましい基準」（2011［平成 23］年 12 月 20 日文部科学省告示第 165 号）で定義されているように、博物館における「資料」とは、「実物、標本、文献、図表、フィルム、レコード等の資料」＝「実物等資料」と、それら実物等資料を「複製、模造若しくは模写した資料又は実物等資料に係る模型」＝「複製等資料」の 2 種類に大別される。

　そして美術館では、実物としてオリジナルの作品を、それ以外を資料と分類するケースが見受けられる。ただし、ここでの作品と資料の分類判断は各館の方針次第とも言え、一様ではないことも前提としておく必要がある。仮にある画家の仕事をまとめて収集する機会が訪れたとして、その収集候補のなかに本画だけではなく未完成の作品や下絵類も含まれていたとしよう。では、未完成作や下絵も等しく「実物」には違いないが、「作品」と判断すべきものだろうか？　そう判断される場合もあるし、されない場合もある。それら作品に類するもの以外にも、書籍、書簡、日記、エフェメラ類（チラシやポスターな

図表 1-1　長谷川等伯《龍虎図屛風》（左隻、次頁 1-2：右隻）1606 年、6 曲 1 双、紙本墨画、各 154.2 × 340cm、ボストン美術館蔵
Photograph ⓒ 2016 Museum of Fine Arts, Boston.

どの一時的な印刷物)、画材から日用品に至るまで、重要度もさまざまなレベルのものが、作家本人や家族・遺族、所蔵家、画廊などから美術館に収められるケースがある。

つまり、それらの何を作品とし、何を資料と分類するかは、そのもの自体の作家研究上の価値を踏まえつつ、収集する館内での収集方針を考慮した上で決定される。

収集や調査研究、そして展示にあたっては、基本的に先の基準で言うところの「実物等資料」が望まれるが、状態や展示スケジュールの重複等でそれが困難な場合は、著作権法その他法令に規定する権利を侵害しない範囲で複製等資料の活用が認められている。文化庁による「国宝・重要文化財の公開に関する取扱要項」(1996［平成 8］年 7 月 12 日)で、原則として公開回数は年間 2 回以内、公開日数は延べ 60 日以内と国宝及び重要文化財に指定された美術工芸品等の公開が制限されていることからも明らかなように、国宝・重文にかぎらず実物等資料は、常時公開できるわけではない。

そもそも、いくら慎重を期したとしても、調査研究や展示によって

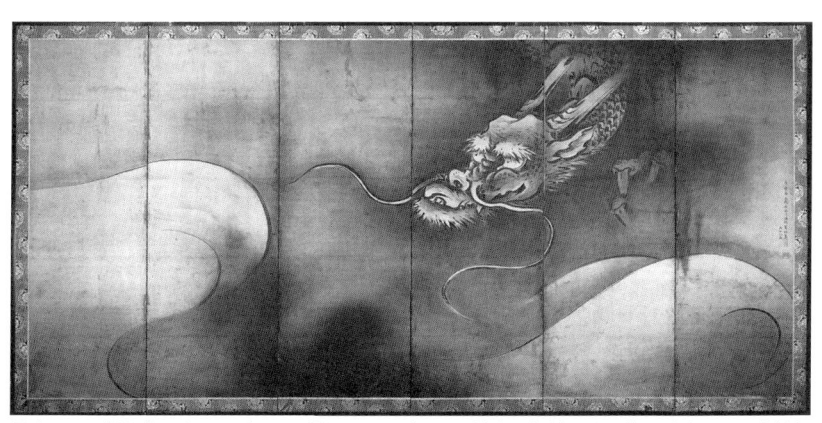

図表 1-2 「綴プロジェクト」の一環として、デジタル技術と伝統工芸の技を融合させた高精細複製品が制作され、2015 年に大分県立美術館へ寄贈された
Photograph ⓒ 2016 Museum of Fine Arts, Boston.

資料はダメージを蓄積する。それをいかに軽減しながら、状態に応じて修復等の処置も行い、保存と調査研究及び展示という、相反する事業を継続して行っていくか、ということが博物館の課題にほかならない。したがって、「本物（実物等資料）に出会うこと」は博物館における鑑賞の醍醐味であるものの、一方で複製等資料をいかに活用していくかということも積極的に検討されるべきことである。

　たとえば、1992（平成4）年に寺社等の障壁画を主として、「公開と保存の両立」を目的にDNPグループが技術開発に着手した高精細複製「伝匠美」や、国内外の日本の文化財の高精細複製を制作し、「日本の貴重な文化財の価値を身近に感じてもらう取り組み」として映像機器のメーカーであるキヤノンと特定非営利活動法人京都文化協会が2007（平成19）年3月に共同で立ち上げた「綴（つづり）プロジェクト」（正式名称：文化財未来継承プロジェクト）などがある。いずれも、常時公開が難しい文化財の高精細複製品を制作することで、複製ではあるものの作品の常設など法令に縛られない展示を可能にし、そのことが作品の状態をより長く維持しつつ、かつ多くの人に鑑賞の機会を与えることにつながっている。後者では、国外へ渡った日本の文化財も対象にしており、長谷川等伯《龍虎図屛風》(図表1–1、1–2)の複製が所蔵館であるアメリカのボストン美術館協力のもと制作され、2015（平成27）年4月に新たにオープンした大分県立美術館へ寄贈された。

　文化財を守ると同時に、教育的配慮のもと公開していく博物館にとって、最新の科学技術との協働も不可欠なのである。

2.「調査研究」か、「調査・研究」か

　さて、こうした各種資料に基づいて行われるのが調査研究にほかならない。細かなことだが、ここで「調査研究」という語自体を確認してみよう。そもそも、なぜ「調査」と「研究」は四文字熟語かのように、ひとくくりにされているのか？　それらは別個の行為ではないのか？

　さらには、「調査研究」と「調査・研究」という語があわせて用いられている現状がある。本書で採用しているのは「調査・研究」であり、博物館法では「調査研究」、また独立行政法人国立美術館法では「調査及び研究」という文言が確認できる（2016年1月現在）。ここから、調査研究とはいかなるものか、その基本を考えることができるのではないか。つまり、「ナカグロ」と「及び」からは、調査と研究という別のものを同格のものとして位置づけようとする意思がうかがえる。一方、「調査研究」には、別のものである2つの行為を同格ではなく一体のものとして合成させているようなニュアンスがある。つまり、考えられるのは以下のようなことだ。

　調査とは、資料自体がどのようなものであるかその基本的事項を明らかにすることである。美術作品であるなら、作者は誰か、タイトルや主題は何か、制作年及び発表年はいつか、素材・技法に何が用いられているか、サイズは如何ほどか、展覧会出品歴はあるか、来歴はどのようなものか、修復歴はあるか、といった作品そのものがもつ情報がまず必要だ。外箱や裏書きなども含めた作品自体から判明するものもあれば、文献や書簡などの各種資料、関係者からの聴き取り調査、あるいはX線分析などによってはじめて得られる情報もある。博物館における調査とは、実物を前にしての慎ましい作業による資料の基

本情報の積み重ねによって、まずその輪郭を明らかにすることにほかならない。

　そして研究とは、それら細々とした、ないし断片的な資料の調査の集積に基づいて、対象をより深く追求し、未だ知られていない事実を明らかにする行為である。博物館における具体的な成果発表の機会としては、展覧会の実施や図録・紀要等での論文発表がそれにあたる。

　そう、「調査研究」ないし「調査・研究」という、統一されない用語のバリエーションは、調査と研究という別個の行為が、同格のものであると同時に一体となることで博物館事業としていっそう意義あるものになるという、双方向的なニュアンスが反映された結果のゆらぎであるように筆者には思える。研究は十分な調査あってのものである、ただし、調査だけでは博物館の活動として決して十分ではない——というような。各種資料を前にして正確なデータを収集することにくわえて、それらをもとにして実証的に考えることが、何より学芸員には強く求められているのである。

　本稿は、以上の考えからナカグロで言葉を区切らずに「調査研究」という語で統一している。

3. 調査研究の見きわめ①
　——私たちの前にはかぎられた資料しかない

　ただし注意しなければならない。研究対象にまつわるすべての事象を調査することは不可能である。学芸員の目の前に、調査対象に関連するすべての資料が出揃うわけではない。資料が既に失われている、ないしはさまざまな事情により、現存するものの調査が不可能、という場合も珍しくない。展覧会であれば、開催までの時間的制約もある。

では、完全な調査がなされなければ、研究は不十分なのだろうか？そもそも、完全な研究とは可能なのだろうか？

1つ、心をひかれる例をあげたい。筆者はこのことを、以前勤めていた世田谷美術館の館長・酒井忠康氏から教えられ、以来調査研究にあたっての重要な指針として心に留めてきた。酒井忠康『鞄に入れた本の話　私の美術書散策』（みすず書房、2010年）に収録されている「父と娘の距離　岸田麗子『父 岸田劉生』」に述べられていることがそれである。

もっとも、これから概略を紹介することは、博物館の学芸員による調査研究の実例ではない。しかし、日本初の公立の近代美術館として1951（昭和26）年11月神奈川県立近代美術館が開館する際、副館長として就任し、のちに館長となった土方定一（1904-1980）が、同館に勤めるおよそ10年前の戦中に著した『岸田劉生』執筆をめぐる逸話は、博物館の調査研究というものも含んでより広義の美術の調査研究とはいかなるものかという原理に触れるものであり、美術館の多様化が叫ばれる昨今だからこそ、振り返るべき原点として共有されるべき大きな意味をもっていると筆者は考える。

土方定一『岸田劉生』は、1941（昭和16）年12月にアトリエ社から発行された画家・岸田劉生（1891-1929）の伝記であり画集である。油彩画を中心にデッサンも含め、原色版5点、単色版47点の図版掲載に続いて土方による岸田劉生論が載り、さらにその挿画として日本画6葉、『草土社目録』表紙・『白樺』表紙・図案6葉、『白樺』10週年記念写真、印譜が収録されている。「序」によれば、「岸田劉生の画集といへば、大正九年、鵠沼時代に彼が編纂したもの以外にはなく、伝記といへば十行そこそこのあまり精確ではない年譜しかないやうに思はれる」という。

ここで言及されている画集とは、岸田劉生が自ら編集して自選の作

品と芸術論をまじえた『劉生画集及芸術観』(聚英閣、1920 年）のことである。したがってこのとき土方は、自ら編む画集では、「大正九年以後の作品をも年代と発展とに従つて載せたいと考えた。また、前画集で岸田劉生が嫌つて挿入しなかつたもののうち、彼の発展にとつて重要と思はれるものは載せることにした」(土方前掲書、「序」より)。

　そうして刊行された『岸田劉生』は、およそ 100 頁にわたる岸田劉生論及び年譜とあわせて、岸田劉生研究の基礎を形づくることになる。いまでこそ各地で展覧会が開催され、画集や伝記が多く刊行されるなど研究の蓄積もあるが、劉生没後間もない、およそ 70 年前はそうではなかったのである。土方、36 歳のときの仕事だ。

　興味深いことが、それから 30 年が経った 1971 (昭和 46) 年に刊行された土方定一『岸田劉生』(日動出版部) に書かれている。アトリエ社版に、戦後発表した岸田劉生論と書き下ろし論文を追加して編んだ同書の「あとがき」で、土方はこう書いた。少々長いが引用しよう。

「『岸田劉生』(アトリエ社) は、ぼくとして近代日本美術史研究のうち、単行本として、はじめて書いた劉生論であったために、忘れ難いいろいろな思い出がある。そのころ、岸田劉生という喧伝されている作家であるにもかかわらず、画集と言えば、劉生が生前、自身で編纂した『劉生画集及芸術観』(大正九年、聚英閣) しかなく、年譜といっても十行そこそこの、しかも間違いだらけの年譜しかなかった状態であった。であるから、草土社の同人であった木村荘八、清宮彬、椿貞雄、河野通勢、中川一政氏、また高村光太郎、澤田竹治郎氏らをしばしば訪問し、談話筆記をとり、資料を拝借したりして煩わしながら、ぼくのなかでひとつの意味＝モティーフを資料によって基礎づけ

ながら、その間、作品所蔵者、たとえば、神戸の直木憲一氏のところにまで行って、できるだけ、作品を見てリストを作成し、画集を兼ねるように編集した。

　岸田蓁（蓁）夫人のところに劉生の絵日記があるので、アトリエ社の近代画家シリーズの一冊として劉生を書くので、「絵日記」を拝借したいと申しあげたところ「劉生のようなエライ画家のことは武者小路先生などが書かれるべきで、あなたのような劉生と会ったこともない若僧が書くべきではない」と、いわれたことを思い出す。この会話なども、なかなか、気分がでていていい。そういうわけで、アトリエ社版『岸田劉生』のなかに「劉生絵日記」の文章は一行もないが、別にいまから作家論として訂正すべき箇所があるとは思っていない。これはぼくが自負して書いているのでなく、椿貞雄氏のように、全く自分のことのように喜んで劉生について語り、また所蔵家の方々のところにまで案内して下さったためであり、またそのころアトリエ社の編集部にいた友人、遠藤健郎氏の共同者のような協力を得たからであって、ここであらためて、いまは多く故人となられた方々に感謝の意を述べないわけにはゆかない。それらの方々の印象記といっていいものを「岸田劉生論」のなかに書きつつ、劉生を陰影づけようとしたのである。その他、いろいろな個人的な回想があるが、それはそれとして機会があるときに書くことにしよう。」

　（土方定一『岸田劉生』日動出版部、1971年、pp.241-242、傍線引用者）

　文中の「絵日記」とは、劉生が1920年（大正9）年元旦から1925年7月9日まで、1日も欠かさず書き続けた日記のことだ。スケッチを交えて重ねられたこの日記は、劉生の芸術家としての側面というよりもむしろ、市井の人としての日常の暮らしぶりがしたためられてい

るもので、非常に興味をそそられる。おのずと岸田劉生研究上、きわめて貴重な資料ということになるが、土方が日動出版部版のあとがきで書くように、アトリエ社版で岸田劉生論を書くためこの日記を借りようとしたものの、当時はかなわなかった。

　この日記は、劉生が書いた文章の集成である『岸田劉生全集』（全10 巻、岩波書店、1979–1980 年）の第 5 巻から第 10 巻にまとめられ、その後『劉生日記』全 5 巻（岩波書店、1984 年）として日記部分が独立されて刊行、さらに酒井忠康編『摘録　劉生日記』（岩波書店、1998 年）として重要な部分が選出され、まとめられている。ただし、部分としては、1920 年の日記が『鵠沼日記』（建設社、1948 年）に、さらに 1922（大正 11）年から 1924 年の日記が『劉生絵日記』（全 3 巻、龍星閣、1952 年）に収録されている。つまり、日記の一部は 1948（昭和 23）年にはじめて活字化されたが、全容が判明するのには、それからおよそ 30 年後の『岸田劉生全集』刊行を待たなければならなかった。

　よって、土方は、日記なしで、しかし劉生と親しい画家や所蔵家をはじめとする協力者への聴き取り調査等を行うことで、岸田劉生論を書く。そうした過程を経た結果、「アトリエ社版『岸田劉生』のなかに「劉生絵日記」の文章は一行もないが、別にいまから作家論として訂正すべき箇所があるとは思っていない」と至るのである。

　土方が、劉生の日記を重視していなかったわけでは、もちろんない。『劉生日記』刊行にあたっては、土方は梅原龍三郎、谷川徹三、脇村義太郎と並んで、監修者の 1 人として名を連ねている。

　ここから学びたいことは、調査研究の終わりをどこで見きわめるかということだ。画集出版のためではあるものの、土方が『岸田劉生』を著すプロセスは、博物館の展覧会事業や論文執筆のための調査研究と変わらないように見える。要するに、実物の基本情報の整理、可能

な範囲での文献や関係各所への調査、そしてそれらに基づいたいまだ明らかならざることの探求である。事細かに調査だけを重ねればよいというわけではない。博物館として、基礎となるそれを軽視してはならないことは言うまでもないが、その先に、それらをいかに一本の展覧会や論文としてまとめあげるかということも考えなければならない。

　博物館活動としての展覧会事業や論文執筆が、いわば締め切りのあるものである以上、その時点で不明なことやまとめきれないものは、思い切って切り捨てる勇気が必要である。すべてを探求することができないからこそ、現状の調査研究成果として展覧会や論文として世に問い、それを今後のさらなる研究素材とするのだ。

　土方が亡くなる1980（昭和55）年まで館長をつとめた神奈川県立近代美術館では、こうした意味での研究成果の公開と蓄積、そして継続が、開館間もない頃から行われている。

　洋画家・高橋由一（1828-1894）の研究を例にあげると、同館では1961（昭和36）年に「明治初期洋画」展、1965（昭和40）年に「司馬江漢とその時代展」といった高橋由一と同時代ないし先行世代の日本近代洋画研究に資する展覧会が行われ、そして、1964（昭和39）年に「高橋由一展」、さらに1971（昭和46）年に「高橋由一とその時代展：神奈川県立近代美術館開館20周年記念」が開催された。

　土方定一編『神奈川県美術風土記　高橋由一篇』（神奈川県立近代美術館、1973年）の「まえがき」によれば、1964年の「高橋由一展」は日本各地に散在する高橋由一作品をはじめて一箇所にまとめて展示した画期的な展覧会であったが、その際、所蔵家によって提供された未知の作品や資料について、整理がかなわなかったという。そこで、さらに徹底的な調査と資料の整理を行い、1971年に「高橋由一とその時代展」を開催した。くわえて、同展開催をきっかけに講談社から高橋由一の油彩画の総カタログ出版の提案が同館に対してあり、総論、

個々の作品解説、重要資料を附して土方定一編『高橋由一画集』（講談社、1972年）がまとめられた。『神奈川県美術風土記　高橋由一篇』は、『高橋由一画集』におさめられた伝記をさらに補う目的で刊行されたものである。

　先駆的という意味で神奈川県立近代美術館を例に出したが、いまやもちろんこの館だけに限られたことではない。そうして、ある調査研究成果が展覧会の開催や画集、単行本の刊行につながり、それがまた次の調査研究へとつながっていく。博物館の調査研究の社会への還元として、理想的なサイクルがここにある。だからこそ、今目の前にある資料に向き合うことが重要なのだ。

4. 調査研究の見きわめ②
　　——私たちの前にはかぎられた資料しかないが、それが常に同じものである（あった）とはかぎらない

　そう、私たちの目の前にはかぎられた資料しかない。しかし、その資料が「常に同じもの」である（あった）とはかぎらない、ということも調査研究を行う際の1つの真理である。

　適切な保存や展示をしていたとしても経年によって、あるいは突然の天災によって、またあるいは取り扱う際の事故によって、資料は微かないし劇的にその姿を変化させる。もちろんそれが著しい場合は、修復家に修復を依頼する必要がある。ただし、資料が完全に元どおりになることはありえない。これはつまり、学芸員は調査研究の基礎となるべき目の前の資料に向き合わなければならないものの、その資料が経てきた変化の過程も同時に考える必要がある、ということだ。

　または、こういう例もある。洋画家・藤田嗣治（1886-1968）は、

アジア・太平洋戦争中、《アッツ島玉砕》(1943) をはじめとした戦争画を数多く描いた。その鮮烈な作品群ばかりではなく、陸軍の外郭団体である陸軍美術協会の副会長を藤島武二亡き後に継いだことからも、戦時中の日本画壇における藤田の強い存在感がうかがえる。しかし、その活躍あって敗戦後藤田は、1946（昭和21）年4月に結成された日本美術協会から戦争責任を問われることになる。結局、1947年にGHQが公表した戦争犯罪者リストには藤田含め画家の名前はなかったものの、翌々年藤田はニューヨークを経由してパリに戻り、以来フランス国籍を取得して日本にはついぞ戻らなかった。

　この敗戦からニューヨークに渡るまでのわずか数年の間に、藤田はGHQの委託を受け、国内や朝鮮半島といった各地に散らばっていた戦争関連作品の収集に協力していたという（林洋子『藤田嗣治画集　異郷』小学館、2014年）。その働きは、まるで作品収集に奔走する学芸員のようだ、と思わずにいられないが、一方で、このとき、藤田は一部の自作についてサインの書き換えを行なったという。「日米開戦以降で、漢字や紀元歴ではなく、『Fujita』（戦前、使い慣れた『Foujita』ではない）や西暦表記のものが該当する」（林前掲書、pp.62-63）とある。戦時中の雑誌等複製物に収録されている作品と比較すると、そのとおり、明らかに改変がある。

　《アッツ島玉砕》を例に出すと、現在、東京国立近代美術館でアメリカからの無期限貸与として収蔵されている同作の署名はアルファベットで「T.Fujita」、年

図表2　戦時中の《アッツ島玉砕》に見られる藤田のサイン。『新美術』（1943年2月号、第19号、春鳥会）より

記は西暦の「1943」である。しかし、戦時中の《アッツ島玉砕》は、『新美術』（春鳥会）1943年2月号（第19号）を確認すると、署名は漢字で「嗣治　謹画」、年記は皇紀で「2603」である（図表2）。2015（平成27）年9月、「MOMATコレクション　特集：藤田嗣治、全所蔵作品展示。」で、はじめて同館所蔵の藤田の戦争画が同時に公開されたが、それらの署名と年記を見ていくと、《アッツ島玉砕》を含め、《シンガポール最後の日（ブキ・テマ高地）》（1942）、《大柿部隊の奮戦》（1944）、《ブキテマの夜戦》（1944）、《サイパン島同胞臣節を全うす》（1945）、《薫空挺隊敵陣に強行着陸奮戦す》（1945）の6点について、西暦の表記と、「Foujita」ではなく「Fujita」のサインを確認することができた。日中戦争中の《南昌飛行場の焼打》（1938-39）や《武漢進撃》（1938-40）は西暦であるものの「Foujita」であり、日米戦争開戦後の《ソロモン海域に於ける米兵の末路》（1943）や《神兵の救出到る》（1944）、《血戦ガダルカナル》（1944）は、皇紀でそれぞれ「2603」「2604」「2604」と書かれている。

　改変の真意については明らかになっていないが、これ以上、署名と年記の差異について検討することは本稿の範囲を著しく超えるため行わない。つまり、このように、作品が作者自らの手によってオリジナルの状態から変えられてしまうことがあるということだ。たかがサインと侮ってはいけない。サイン1つとってみても、作家や作品が当時置かれていた状況というものが、そこに厳然と反映されているからである。藤田のこのケースは、サインの改変によって、むしろその事実をいっそう際立たせているという点で、非常に興味深い。

5. 博物館の調査研究とは

　博物館の調査研究は、現存する資料を実物として重視しながらも、しかし、それの変化の可能性を疑うという矛盾をはらんだ行為によって、その調査研究内容に対する信用を得ていると言ってよい。したがって博物館の調査研究は、資料から見える情報と、資料からは見えざる情報を同時に収集することによっていっそうの充実をはたす。そしてそれは、研究の進展によって、常に書き換えられる可能性を孕んでいる。いま、常識となっていることが、覆ることも決して珍しくないのである。公立・私立を問わず、パブリック＝公共の機関として博物館に求められる役割は、そうやって「書き換えられたこと」をも1つの事実として収集・記録・蓄積しながら、実物等資料をもつがゆえに可能な情報の公開・共有を、継続的に行っていくことにほかならない。

コラム　学芸員の履歴書3
文学との新たな出会いの場

大竹嘉彦

戻ってきた先は文学館

　2008（平成 20）年 4 月、財団法人地域創造への 2 年間の出向を終え、世田谷に戻った。戻ってきた先は世田谷美術館ではなく、世田谷文学館。美術館と同じ、せたがや文化財団が運営する博物館である。

　劇場や博物館など、複数の文化施設を有する地方公共団体では、それらの管理運営を同一の指定管理者が担うことが多い。そうした場合、世田谷に限らず、施設をまたいだ人事異動は一般的に行われている。

　最初は戸惑いもあったものの、そもそも美術と文学は密接に結びついていた芸術分野であり、尊敬する学芸員の先輩は、皆豊かな文学的素養を備えていた。この巡りあわせは自己研鑽の好機に違いないと思い、新たな職場で働き始め、早 8 年。手前味噌になるが、世田谷文学館は「文学館」の新たな形を模索し続ける、小規模ながらも刺激に富んだ、ユニークでベンチャー精神溢れる博物館である。

本を手に取るその前に、本を読んだらその次は

　世田谷区は 1923（大正 12）年の関東大震災以降、交通網の整備にともない郊外住宅地として発達した。広いアトリエや良好な創作環境を求めて多くの美術家や文学者も居を移し、今日に至るまで多くの芸術家がこの地に暮らしている。また、東宝の撮影所があることから、成城には古くから映画監督や俳優が居を構えている。

　こうした地域の文化史を背景に、世田谷区ゆかりの文学者や映画人の仕事の真価を探求し、広く発信していくことを目的とし

て、1995（平成 7）年に世田谷文学館は開館した。現在の収蔵資料数は 9 万点以上。文学者の直筆原稿、書簡、稀覯本(きこうぼん)のほか、映画の台本、セットスケッチ、スチール写真などをコレクションしている。

　文学の場合、作品の鑑賞とはすなわち読むこと（あるいは聴くこと）であり、図書館に行けば、誰もが古今東西の一流の作品に接することができる。その意味で文学館は、作品そのものを展示する場ではない。それゆえ、世田谷文学館では「本を手に取るその前に、本を読んだらその次は」というキャッチフレーズを掲げ、多様な文学作品と出会い興味をもつきっかけとなる場をつくること、文学を介して人と人が出会い交流する場をつくることを重要視している。

文学館らしくない、しかし文学館がやるからこそ意味があること
　一般的に文学館の利用者は、知的関心の高いミドルエイジの文学愛好家が中心である。世田谷文学館では開館以来、文学館を堅苦しい教養の場とせず、利用者の層を（特に若い世代に）拡げていくために、さまざまな取り組みを行っている。

　その 1 つが、美術・デザイン・音楽・演劇など、他の芸術分野と文学とのかかわりにフォーカスした、ジャンル横断的な展覧会である。

　自分が企画担当した展覧会を例にあげれば、「堀内誠一──旅と絵本とデザインと」（2009 年）、「和田誠展──書物と映画」（2011 年）などは、デザイナー、イラストレーターとして、文学者と深いかかわりをもちながら多面的に仕事を展開したクリエイター（お二方とも豊かなことばをもったエッセイストでもある）の企画展であり、言語表現と視覚表現を結ぶ創作活動を展観するものだった。

　また、「星を賣る店──クラフト・エヴィング商會のおかしな展覧会」（2014 年）は、文学に美術やデザインの要素を取り込み、

虚実混交した世界を形づくる創作ユニットの個展。クラフト・エヴィング商會という架空の商店の物語（彼らはそれを小説で表すだけでなく、作中に登場する摩訶不思議な品々を実際に制作している）を展覧会化するため、展示自体もフィクショナルな内容にした。

いずれも文学館らしくない、しかし文学館がやるからこそ意味がある展覧会と言えるだろう。こうした、ザ・文学でもザ・美術でもない、中間領域とも言える（それゆえに魅力的な）分野の企画展は、世田谷文学館の特徴の1つとして、現在では定評を得ている。

新たなかたちのアプローチ

2015（平成 27）年に開館 20 周年を迎えたことを機に、既存の枠組みにはおさまらない、新たなかたちの事業も試み始めた。

「セタブンマーケット」と題する蚤の市もその1つ。開館 20 周年記念展「植草甚一スクラップ・ブック」との連動企画として開催した。

映画、ミステリー、ジャズ、雑学と、ジャンルレスに健筆をふるった植草甚一（1908-1979）のエッセイに、「買い物」は欠かすことができない要素である。はじめは古本屋（氏が晩年構想していた古書店「三歩屋」）を展示室内につくり、実際に営業しようと考えた。しかし販売に関して実現困難な面があり、店は仮装再現したものの、そこで来場者が古本を購入することはできなくなった。

植草甚一の回顧展で買い物が楽しめないとは、画竜点睛を欠くというものだ。そこで、植草流買い物の体験空間が、形をかえて実現したのが蚤の市である。6月最後の週末、植草甚一的な（植草甚一と結びつく要素をもった）古本、雑貨、フードの店舗、合計 24 店に出店していただき、三歩屋もこの日だけ特別に「出張販売」した。

それだけではない。開館20周年の祝祭として、これまで文学館の活動にご協力をいただいてきた、作家、デザイナー、編集者、計22名の方々からも、私物を出品していただいた。谷川俊太郎さん、吉本ばななさん、角田光代さんほか、錚々たる方々の愛用品、蒐集品、創作資料や作品など、ここでしか買えない物ばかりである。自動人形師のムットーニさん、"フクヘン"こと編集者の鈴木芳雄さん、ブックデザイナーの名久井直子さんには、実際に店主としてご登場いただき、とてつもなく豪華な文学バザーとなった。来場者数は2日間で3,430名。これは会場キャパシティを考えても最良の結果だった。幅広い層の来場者がさまざまな目的で訪れ、買い物を楽しみながら文学への興味を深めていただけたことと思う。

　博物館と蚤の市は、実は理にかなった取り合わせでもある。博物館の原点は神殿であり、日本の神殿＝神社仏閣では古くから市が催されている。そこは地域の人々が集い、人と人、人と物が交流する一種の広場のようなもの。その意味において、地域の博物館が理想とする空間とも言える。

　セタブンマーケットは今後も新たな切り口で、折をみて開催できればと考えている。

まとめにかえて——博物館で働くということ

　過去と現在は、一続きの鎖によってつながれている。

　その鎖の端と端が結びついているという実感と、その共鳴がもたらす感動こそが、文学を含む芸術のもつ力である。

　博物館で働くということは、歴史をつなぐ鎖の、1つの輪の役割を果たすことだ。過去と現在、現在と未来、あるいは世界の端と端を結ぶ鎖としての博物館の可能性を信じ、その普遍的な力を活かして、1人の人間を、そして社会全体を、創造性に富んだ健全な方向に導き、幸せにすること。それこそが、博物館にかかわるすべての人に課せられた究極的な使命である。

II-7：整理
所蔵品の整理について
——武蔵野美術大学 美術館・図書館の事例を中心に

北澤智豊

1. 博物館における整理の意味

　所蔵品の整理とは、博物館が本性的にもつ構造的徴表であり、地道な営為の積層によってつくられた1つの基本的機能である。作品・資料の素生を明らかにして分類・登録することで、物理的なアプローチを容易にすると同時に、膨大な情報を体系化することで我々の知覚を拡張させる。博物館において所蔵品を活用あるいは保管するための最も基礎的な実践であり、博物館自体を拡張させるための基底となる。
　博物館の源泉、モノを保管するだけの倉庫から博物館となる転換点において、本来的に持ち得ることができた最大の機能は、人間が知覚できるようにモノを整理し、或る世界＝博物館として再編集することにあった。一方で、近代以降、博物館においては、資料の量、種類ともに膨大になると同時に、対象者も一般市民を含む不特定多数となる。そのなかで恣意性を排除して客観的かつ効率的に秩序立てて整理しなければ、博物館として機能を失ってしまう側面をもつ。近代以降、博物館における「整理」とは無数の資料を知覚するための方法論として、誰でもがその全容を認識可能な状態にすること。つまり、所蔵する資料を個的なものから公共的価値へと変換させ、我々の知覚を拡張させる再創造（re-creation）（註1）の場として博物館を機能させることにあった。特にそのなかでも美術作品を中心とした「美術館」において、宿命的にもつ価値化という作用は、この整理という機能によってコレ

クションにおける普遍性の組織化を進めることで成立したとも言える。

　整理は博物館を機能させる方法ではあるが、一方でその過程は作品・資料における情報を画一的に定量化し、内在しているさまざまなコンテキストを捨象するという側面をもつ。特に美術館におけるコレクションとしての作品性という問題について考えると、情報化・体系化していく整理の過程は、作品に内在する特異性あるいは寓意や思想性を凍結させ、いわば仮死化させる行為を伴う。作品を分類、整頓する上で合理的かつ必然的な行為ではあるが、その基部には幾つかの倒錯を内包する。

　博物館における整理とは、その総体として博物館を機能させるシステムであると同時に、作品や資料における価値化の分水嶺であり、各館の特性を形成する要因となる。一方で整理の過程において一定の知識や理解がなく適切に分類できなかった作品・資料については、その価値を貶め、場合によっては全く活用されず死蔵される可能性を孕む。正しく分類・評価し整理することの責任は重い。

2. 分類・整理の源流

　日本の博物館における分類・整理とは何であったのか、近代博物館の源流から探っていく。

　まず、博物館の前身として、文部省博物局の前進である大学南校物産局によって1871（明治4）年に開催された物産会（註2）がそのはじまりと言える。これを契機に東京、京都を中心に全国各地で博覧会が開催され、特に1872年に文部省博物局が湯島聖堂大成殿において開催した博覧会は現在の東京国立博物館へと続くことなる。ただし、当初は現在のような博物館として専用の建物を有していたわけではな

かった。

　そのなかで実際に行われていた分類・整理について、1871年の大学南校物産会での出品目録『明治辛未物産会目録』（東京国立博物館蔵）によると、「門」と「部」の2段階で分類し、「品名」「産地」「出品者（所有者）」「数量」等の情報を個別に記載している。また1872年の文部省博覧会では『明治五年博覧会出品目録草稿』（東京国立博物館蔵）によると「出品者」ごとに分類し、「品名」「由来」「制作地」「サイズ」「用途」「素材」「数量」等となっている。前者は博物学的な分類体系を基本としており、後者は所有者（出展者）リストをベースにつくられている。両者とも分類・整理において、博物館として所蔵品体系があるわけではなく、展示に際して出展品をラベリングしてわかりやすく見せるための方法であったと類推される。

　一方同時期、西欧化が進むなかで旧来の歴史的・伝統的なものを壊す風潮があり、特に神仏分離令が出されたことで廃仏毀釈が起こり、仏教美術を中心とした文化財の散逸・破壊が問題化した。そのことを防ぐために「大学」(註3) からの献言をもとに1871年「古器旧物保存方の布告」が当時の太政官より発せられ、そこには古器旧物を保管するための「集古館」の建設および全国から古器旧物を収集する旨が記載されていた。この布告の1か月後に当時の教育・行政機関であった「大学」を廃して文部省（現・文部科学省）が置かれ、同省博物局によって博覧会が開催された。一方で集古館（博物館）が建設されはじめ、博覧会などを通して日本各地から集まってきた資料などが保管された。またその布告のなかでは、古器旧物を収集するにあたって31項目（部）の大項目と、最大12の細目に分けた小項目による2段階の分類方法を示した。この分類体系が博物館における最初の指標となって、収集された資料が体系づけられていった。

　このように近代的な美術系博物館がつくられると同時に、1つの指

標となる分類体系が示されたこともあり、現在の美術館における作品の分類においても、項目立てや用語の定義において大きな違いは殆どなく、同一言語上にあると言える。しかし、図書館で用いる十進分類法のような明確な基準となる単一の分類規則があるわけではなく、各館の多様な所蔵品特性にあわせた、独自の分類・体系化が行われている。ただし、昨今の情報技術の進歩と共に自館だけでなく他館との横断的な検索システムの構築などが試みられており、大枠での分類において統一化を図っていく必要性が生じている。

3. 目的と機能

　現代の博物館は、「収集」「保管」「研究」「普及」という4つの機能が中核となっている (註4)。そのなかで「整理」は、この4つを機能させるための最も基礎的な作業である。つまり所蔵品の整理は、現代的な博物館として機能させる上で基幹的作業であり、さらに博物館機能を活発化させる触媒的役割を担っていると言うことができる。ただしそれぞれ目的とする対象が異なるため、「収集」であればコレクション体系、「保管」であれば作品・資料の物性、「研究」であれば研究者、「普及」であれば鑑賞者と、それぞれに適用可能な整理法を確立していくことが求められる。つまり博物館の基礎を支える整理の在り方は、この4つの機能によって形成された館としての有り様や特性を反映したものとなる。

　また、実際に現在の博物館法 (註5) を見ると、博物館活動の目的のなかに「整理」ということが含まれていないことがわかる。これは博物館機能を規定する以前の問題（前提）として「整理されていること」が自明であるがゆえと考えられる。実際に資料や作品の活用に際

して、もし未整理状態であったとすると、大半は所蔵品を探すことに時間が割かれ、場合によっては見つけることすらできないことが度々起こり完全に機能不全に陥ることは容易に想像できる。博物館として所蔵品を整理し適切に保管することで、原則として常に活用可能な状態となっていることが原則的に求められる。

　次に、博物館の機能ごとに資料整理の目的や役割について考えていく。

収集

　作品・資料の収集において新規所蔵品の受け入れを検討する際に、所蔵品体系を概括した上で新規収蔵品の位置づけや類型の所蔵状況など確認する必要がある。そのためにはまず所蔵品体系に基づいて分類・整理が適切に行われていることが前提となる。自館のコレクションの状況を正確に把握することで、寄贈あるいは購入を検討する際の判断材料となり、収集すべき作品・資料の要点を浮かび上がらせることができる。

保管

　所蔵した作品・資料をできるだけ劣化させず良好な状態を保ち、永続的に保存することが博物館の重要な役割となる。保存・管理という側面から考えると、第一に実物としての物性を優先的に考慮して整理、保管する必要がある。具体的には素材に適した空調環境、形状や材質にあわせた保管環境に収蔵することが求められる。加えて、限られた収蔵スペースを有効活用するために、収蔵効率を上げる工夫も重要となる。つまり保管に際しては、所蔵品の種別による分類体系に従うのではなく、所蔵品の物性に関する特徴を優先して考えることが肝要となる。

一方で保管された資料の閲覧・調査に際しては、丁寧に扱ったとしても振動を与えたり温度変化を起こしてしまうことで、幾許かのダメージを与え劣化をさせる原因をつくってしまう可能性がある。根本的な対策として、所蔵品を整理してデータベースを構築し、デジタル画像により作品・資料を閲覧できるようにすることで、直接作品・資料に触れなくても情報が取得できる状態にしておくことが、保存の観点からも重要となる。

研究

　所蔵品を整理し検索可能なデータベースを構築することで、所蔵品を直接見る際に、多数の所蔵品のなかから保管場所を知ることができ、容易に目的の資料を見つけ出すことができる。さらに実際の所蔵品を直接見なくてもデータベースを調べることで、研究・調査のために必要な一定の情報を取得することができる。このように所蔵品情報にアクセスしやすくすることで、大幅な効率化につなげることができると同時に、多角的な視点からアプローチしやすくなる。

　一方で所蔵品データベースの構築段階におけるデータの取得や分類に際して、基礎的な研究・調査が必要となり、作品・資料の情報を分類、整理し体系化する過程において重要な知見を得ることもしばしばあり、1つの有用な研究ともなる場合もある。

普及

　博物館の教育・普及における作品・資料の公開方法については、展示を通じて直接的に見せるだけでなく、印刷物やWEBサイトなどへの掲載や所蔵品データベースの公開などによる間接的な方法がある。何れの場合においても、作品や資料などの所蔵品を外部公開する際には、館として情報をオーソライズしていることが前提となり、一定の

調査と整理作業が終わっていることが必須となる。作品・資料を用いて教育・普及を充実化させるためには、所蔵品の整理を進めることが第一に必要となる。

　実際に所蔵品を使って展覧会を行う際に、まず企画・準備段階で対象となる作品を的確に把握する必要がある。作品・資料が整理されていることは展覧会の企画を左右する根幹に関わる問題となる。所蔵品を検索することで作品選定における重要なツールとなるだけでなく、所蔵品データベースの規模や質にもよるが、その過程において新たな作品・資料の発見へとつながる場合もある。

　一方で展覧会に所蔵作品を出展することで、作品に対する研究・調査が進む側面もあり、作品の整理・体系化において展覧会が１つの好機となる場合もある。

整理の過程

　作品・資料を整理する過程において、作業量が膨大にあり効率性を求められる場合もあるが、直接データを収集しながら整理する過程は、担当者にとって重要な経験知となる。装具類を外して実物資料を直接目にしながら行う作業は、写真はもちろんのこと、展覧会で作品を熟視するよりも真に迫る一面がある。整理の過程において時間をかけて作品・資料を見知ることが重要な作品（作家）研究への知見となると同時に、担当者の審美眼を養うことになる。整理作業に際して、担当者の専門性を高めることは１つの重要な機能であり、結果的には館の研究調査や普及事業の充実化につながり博物館機能を間接的に支えることになる。

　しかし実際には、整理作業の大半が客観的に情報を取得して入力していく単調な作業の連続となる。長期に及ぶことで習熟する一面もあるがモチベーションが維持できなくなり精度や効率が悪化する場合も

ある。作業性や効率性の維持・向上が重要となるだけでなく、担当者として作品・資料における価値化の分水嶺に立っていることを自覚し、その作業の総体が博物館を機能させているという意識をもつことも肝要となる。

4. 武蔵野美術大学 美術館・図書館における資料整理

　美術館における所蔵品の整理について、武蔵野美術大学 美術館・図書館（以降、当館）における資料（註6）の整理を1つの事例として、幾つか実例をあげながら考えていく。ただし、前述のように美術館ごとの運営方針や所蔵品に対する考え方の違いによって整理の方法は相対的に変化することから、まず前提となる当館の特徴を紹介した上で、整理について具体的な方法を説明していく。特に当館は、一般来館者を主な対象とした通常の美術館と比較すると、大学に附属する美術館として活動主旨やプライオリティにおいて異なる部分がいくつかある。

大学美術館とは
　当館の事例を紹介するにあたり、まずは「大学美術館」とは何かを考えていく。
　日本全国の博物館において登録施設から類似・相当施設まで含めると7,300館程度存在する（註7）が、大学美術館においては十数館と数える程しかない（註8）。しかし、大学美術館は決して特異な存在ではなく、博物館の成立過程において重要な役回りを演じてきた。
　博物館の起源の1つと言われている古代ギリシアにつくられたムセイオン（Mouseion）は、現在の博物館のように広く一般社会に開かれた場ではなく、学者などによる研究を目的とした学術研究所であっ

た。さらに時代を経て 17 世紀後半になると、前近代的ではあるが現在の博物館における原形を見ることができるイギリスのアシュモレアン美術・考古学博物館が、オックスフォード大学の大学博物館としてつくられる。

　また、日本においても近代博物館の源流を、1872 年に開催された文部省博物局の博覧会に見ることができるが、前述のように、その前身は大学南校の物産局による物産会である。この大学南校は、文部省の前身であるとともに、官立教育機関としては東京大学の前身ともなる。このように、博物館の源流に「大学」の存在があり、現在の大学美術館は一般的な美術館と比べると旧時代的ではあるものの、本来的な博物館としての特徴を色濃く残していると言える。

武蔵野美術大学 美術館・図書館の概要
　現在の大学美術館に至る経緯を簡単に紹介しながら、当館における資料の分類・整理における目的を考えていく。

　1957（昭和 32）年、当館の前身となる武蔵野美術大学附属図書館が吉祥寺キャンパス（東京都武蔵野市）に開設される。1962 年に造形学部が設置されたことで、教育機能拡充の要請が高まり、美術大学として附属図書館の充実化が喫緊の課題となった。特に美術大学という特性から美術系資料の要請が強く、「美術館」「博物館」「図書館」の機能を集約する複合施設として、1967 年、建築家・芦原義信の設計による「美術資料図書館」が鷹の台キャンパス（東京都小平市）に開館した。

　特に「美術館」機能について着目すると、開館当初、所蔵資料としては学生の優秀作品しかなく、まず低予算で購入可能な六古窯のやきもの収集から着手した。その後、収集分野はポスターなどのグラフィック関係、椅子などのプロダクトデザイン、版画、美術工芸、民

俗資料、さらに絵画・彫刻における教員の作品収集が中心となり、多様な資料体系が形成された。さらに貴重な資料群が一括寄贈される機会がしばしばあり、飛躍的に収蔵資料が充実していった。その収集過程においては、大学に附属する施設として「教育・研究における資料性」という観点を特に重視していた。

　その後、開館から10年も経たないうちに収蔵スペースが手狭になり増床の必要に迫られ、1977年、大規模な増築によって床面積を倍増させる。また、資料が増大するのにともない、民俗資料類については民俗資料室として分離して別棟に保管した。さらに、これまで美術資料図書館として美術館と図書館が1つの施設を共有する形となっていたが、2010（平成22）年に図書館新棟を建設し図書館機能を分離独立させた。更には、2011年、展示や収蔵機能の拡充化と老朽化した施設の改善を目的として、旧美術資料図書館棟を美術館機能に特化させた大学美術館（註9）としてリニューアルした。

　そして2014年の時点での当館における所蔵品の概数は、油絵360点、日本画580点、版画1,000点、写真5,000点、彫刻70点、陶磁器400点、椅子350脚、玩具200点、その他工業製品1,000点、ポスター30,000点、建築資料類20万点となっており、美術大学の大学美術館という館の特性に基づいて、多種多様な美術資料体系が形成されている。これら所蔵品は、年間10回程度開催する展覧会による一般公開、研究・授業での利用、他館への貸し出しなどを中心に利用されている。

　当館は開館当初より大学の教育・研究のためにつくられた施設であり、大学教育に貢献するという使命を変わらず持ち続けている。一方で展覧会などでの一般公開を通して、社会に開かれた大学の窓口としての役割も担っている。このようななかで、所蔵品の整理には大学美術館としての専門性に加えて、広範囲に及ぶ所蔵品に対応する汎用性、

さまざまな要請に対応できる即応性が求められている。

資料整理の流れ

　これまで当館の大学美術館としての特徴を述べてきたが、実際にその特質に応じてどのような資料整理が行われているのか紹介していく。

　当館において、実際に新たに資料を受け入れてから、分類・調査、データ登録して作品庫に収蔵されるまでの一連の流れ（レジストレーション）を示したのが図表1である。なお、これは当館の特徴に即しながら形づくられてきた基本的な収蔵システムであるが、実際にはさまざまな新規収蔵品の条件・状況に応じて変化する。

　レジストレーションで取得された一連の情報は、データベースに入力していくことになる。整理に際して取得した情報が容易に検索可能な状態となるのと同時に、一部データ（註10）はウェブサイトを通じて公開を行う。

　また、大学美術館という性質上、所蔵品の整理に際しては大学における研究・教育とも連接しており、教員など専門分野の研究者と連携しながら実施していくことで一層充実したものになる。

　以下に、当館における資料の受け入れ前調査からデータベース入力まで、レジストレーションにおける具体的な事項について記述する。

受け入れ前調査

　受け入れ対象となる資料は事前に基本情報などを調査し、コレクション体系のなかでどのように位置づけるかを事前に検証する。その上で、寄贈を受けるないし購入をする際の重要な判断材料とする。また基本情報や寄贈の受け入れ・購入理由については事務手続き上必要になるだけでなく、所蔵品として登録する際のベースとなる。ただし、

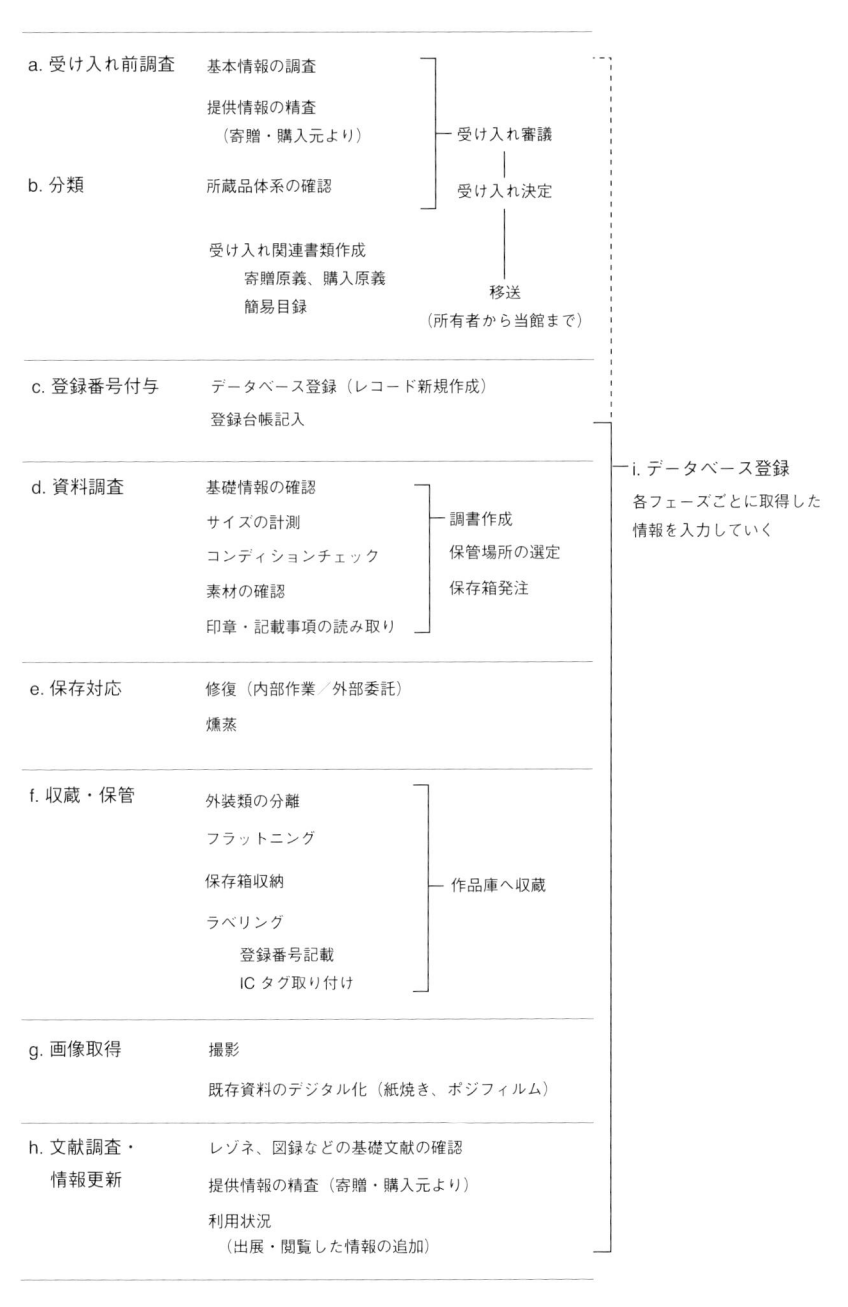

a. 受け入れ前調査	基本情報の調査		
	提供情報の精査 　（寄贈・購入元より）	┐ ├ 受け入れ審議 │ ├ 受け入れ決定	
b. 分類	所蔵品体系の確認	┘	
	受け入れ関連書類作成 　寄贈原義、購入原義 　簡易目録	移送 （所有者から当館まで）	
c. 登録番号付与	データベース登録（レコード新規作成） 登録台帳記入		┐ ├ i. データベース登録 │　各フェーズごとに取得した │　情報を入力していく
d. 資料調査	基礎情報の確認 サイズの計測 コンディションチェック 素材の確認 印章・記載事項の読み取り	┐ ├ 調書作成 ├ 保管場所の選定 ┘ 保存箱発注	│
e. 保存対応	修復（内部作業／外部委託） 燻蒸		│
f. 収蔵・保管	外装類の分離 フラットニング 保存箱収納 ラベリング 　登録番号記載 　ICタグ取り付け	┤ 作品庫へ収蔵	│
g. 画像取得	撮影 既存資料のデジタル化（紙焼き、ポジフィルム）		│
h. 文献調査・ 　情報更新	レゾネ、図録などの基礎文献の確認 提供情報の精査（寄贈・購入元より） 利用状況 　（出展・閲覧した情報の追加）		┘

図表1　レジストレーションの流れ

資料群を大量一括に受け入れる際は、別途受け入れ前に数量の確認用に簡易目録を制作する必要がある。

分類

　寄贈・購入の検討段階における受け入れ前調査に基づいて、図表2に示すような当館の所蔵品体系に沿って分類を決定する。分類は大項目、小項目の2階層に分かれており、所蔵品の多様化にともない項目数が徐々に拡充されてきた。項目数を増やさない方が分類体系としては把握しやすいが、この分類は、管理を目的として使用するため、情報の正確性が優先される。なお一般公開向けの分類は項目数を半数以下に整理している。

　また、資料によっては複数の領域に及ぶものなど容易に判断できないものは、その分野における作品としての作品・資料性、物理的特性から総合的に判断してカテゴリーを定める。ただし、既に同類の資料が所蔵されていた場合は、検索した際に見落とすことがないよう、分類の同一性を確保することが優先される。

　なお、多数の美術資料を一括して受贈あるいは購入をした場合は、原則的には分類体系に沿って整理していくが、この分類体系のなかに組み込まずに、特定のコレクションとしてカテゴリーを新たに設ける場合もある。

登録番号付与

　受け入れが決定すると、資料毎に「登録番号」の発行・付与を行う。この登録番号は、所蔵品整理におけるデータベース制作において最も重要なIDとなる。原則的には、細かい資料も1点1点に個別のIDをつけて管理する。通常の登録番号（12桁）の使い方については、受け入れ年、案件毎（年次内）、資料毎、予備番号の順になっている。

(2015 年 9 月時点)

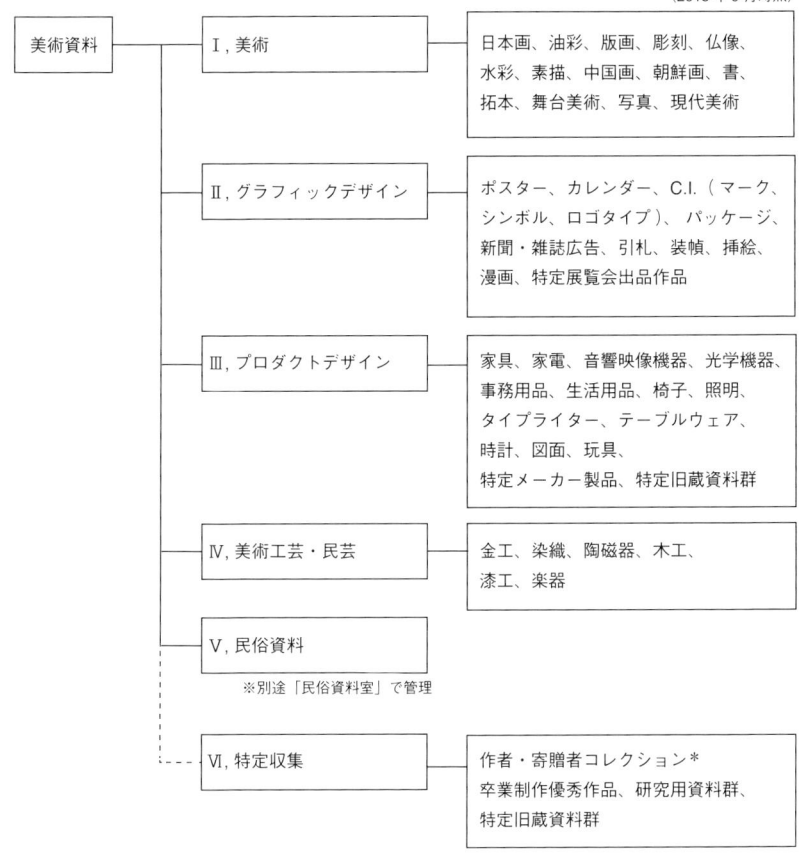

```
美術資料 ─┬─ Ⅰ. 美術                  日本画、油彩、版画、彫刻、仏像、
         │                            水彩、素描、中国画、朝鮮画、書、
         │                            拓本、舞台美術、写真、現代美術
         │
         ├─ Ⅱ. グラフィックデザイン    ポスター、カレンダー、C.I.（マーク、
         │                            シンボル、ロゴタイプ）、パッケージ、
         │                            新聞・雑誌広告、引札、装幀、挿絵、
         │                            漫画、特定展覧会出品作品
         │
         ├─ Ⅲ. プロダクトデザイン      家具、家電、音響映像機器、光学機器、
         │                            事務用品、生活用品、椅子、照明、
         │                            タイプライター、テーブルウェア、
         │                            時計、図面、玩具、
         │                            特定メーカー製品、特定旧蔵資料群
         │
         ├─ Ⅳ. 美術工芸・民芸          金工、染織、陶磁器、木工、
         │                            漆工、楽器
         │
         ├─ Ⅴ. 民俗資料
         │    ※別途「民俗資料室」で管理
         │
         └╌╌ Ⅵ. 特定収集               作者・寄贈者コレクション*
                                       卒業制作優秀作品、研究用資料群、
                                       特定旧蔵資料群
```

* 種別が多領域に及ぶものは「Ⅵ. 特定収集」に分類する。

図表 2　武蔵野美術大学 美術館・図書館の所蔵品体系

基本的には受け入れ順（時系列）に沿って番号が付与されるが、多数の美術資料群を一括して受けた場合は、独自の体系によって登録番号が付与される場合もある。

資料調査

　受け入れ前調査をもとにしながら、実際に資料を見ながら情報を取得していく。特に収蔵するにあたって、サイズや形態を確認し物理的に必要となるスペース、コンディション（資料の状態）や材質を確認し、保管方法や修復の必要性などを検討する。また資料の技法、素材、印章やサイン、記載事項を読み取り、受け入れ前の調書と齟齬がないか慎重に確認していく。それら取得した情報は、データベースや作品調書にも入力していく。

保存対応

　当館の保存方法については、資料の状態や素材・技法に応じて、厳密な温湿度管理が必要なものとそうでないものに大別される。さらに管理が必要な資料については、湿度が比較的高い作品庫（55–60％RH）、低い作品庫（50–55％ RH）、加えて10度以下の低温管理が必要な特殊なもの（たとえば写真関係）などに分けることができる。

　作品庫に収蔵する前に破損・汚損などがあって状態がよくない場合は、事前に修復を行う。特にカビや虫害などの発生がある場合は、隔離すると同時に、他の資料に害がないよう燻蒸をして滅菌処理するなどの対応がとられる。安全が確保できた時点で作品庫に収蔵することになるが、他の資料への二次被害が起こらないよう細心の注意が必要となる。

　なお、修復やフラットニング（平らな状態に戻す作業）などの作業については、作品・資料としての重要性を加味した上で、修復の難易度、状態の深刻性に応じて自前で対応するか、専門の修復業者に委託するかを決める。

収蔵・保管

　資料の収蔵に際して保存の観点から適した空調環境を選ぶと同時に、サイズや形状にあわせて実際に収蔵する作品庫における棚（絵画ラック、物品棚、マップケース、ポスターラック、メッシュパネル壁、平置き、など）の収納効率を考えながら保管場所を選定する。また、事前に棚段ごとに、ある程度細かくアドレス番号を付与し、資料の保管場所が特定できる状態にしておく。配架については基本的には受け入れ順に入れていくが、サイズ・形状にあわせて前後させながら収蔵効率をある程度優先する。

　なお、コレクションとして一群を形成している場合は、分散させず配架場所をまとめたり、さらにその作品群だけの専用の作品庫を用意する場合がある。利用時の効率性や収集時の姿を残しておく意味性などを考慮した上で、保管方法を決定する。

　収蔵に際して保管の観点から必要に応じて額などの外装類を分離して、保管用の中性紙箱に収納するなどの作業を行う。また、紙素材の資料で、癖がついている場合は、状態を確認しながら事前にフラットニングを行う。

画像取得

　新たに所蔵した資料は、原則として館内にある専用のスタジオで撮影を行う。ただし、以前の所有者から画像データやポジフィルムが支給された場合は、それを使うこともある。なお、当館の所蔵品の撮影については、2000年代からデジタル写真に移行している。それ以前はポジフィルム撮影を行っており、データベースに画像データを入れるにあたって、フィルムスキャンによるデジタル化を行った。また近年では、各種モニターの表示解像度が飛躍的に高くなっていく傾向にあり、より高画質の画像が求められていることから、できるだけ高解

像度の作品画像データが必要となる。

文献調査・情報更新

　新たに登録された所蔵品は、受け入れ前調査の情報と実物から読み取れる情報に加えて、作者のカタログ・レゾネや展覧会の図録など、情報の根拠となるような作品にまつわる基礎文献の調査を行い、データベースに情報を入力する。タイトル、作者、制作年、素材、技法、エディション、出展歴などを調査し、齟齬や表記揺れがないかを確認する。

　また、所蔵品の保管状況、展示や授業などでの利用状況、他館への貸出などについて、随時情報を更新していく。

データベース登録

　当館での所蔵品の管理について、以前は目録台帳と個別に詳細が記載された手書きのカードによって管理していたが、近年になって所蔵品を一括管理する基幹データベース管理システムを導入している。また、作品画像についても、ポジフィルムからスキャンあるいはデジタルカメラの撮影によってデジタル化をしており、データベース上で参照可能となっている。データベースのシステム化により、管理、検索などにおける操作性や利便性が飛躍的に向上すると同時に、所蔵資料から取得可能な情報量も圧倒的に増えた。

　しかし、データベースの導入に際して、システムに長けた人材が必要になるのに加えて、データベースを機能させるためのサーバなどの機器類やメンテナンス関係（註11）の費用が、旧方式と比べて段違いにかかる。また、データベースの規模や機能は、構築段階だけでなく運用面や費用面などに大きく影響を与えるため、データベースを使用する目的を明確にし、長期的な視野に立って適切な計画を事前に立て

ておく必要がある。

　登録データの作成については、対象となる資料の点数や内容にもよるが、入力できる情報量が旧来のカード管理に比べて増えるため、旧来以上に膨大な作業が必要となる。また、資料の寄贈や購入も毎年行われており、継続的に根気強い作業ができるような体制づくりが求められる。

　具体的な当館のデータベースにおける入力項目について、参考資料として図表3に示しておく。煩雑になるが、一般にアクセスした場合には見ることができないシステム管理系を含めて記載した（註12）。ただし、すべての項目にデータが記載されているわけではなく、資料の情報に応じて入力可能な項目は変わる。なお、WEB上で一般公開している検索可能な項目は1/10程度（註10参照）となるが、一般的な作品情報としては十分なデータ内容であると言える。当館のデータベースは、さまざまな領域の所蔵品の登録・利用を想定しており、比較的詳細かつ広範囲の分野に渡ってデータが入力できるようになっている。

　以上のように当館の事例を中心に所蔵品を整理する一連の流れを記したが、実際には理想通りに現実化できていない部分もある。事前に予算や人材、作業環境などの条件を念頭におき、計画段階から実現性を十分に検討することに加えて、実際の整理作業においては、絶えず状況にあわせて軌道修正を行いながら、最適化、効率化を行い、着実に進めていく必要がある。

日本語名称	定義とコメント	入力例
<管理情報>		
管理番号	データベース上の固有番号、識別子	1、2、3…
分類	作品・資料管理区分	美術資料、○○資料、○○アーカイブ
登録日時	データを最初に登録した日時	○年○月○日
更新日時	最近のデータを登録した日時	○年○月○日
登録者	データの登録者	
更新者	最近のデータの更新者	
ステータス	データベース登録作業の状況	本登録、仮登録
入出庫フラグ	在庫の有無	
<作品情報>		
登録番号*	作品・資料に対して1点ごとに付与された番号、12桁の数字とアルファベットで管理	「196901000100」「1972A0000100」
旧登録番号	旧データベースで使用していた登録番号	「1969-01-100」「1972-A-001」
公開フラグ	公開可能な情報であるか否か	非公開、学内のみ公開、一般公開
公開用画像有無	作品・資料の公開時に掲載する画像の有無	
名称タイプ	名称項目に記されている名称の種類などの説明	作家による、受入時、目録、文化財指定名称、一般名称、製品名称、慣用呼称、英訳、読み
名称*	上項に対応した名称	如意輪観音像、萌黄威大鎧、赤い線
代表名称*	名称が複数ある場合における代表となる名称	
種別タグ*	予め定められた種別（分野）	※詳細項目、別途記載（図表2）
用途	作品・資料がもともと用いられていた用途や機能	神具、道具、食器、宣伝用、見本、など
様式	資料の特徴によって区別される歴史的・地理的・系譜的な類型、流派、運動	柿右衛門、狩野派、印象主義、など
使用言語*	使用されている言語の種別	日本語、英語、ドイツ語、フランス語、など
材質*	構成する材料・材質	紙、ヒノキ、金、FRP、など

日本語名称	定義とコメント	入力例
技法*	制作時に使われた技法（技法を示す用語に材料名含む場合も可）	カンバスに油彩、紙本墨書、など
形態*	外形的特徴、額装・装備、影像資料のフォーマットの種類など、収蔵・保存・移動、展示などにおける取り扱いに関する情報	額装、VHSビデオフォーマット（NTSC）
員数	表示用の文字列としての員数	7巻、2通、43点、約2000点、3片（1個体分）
員数数値	員数の数値データのみ	
サイズ1・次元	サイズ1、本体計測の方位、次元	高、幅、横、口径、重量
サイズ1・数値	計測された数値	
サイズ1・単位	数値の単位	cm、mm、φ
サイズ1・計測部記述	計測部位に関する説明	
サイズ2・次元	サイズ2、外寸、移動サイズ	
サイズ2・数値	同上	
サイズ2・単位	同上	
サイズ2・計測部記述	同上	
サイズ3・次元	サイズ3、その他	
サイズ3・数値	同上	
サイズ3・単位	同上	
サイズ3・計測部記述	同上	
付属品	個別に登録しない本体の付属品	桐箱、額、添状、チラシ、説明書
付属品の記述	付属品に関する注記、資料本体との関係や書かれた文字、箱書きなど	箱書きあり「○○○○作」、購入元のラベルあり「○○ギャラリー」
印章・銘記	印章・銘記の種別、方法	サイン、朱文長方印、刻印
印章・銘記の位置	印章・銘記が記されている位置	左下、裏面
印章・銘記の記述	書かれている文字、利用不能な文字で書かれている場合は翻字する	Ryojilkeda、I.A、老斉
複製	作品・資料が複製であれば明記	初号、模写、複製
関係資料の識別子	関連する資料の識別子もしくは名称、当館資料の場合は登録番号、他館の場合は機関名称+識別子	1978D2034500、○○博物館123

図表3　武蔵野美術大学 美術館・図書館のデータベースにおける入力項目（〜 p.355）

日本語名称	定義とコメント	入力例
関係タイプ	登録資料との関係、種別	上項と色違い、型違い、付属品、サイズ違い、シリーズ、下絵
関係について注記	文章による簡単な説明	12パターンある内の1つ、直筆の原画となる
<作者情報>		
制作者＊	資料の制作者、制作に直接関わった人物や団体	平福、百穂
制作者生没年	生まれた年数と没した年数	1877-1933
制作者人名コード	登録された人名のID	MU00002259
役割＊	制作者の役割・タイプ、役割を示す為に略字を使うこともある	(cad.)、(ad.c)、(d.)、(p.)、筆
発行者＊	発行した人物や団体	○○画廊、○○社
制作時期（開始/終了）＊	制作を開始/終了した日時（年月日）	1965-1967 ※入力の際は開始と終了の2項目に分ける
再制作時期（開始/終了）＊	再制作を開始/終了した日時（年月日）	1969-1971 ※入力の際は開始と終了の2項目に分ける
制作時期（時代）	制作をした時代	鎌倉時代
再制作時期（時代）	再制作をした時代	江戸時代
制作場所（地名）＊	制作をした場所、地域	秋田県仙北市
再制作場所（地名）＊	再制作をした場所、地域	北海道根室市
制作場所（旧地名）＊	制作をした場所、地域の歴史的な地名	羽後
再制作場所（旧地名）＊	再制作をした場所、地域の歴史的な地名	信濃
制作事情	制作目的等についての文章による記述	帝国美術学校卒業制作
制作関連文書	制作に関する公式な文書記録	レプリカ制作報告書、記念像制作報告書
<取得情報>		
収集方法	収集した際の方法	発掘、発見、拾得
収集者	収集を行った人物（担当者など）や団体	
収集時期（開始/終了日付）	収集が完了した日時（年月日）	1965-1967 ※入力の際は開始と終了の2項目に分ける

日本語名称	定義とコメント	入力例
収集場所（地名）＊	収集された場所、地域	
収集場所（旧地名）＊	収集された場所、地域の歴史的な地名	
収集関連文書	収集に関する公式の記録文書、報告書	発掘調査報告書
来歴タイプ	記録する来歴の種別	所有、使用
来歴事由	所有、使用などに関する簡単な説明	○○で使用、○○会社所有
来歴関係者	関係した人物や団体	
来歴時期（開始/終了日付）	使用、所有していた期間	※入力の際は、開始と終了の2項目に分ける
来歴場所（地名）	所有されていた地域、使用されていた場所	
来歴場所（旧地名）	所有されていた地域、使用されていた場所の歴史的地名	
来歴関連文書	由来を示す記録文書	展覧会図録、書籍、同封書類、来歴書
取得方法	資料を取得した方法の別	購入、寄贈、寄託
取得元＊	以前に資料を管理していた人物、団体名称	
取得時価格	購入等の価格（円）	
取得日付（開始）	資料を取得した正式な日付、寄託期間がある場合は期間として開始日と終了日を記述	
取得日付（終了）	資料を取得した正式な日付、寄託期間がある場合は期間として開始日と終了日を記述	
取得関連文書	資料の取得に関する記録文書	寄贈原義書○○年○○号
取得理由	資料を受入れた理由、事情について説明	○○分野における教育・研究に大きく貢献する為
取得元番号	取得元によって付与された番号・記号	
取得関係者	購入・寄贈・寄託に関わった人物と役割	○○先生（仲介）、○○氏（紹介）

＊当館のWEBサイト上で一般公開している「美術作品・資料検索」で検索可能な項目（一部統合して表示）

日本語名称	定義とコメント	入力例
<保管情報>		
保管場所	資料に割り当てられた収蔵庫内の場所、恒久的に展示室に展示される資料であれば展示室、野外展示の彫刻なども同様	作品庫A-21、美術館棟北西植え込み
整理・処分方法	整理・処分方法を大別	収蔵庫移動、移管、売却、廃棄、紛失
移管先	資料が移転した先の人物、団体名	
整理・処分日付	資料が整理・処分された日付	
整理・処分関連文書	資料の整理・処分に関する記録文書	原義書、報告書
<作品評価>		
評価事由	価格評価が行われた事情、理由についての簡単な説明	貸出の際に保険評価額を検討する為
評価額	算定された価格、通貨単位は円	
評価者	評価を行った主体の人物もしくは団体名	
評価日付	評価が行われた日付	
評価関連文書	評価に関する公式の記録文書	○○画廊価格表、○○オークション相場
受賞・指定*	賞、指定の名称(略称は用いない)、受賞情報があれば番号・年度・開催回数等	○○年度グッドデザイン賞、○○最優秀賞
受賞・指定	賞、指定において付された番号、記号等	
受賞・指定	賞、指定を受けた日付	
<著作権情報>		
権利タイプ	権利の種別	著作権、複製権、肖像権、著作者人格権等
権利保持者	権利を保有している人物または団体	○○事務所、本人、息子○○氏
期限(開始/終了)	著作権保護のように権利が期限付きのものである場合、その期限	※入力の際は開始と終了の2項目に分ける
権利使用許可	権利保有者からの権利使用許可の有無	
注記	権利に関する注記	

日本語名称	定義とコメント	入力例
<作品関連情報>		
書誌(書名)	文献の書誌的事項、書名	○○美術館「館報」第28号
書誌(著者、発行)	文献の基本的な書誌的事項、著者名・発行者名	
書誌(タイプ)	Webにて公開可能かどうか	
典拠資料	入力する上で特定の文書への参照	○○博物館収、○○年度所蔵品目録、○○年度館報
解説・注記タイプ	解説・注記の文章種類	公開用解説、200字解説、解説、解説(英訳)、注釈
解説・注記ノート	上項の文章による具体的記述	
解説・注記作成者	記述を作成した人物または団体	
解説・注記日付	記述が作成された日付	
引用	記述が引用されたものであったり、後から出版された場合、引用元などの文書	
<その他、利用履歴など>		
RFIDタイプ	資料に付与された認識用の電子タグ(RFID)の種別、形式	積層ICタグ、バーコード
閲覧回数	収蔵品が閲覧された(ICタグをかざされた)回数	
記述作成	業務関連の注記や更新した内容・事由を文章により記述	
公開用空フィールド	公開に際しての備考	
WEB公開ソートキー	公開に際してデータを並び替える為の番号	
人名典拠ボックス	人名辞書の典拠ボックスにある典拠データ(読み、カナ、英字、原語表記など)	AlvarAalto、アルヴァ・アアルト
空フィールド※複数あり	備考、註、予備情報等を記載	
<画像関連情報>		
メディアタイプ	制作目的	公開用(代表)画像、関連画像、関連文書(ファイル)
公開フラグ	公開可能な情報であるか否か	非公開、学内のみ公開

図表3(続き) 武蔵野美術大学 美術館・図書館のデータベースにおける入力項目

日本語名称	定義とコメント	入力例
ファイル名・文書名	管理されている画像や文書の名称、データファイルの場合そのファイル名称	1970E0002000_01.jpg、2009年11月12日修復報告書
保存状態	フイルムや文書の保存状態などについて注記	赤ヤケ
サイズ	画像や文書のサイズ、解像度、時間、ファイルサイズの数値	2057×3070、300、30
サイズ単位	画像や文書のサイズ、解像度、時間、ファイルサイズの単位	pixel、dpi、MB
形状	画像や文書の種別、ファイル形式	4×5ポジフィルム、デジタル撮影、TIFF、JPEG
保管場所	フィルムやデータファイルや文書の保管場所	作品庫棚番号1042ファイル42、CDNo.1057
保管場所アドレス	メインデータベースは別サーバに保管されている場合、そのファイルのURLなど	○○.musabi/ac.jp/DB/○○
作成者	資料の撮影者、画像を作成した人物または団体	
作成日	画像や文書を作成した日付	
著作権者	著作権を保有する人物、グループ	
著作権期間（開始/終了）	権利が期限付きのものである場合の期間	※入力の際は開始と終了の2項目に分ける
権利使用許可	著作権利保有者からの権利使用許可の有無	
著作権注記	上記著作権に関する注記	○○内のイラスト版権別途あり、撮影者著作権あり
注記	画像・文書に関する簡単な説明、撮影部位や作成理由などについての注記	左側面の画像、修復報告のため作成
<作品管理情報>		
出庫タイプ	入出庫の目的	調査、修復、展示、授業、保管、撮影
出庫タイプ・事由	入出庫の事情、内容などについての説明	貸出の為、調査の為、授業対応の為

日本語名称	定義とコメント	入力例
貸出先名称	資料の貸出先、調査、修復、展示などを行う機関、団体の名称	○○美術館、○○研究室授業利用
貸出場所	調査、修復、展示などがなされる場所	○○美術館、特別資料閲覧室（図書館）
貸出日	貸し出された日付	
返却予定日	返却の予定日	
返却日	実際に返却された日付	
貸出担当者	資料貸出の担当者	
借受担当者	資料を借受する美術館、研究室などの担当者	○○美術館学芸員○○様
貸出立会人	貸出の立ち会い者、調書作成者（貸出側）	
借受立会人	貸出の立ち会い者、調書作成者（借受側）	
手数料	貸出の際に手数料が支払われた場合に記入	
企画名称	資料が使われる企画の名称展覧会名称、調査・修復などにもプロジェクト名称がある場合は明記	○○展、○○修復プロジェクト、
関連URL	資料が使われた企画が掲載された情報、雑誌やWEBサイトなど	美術手帳○○年○号○頁、http://www.○○.jp/
作業・開催期間（開始/終了）	上記企画が行われた期間	※入力の際は開始と終了の2項目に分ける
記録文書	調査、修復報告や展示貸出の際に関わる記録文書	状態調書、修復報告書、コンディションレポート、借用願い
受付記録日	データ記録をした日付	

＊当館のWEBサイト上で一般公開している「美術作品・資料検索」で検索可能な項目（一部統合して表示）

註

1 博物館法第 1 章第 2 条に博物館の目的として「レクリエーション等に資する」事業が記載されている。このレクリエーションは利那的な娯楽ではなく創造的、再生産的なもの "re-creation" であるという解釈は 2007（平成 19）年度の中央教育審議会 生涯学習分科会 制度問題小委員会（第 5 回）でもあらためて示されている。
2 当初は博覧会として「大学南校博物館」の名前で開催する計画であったが規模を縮小して物産会とした。
3 1869（明治 2）年、官制改革により教育行政と教育活動との 2 つの機能をあわせもつ「大学校」が発足。現在の文部科学省と東京大学の前身となる。
4 「現代の博物館は、〈資料収集〉〈資料整理・保管〉〈調査・研究〉〈教育・普及〉という四大機能によって成り立っていくべきである」。加藤有次「A 博物館資料——コレクションと博物館」『新版博物館学講座 第 4 巻 博物館機能論』p.5。
5 改正：平成 26 年 6 月 4 日法律第 51 号より／第 1 章第 2 条「歴史、芸術、民俗、産業、自然科学等に関する資料を収集し、保管し、展示して教育的配慮の下に一般公衆の利用に供し、その教養、調査研究、レクリエーション等に資するために必要な事業を行い、あわせてこれらの資料に関する調査研究することを目的とする機関」という条文が博物館機能を提起する部分になっている。
6 当館の所蔵品は本論の「武蔵野美術大学 美術館・図書館の概要」に記すように大半は美術作品であるが、当初の経緯から「資料」としている。
7 2011（平成 23）年度文部科学省社会教育調査報告より。
8 武蔵野美術大学のほかに、東京藝術大学、多摩美術大学、東京造形大学、女子美術大学、城西国際大学、京都工芸繊維大学、京都造形芸術大学、愛知県立芸術大学、佐賀大学、尾道市立大学、九州産業大学、東北芸術工科大学などに附属の美術館がある（筆者調べ）。
9 10 の作品庫と 5 つの展示室、専用ホールをもつ（建築積約 2,600㎡、展示室面積約 1,000㎡）。
10 図表 3、＊印の項目、諸条件を満たし公開可能な状態のもの。
11 近年ではレンタルサーバを利用する場合も多い。
12 入力の都合上、項目が細分化されている部分はある程度統合した。また、ほとんど機能していない項目は割愛をした。

参考文献

- 『東京国立博物館百年史:資料編』第一法規出版、1973 年
- 伊藤寿朗＋森田恒之編著『博物館概論』学苑社、1978 年
- 柴田敏隆編『博物館学講座 第 6 巻 資料の整理と保管』雄山閣出版、1979 年
- 武蔵野美術大学・創立六〇年史編集委員会編『武蔵野美術大学六〇年史』武蔵野美術大学、1991 年
- 倉田公裕監修『博物館学事典』東京堂出版、1996 年
- 加藤有次＋鷹野光行＋西源二郎＋山田英徳＋米田耕司編『新版博物館学講座 第 4 巻 博物館機能論』雄山閣出版、2000 年
- 東京文化財研究所美術部編『明治期府県博覧会出品目録:明治 4 年～9 年』東京文化財研究所、2004 年
- 寺山祐策監修『別冊 KALEO DOCUMENT MAU M&L/M』武蔵野美術大学 美術館・図書館、2014 年

II-8：活用

資料の活用──教育の視点から

杉浦幸子

1. 資料の活用と教育プログラムのデザイン

　博物館は、その定義に定められているように、さまざまな資料を収集し、保管し、研究する。しかしどんなに素晴らしい資料を集め、丁寧に保管し、どれだけ深く研究したとしても、博物館の役割が果たされたとは言えない。もう1つ、欠くことができない博物館活動が、それら資料を「活用する」という行為である。資料を「活用する」、つまり「活かして用いる」ことによって、「博物館を自らの生涯にわたる学びのリソースとして活用する可能性があるすべての人々」（以下、学習者）を支援することが、現代社会から博物館が求められているミッションであり、それを遂行するのが、博物館の機能を担う専門職員である学芸員である。この節では、学習者を支援する教育プログラムをデザインするという視点から、博物館資料の活用について考えていきたい。

　なお、本稿では、筆者がこれまで主に美術館を活用した教育プログラムをデザインしてきたことから、美術館を取り上げることが多くなるため、美術館における「資料」と「作品」の違いに触れておきたい。「資料」とは、『日本国語大辞典』によると「それを使って何かをするための材料」とある。つまり「資料」は、「何かしらの目的のために活用されるモノ」を意味している。博物館の資料には、実物である一次資料と、複製、模写、模造、写真記録、実測図、録音、録画記録と

いった二次資料の2種類があり、美術館において一次資料にあたるものは「美術作品」である。

　対して、この「作品」という言葉は、佐々木利和と湯山賢一が述べているように、資料を美術的、あるいは美術史的な視点から価値あるものとして、他と区別して捉える意味合いを帯びる（佐々木利和＋湯山賢一編著『改訂新版　博物館資料論』財団法人放送大学教育振興会、2012年、p.105）。社会教育施設である美術館に収蔵されている〈モノ〉は生涯学習のリソースであるため、美術的、美術史的という価値だけでなく、多様な価値をもつ資料であると考えられる。そのため、教育プログラムをデザインする学芸員としては、「作品」ではなく「美術資料」という呼称を使いたい。

2. 教育プログラムの種類と特徴

　本稿で述べる「教育プログラム」とは、「学習者が、博物館の資源をできる限り活用し、主体的に学習を行うことを支援するためにデザインされたプログラム」である。資料を活用し、教育プログラムをデザインするためには、教育プログラムの種類と内容を大まかに知っておきたい。ここでは、〈モノ〉と〈人〉という2つのメディアから、教育プログラムを整理してみる。

〈モノ〉をメディアとする教育プログラム
　〈モノ〉をメディアとする教育プログラムの代表は「展覧会」である。「展覧会」は、特定の作家や時代、テーマなどを設定し、所蔵資料や他館から借り入れた資料を選び、並べ合わせ、そこから発信されるさまざまな情報を、学習者が視覚やその他の感覚から受け取り、学

ぶことを促す教育プログラムである。博物館が行う活動のなかでも「展覧会」は可視化され、公開されることから最も目立つ活動であるが、学芸員は展覧会が博物館活動の最終目的ではなく、学習者の学びを支援する教育プログラムの1つであることを十全に自覚する必要がある。展覧会をデザインする場合には、1点1点の資料にフォーカスするだけでなく、資料間のつながりや展覧会全体の文脈が生み出す情報を意識して、資料を選び、展示することが重要である。

　次にあげる教育プログラムは、「展覧会」をより活用するためにデザインされることが多い。たとえば、展示された資料の近くに設置され、タイトルや作者名、制作年など、資料に関する情報を伝える「キャプション」、資料をよく見て学びを行うきっかけを提供する「ワークシート」（図表1）、これらは主に視覚に情報を発信する。また、専用のデバイスに資料についての音声情報を入れ、資料を見ながらそれを聞く「音声ガイド」は聴覚に、レプリカ、ミュージアムグッズなど、手で触ることができる「ハンズオン資料」は触覚に訴える。また最近では、館内のカフェなどと連携して資料や展覧会に関連した飲食物をつくったり、香りを調合し、噴霧するなど、味覚や嗅覚に刺激を与える教育プログラムも増えている。また、視覚と聴覚両方に情報を提供する映像を活用した教育プログラムのように、複数の感覚器官に情報発信を行うものもある。

〈人〉をメディアとする教育プログラム

　〈人〉をメディアとする教育プログラムは、その〈人〉（以下、実施者）と学習者の間のコミュニケーションが、主に一方向的であるか、双方向的であるかで分けることができる。前者は、基本的に1人ないし複数の実施者が、多人数の学習者に向けて話をすることで情報を発信するプログラムで、「シンポジウム」「パネルディスカッション」

図表1　さまざまな「ワークシート」

図表2　筆者（中央）によるギャラリートークの様子　写真提供：パナソニック汐留ミュージアム

「レクチャー」「ギャラリーツアー」などがある。

　それに対して後者は、学習者の数が少人数に限られ、実施者と双方向のコミュニケーションが取れるようにデザインされている。展示室内で資料を前に実施者と対象者たちが会話を交わし、情報をやり取りする「ギャラリートーク」（図表2）、モノをつくるといった作業を共に行う体験を通して実施者、学習者双方が学びの情報を受け取り合う「ワークショップ」などがここに含まれる。

　資料そのものやその集合体である展覧会、そしてそれらを包み込む博物館全体が発信する、さまざまな情報と学習者の五感をつなぐこれらの教育プログラムは、学習者が博物館において、より複合的かつ多元的な学びを行うことを可能にする。

教育プログラムの利点と不利点

　これらの教育プログラムには、それぞれ利点と不利点がある。〈モノ〉をメディアとするプログラムは、それらを活用する場や時間などを学習者の都合にあわせることができる、学芸員や実施者が使用時に立ち会わなくてよい、材質などによっては一度つくると繰り返し使える、などの利点がある。その一方で、〈モノ〉を制作する手間がかか

る、制作された時点で固定された情報しか発信できないなどの不利点がある。

　〈人〉をメディアとするプログラムは、時間、場所、料金などプログラムの設定条件に学習者があわせなければならないという不利点があるが、固定化された情報を発信する〈モノ〉に比べ学習者にあわせて、よりフレキシブルに情報を選択し、発信できるといった利点がある。さらに、一方向的なプログラムは、多くの学習者に情報を効率よく伝達できる利点がある一方で、学習者自身が情報を発信することが難しいという不利点がある。双方向的なプログラムは、実施者、学習者が相互に情報を交換し、より広く深く学び合うことが可能になる一方で、条件によっては参加人数や実施回数が限られるといった不利点がある。

　学芸員には、学習者の性質、館や学芸員の置かれた状況を考慮しつつ、活用できる資料を最大限に活用して、教育プログラムをデザインすることが求められる。その際には、上にあげたようなプログラムの特徴、利点、不利点を把握し、利点を最大に、不利点を最小にすることを心がけたい。

3. 資料の活用のために①──資料をよく知る

　学芸員が資料を活用して教育プログラムをデザインする際に、2つのことを「よく知る」必要がある。1つは「資料」そのもの、そしてもう1つが、教育プログラムの対象者である「学習者のニーズ」である。ここではまず「資料をよく知る」ことから話をしたい。

　「資料をよく知る」とは、資料が発信している情報をきちんと受け取り、分析するということである。博物館資料は、1つだけの情報を

発信しているのではなく、多様な情報を発信している。ICOMが発行している"Key Concepts of Museology"（博物館学に関わる重要事項）のObject（資料）の項でも取り上げられているように、ジュネーブ民族誌博物館の館長であったJacques Hainardの言葉はこう語る。

"The object is not the truth of anything. Firstly polyfunctional, then polysemic, it takes on meaning only when placed in context." (Hainard, 1984)
資料は何かの真実を表すものではない。資料はまず多機能であり、そして多義的であり、文脈のなかに置かれてはじめて意味をもつものである。
（Eds. André Desvallées and François Mairesse, Key Concepts of Museology, International Council of Museums, 2009, p.64、筆者訳）

　その一例を示したのが図表3である（Eilean Hooper-Greenhill, Museum and Gallery Education, Leicester Museum Studies, 1991, p.103）。たとえば、美術資料の場合、ここにあげられている要素に加え、「構図」「比率」「明暗」といった情報も発信している。
　博物館資料が多様な情報を発信していることから、イギリスの教育現場では、学校の教員に、資料が発信する情報を地理、歴史、音楽、ICT、国語、科学、数学といったさまざまな教科の視点から読み解き、多視点かつ多層な教育プログラムを作成することを求めている。そして、学芸員は教員が教育プログラムをデザインするためのサポートを提供する。たとえば、イギリスの美術館連合であるテートは、学校の教員が教育プログラムをデザインする際のサポートとして"THE ART GALLERY HANDBOOK: A Resource for Teachers"（2006年）という書籍を編纂している。そこでは、ジョン・コンスタブルの風景画や、砂

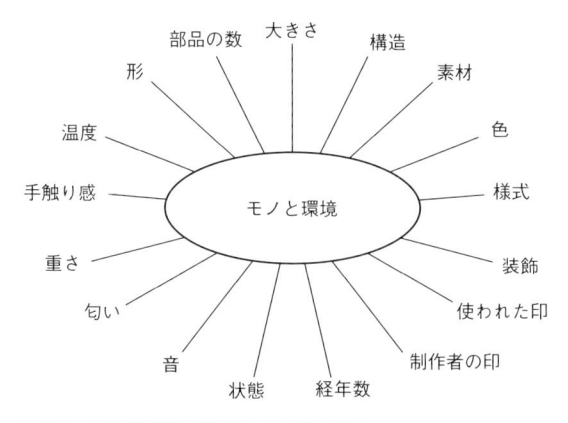

図表3　博物館資料が発信する多様な情報

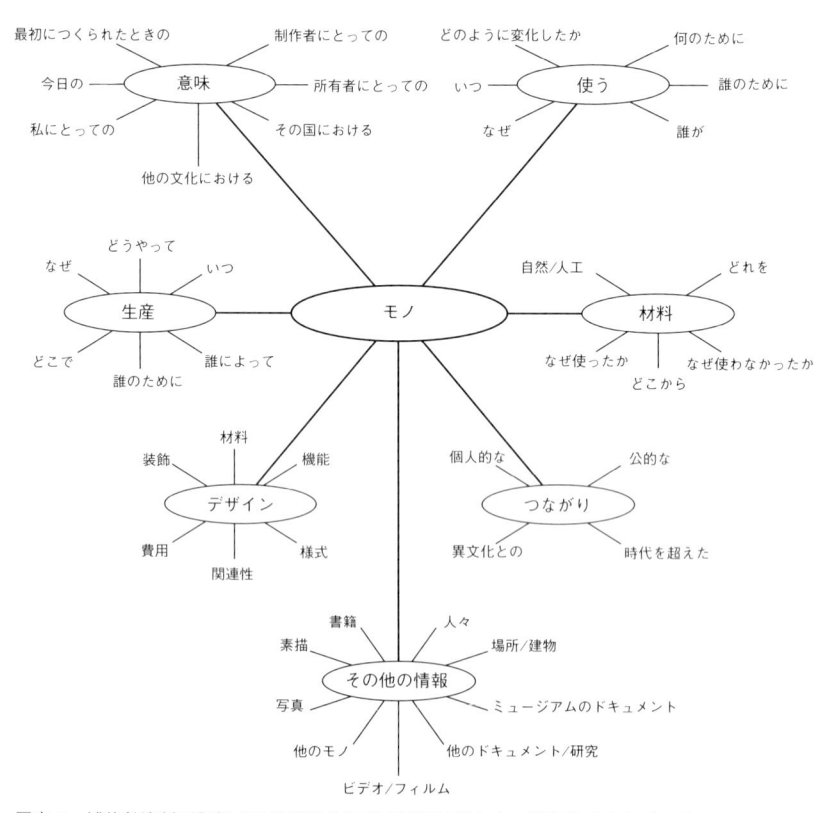

図表4　博物館資料が発信する情報には五感では受け取れない要素も含まれている

でつくった各国の国旗のなかをアリが歩き回った軌跡を作品化した柳幸典の《Pacific》を取り上げ、美術だけでなく、他教科の学びにもつながるさまざまな情報を示している（ロンドン・テートギャラリー編、奥村高明＋長田謙一監訳『THE ART GALLERY HANDBOOK 美術館活用術〜鑑賞教育の手引き〜』美術出版社、2012 年、pp.67-79）。

　近年、素材や制作技法の種類が増えたことから、資料は視覚だけでなく、その他の感覚にも情報を発信するようになってきた。しかし、人間は外界の情報の 9 割近くを、視覚的に、目で「見る」ことから取得する。つまり、資料をよく知るためには、資料をよく見なければならない。

　いろいろな種類の「見る」のなかでも学芸員が行わなければならないのは、目に映るものを漫然と見る "see" ではなく、その資料に目を向けて自覚的に見る "look at" である。資料からより多くの情報を取得するためにはこの "look at" が必要であるが、実際にやってみると案外難しい。うっかりしていると、気がつかないうち "see" になってしまっていることがままある。

　"look at" するために有効な手段の 1 つが、資料のスケッチである。スケッチすることで資料の細部までよく見ることとなり、必然的に資料から多くの情報を得ることができる。具体的な例としては、筆者が共著『美術教育の題材開発』で取り上げた、私立桐朋学園小学校（東京都国立市）の児童たちが、日本民藝館の資料から 1 点を選んでじっくりスケッチする教育プログラムを参照していただきたい（三澤一実監修『美術教育の題材開発』武蔵野美術大学出版局、2014 年、pp.354-356）。

　さらに「資料をよく知る」ためには、五感からは受け取れない、資料の背後に隠れている情報を知る必要もある。図表 4（Hooper-Greenhill 前掲書、p.110）にあげられている「意味」「使う」「材料」

「つながり」「デザイン」「生産」といった項目のなかに、そうした五感では捉えられない情報が含まれている。

こうした情報は、書籍や論文、雑誌、映像、インターネットなどから入手する。また、資料の制作者や専門家など、資料に関わる人が存在する場合は、その人に可能な限り直接会って話を聞き、生の情報を得ることも重要である。インターネットが普及した今日、インターネットにアクセスするだけで、世界中から瞬時にさまざまな情報を入手することができる。しかし、資料の活用のために必要な情報すべてがインターネットから入手できるわけではない。インターネットという便利なツールを手にいれた現代の学芸員は、そこからだけでなく、情報がある場所を訪ね回り、情報を知る人に会いに行き、生きた情報を得る熱意と行動力ももつ必要がある。

4. 資料の活用のために②——学習者のニーズを知る

資料を活用して教育プログラムをデザインする場合、もう1つよく知るべきなのが、博物館法で「一般公衆」と称される、博物館資料を自分の学びのために活用する「学習者のニーズ」である。

博物館が所蔵する資料や展示の内容、立地条件、時期、入館料など、さまざまな要因によって、学習者の顔ぶれには変化があり、また、ミッションやマネジメントの方針などによって、博物館が学習者の顔ぶれを規定したい場合もある。しかし、博物館は生涯学習を支援する社会教育施設であるので、「学習者」とは、年齢、性別、生活環境、身体的特徴などで制限されない、「博物館を利用する可能性があるすべての人」であると学芸員は考えなければならない。

「可能性があるすべての人」には、金銭的、身体的な自由をもち、

自分の意思で博物館を訪れることができる人だけではなく、博物館まで遠い、訪問する時間がない、病気などで訪問できない、訪問する金銭的余裕がないなど、博物館を訪れたいが、なんらかの制限によって訪れることができない人たちや、博物館訪問が自分に与えるメリットについて知らないために訪問を考えない人、かつてネガティブな経験をしたため、博物館を訪れたくないと考えている人なども含まれる。

　こうした物理的、心理的な制限により、博物館の資料の活用にまでいたらない学習者までも含め、学習者の特性とニーズにあわせ、資料を選択し、活用する教育プログラムをデザインすることが学芸員の重要な仕事である。美術資料など希少性が高い資料は、保全・保存の観点から館外に持ち出すことが難しいが、複製や印刷物といった二次資料やオンライン資料を活用した教育プログラムをデザインすることで、博物館を訪問できない学習者にも学習支援を行うことが可能になる。

　物理的な制限がある学習者の一例となるのが学校である。近年、学校と社会教育機関である博物館が連携することにより、より豊かな学びの機会を双方に生み出す動きが盛んになっている。先にあげた桐朋学園小学校のように、学校単位で児童・生徒が博物館を訪れることができる場合には、一次資料を活用し、学ぶことができるが、学校によっては、博物館を訪問することが難しい場合もある。こうした場合、博物館には「アウトリーチ」と呼ばれる、館外に出て行く教育プログラムを行うことが期待される。

　たとえば、茨城県天心記念五浦美術館が開発した「日本画トランク」は、日本画をテーマに授業を行う際の一助となるようにデザインされたトランクを貸し出す教育プログラムである。学習者は自分たちのニーズにあわせて、掛け軸や絵巻物の複製や日本画の材料などを入れた７種類のトランクから１つを借り、美術館の所蔵作品や、あまり馴染みのない日本画という表現方法にさまざまな角度から親しみ、

学ぶことができる。

　また、いくつかの美術館では、美術資料の画像をカード大の紙に印刷した「アートカード」を開発し、それを授業で活用する学校も多い。国立の美術館が共同で開発した「アートカード・セット」や、神奈川県立近代美術館の「Museum Box 宝箱」などが例としてあげられる（図表5、6）。場所や時間を選ばず実施でき、ゲーム感覚で遊びながら美術資料について学ぶ機会を提供するといった利点があり、これらを使うことから美術資料を実際に見たいという気持ちが喚起される可能性もある。

　心理的制限を感じる学習者を対象とした教育プログラムの一例として、筆者が行っている乳幼児とその保護者との取り組みを紹介したい。乳幼児を連れて美術館を訪れたいが、館や周りの来館者の目が気になって訪れることができないというリサーチ結果をベースに、2001（平成13）年に行われた第1回横浜トリエンナーレや、2003年に開館した森美術館で、乳幼児とその保護者を対象とした鑑賞ワークショップを実施した。それらの教育プログラムでは、乳幼児の保護者

図表5　東京国立近代美術館（本館、工芸館）、京都国立近代美術館、国立西洋美術館、国立国際美術館が共同で開発した「アートカード・セット」。5館のコレクションのなかから、子どもに人気のある作品が選ばれている

図表6　神奈川県立近代美術館発行の「Museum Box　宝箱」。美術館が収蔵する代表的な作品と美術館の建物の写真に解説がついた"作品カード"と、展覧会ができるまでの学芸員の仕事を追体験できる"すごろく"が入っている

を学習者として設定し、彼らが美術館で学ぶ環境整備をすることで、美術館への心理的制限を減少させ、派生的に乳幼児にもよい影響を生むことを目指していた。

そして2014年からは、保護者ではなく、生後3-12か月の乳児自身を学習者として設定した教育プログラムをデザインし、美術館の空間や資料に出会ったときに乳児が見せる視線や動作といった、非言語的な反応を観察・記録する取り組みをはじめた（図表7）。これまで、東京都現代美術館、大分県立美術館、パナソニック汐留ミュージアム、川崎市岡本太郎美術館、スパイラルなどで、絵画や彫刻、映像、インスタレーションなどを乳児が五感で鑑賞する教育プログラムを実施し、乳児が好む美術資料の傾向や、彼らを取り巻く環境の影響などが徐々に明らかになってきた。またこのプログラムでは、乳児という学習者の支援者として保護者を捉えているが、乳児と一緒にプログラムに参加することで、彼らも乳児を支援しながら学習を行うという構造が生まれている。今後はこうしたデータを分析し、乳児という学習者のニーズに合った美術資料や環境を明らかにし、資料をより効果的に活用する提案をしていきたいと考えている。

また、博物館がインターネット上に資料を活用した教育プログラムを提供し、それを学習者が自分のニーズにあわせて活用し、学習することも増えてきている。イギリスのテートが書籍という形で学校の教員が教育プログラムをデザインするサポートを提供していることを先にあげたが、「テート・オンライン（Tate Online）」というウェブサイトでも、さまざまな情報

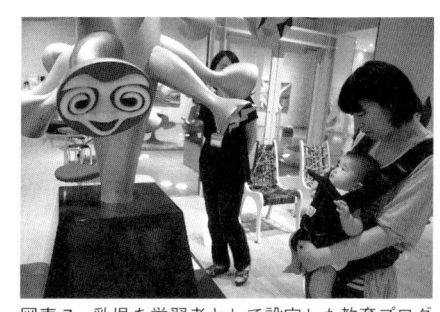

図表7　乳児を学習者として設定した教育プログラムの様子　写真提供：川崎市岡本太郎美術館

や教育プログラムを提供している。

　通常、美術館のウェブサイトは、収蔵品や展覧会、アーティスト、館や訪問についての情報を提供するが、このウェブサイトはそうした情報に加え、「学ぶ（Learn）」という独立したカテゴリーを設け、テートの所蔵する資料や実施している展覧会と関連づけた300近いオンラインプログラムを提供している。学習者は、年齢、家族、若者、成人、学校、地域、博物館の専門家といった属性、使用目的などさまざまな項目から検索ができ、展覧会場や家庭、学校で使うことができるワークシートや素材がダウンロードできる。

　その1つ、5歳以上の児童、生徒を対象とした「テート・キッズ（Tate Kids）」は、所蔵資料を活用し、かつ、コンピュータやオンラインの特性を生かしてデザインされた教育プログラムを提供している。たとえば、テートの所蔵作品の制作技法を使って、子どもたちが画面上に絵を描き、インターネット上にアップして他の人たちに見せたり、自分のギャラリーをつくるゲームや、アーティストの作品を1つ取り上げ、それについての情報や関連して行われたワークショップの様子などを映像やアニメーションで紹介し、学習者がアーティストやその作品について考えを深める手助けをする映像プログラムなど、内容は多岐に渡っている。インターネットというメディアを取り入れることで、テートを訪れることができない学習者も、テートの所蔵する資料を活用し、創造的な学習をする機会を得ることができる。

5. 多様さを増す活用の現場

　最後に、資料を活用し、教育プログラムをデザインする上で、これからの学芸員にますます必要とされる2つの能力についてお話しした

い。1つが、自館が所蔵していない資料を活用する能力であり、もう1つが、資料を十全に活用するために外部の専門家と連携し、調整する能力である。

　博物館の活動のなかでも、まずあげられるのが資料の「収集」であることから、学芸員が活用するのは自館の資料だと考える人もいると思う。もちろんそうした場合も数多くあるが、館によっては他館の資料を借り入れたり、新聞社やテレビ局などのマスコミや展覧会企画会社などの外部団体や個人が企画した展覧会を実施することがある。また博物館の6割を占める「類似施設」の場合、「登録施設」、「相当施設」とは異なり、資料の整備が求められないため、収蔵資料をもたない館もある。こうした場合、学芸員には、日常的に調査・研究を行っていない資料、自らの専門分野とは異なる資料を活用する能力が求められる。

　また、博物館が展覧会を行う場合、資料の研究、展示に関わる諸業務、カタログ制作、教育プログラムのデザインと実施、広報、運営といったさまざまな業務が関わってくる。それらすべてを館の学芸員やスタッフで行うこともあるが、その一部を外部に委託し、連携して実施する場合もある。そこで学芸員に求められるのは、フレキシブルなコーディネート能力である。

　この例として、パナソニック汐留ミュージアムで行われた「ゴーギャンとポン＝タヴァンの画家たち展」において、教育プログラムのデザイナーである筆者が、展覧会担当学芸員の宮内真理子氏とグラフィックデザイナーの西中賢氏と協働して、1つのワークシートを制作したプロセスをご紹介したい。

　最初にこの企画を立てたのは学芸員の宮内氏であった。この展覧会はある企画会社が企画したもので、その開催に名乗りを上げた国内の複数の館に基本的に同じ資料が巡回したが、宮内氏は展覧会とそこに

展示された資料と学習者をつなぐ館独自の教育プログラムを制作しようと考えた。宮内氏は、展覧会や資料のリサーチをするなかで、ゴーギャンやポン＝タヴァン派のアーティストが提唱し、展覧会の主要なテーマの1つともなっている「総合主義」というキーワードが作品を見るだけではなかなか伝わらないと考え、教育プログラムのなかから展覧会の鑑賞をサポートするワークシートを選び、そのキーワードを伝えたい対象者として小学校高学年から中学生の来館者を設定した。そしてその制作を外部の専門家に依頼することとし、彼女の人的リソースのなかから、筆者と西中氏を選び、依頼した。

筆者は美術史のバックグラウンドをもった、教育プログラムのデザイナーであるが、ゴーギャンやポン＝タヴァン派、総合主義は専門領域ではなかったため、それらについては全般的な知識しかもっていなかった。そのため、西中氏とともにこの展覧会のカタログやプレスリリース、関連する書籍、論文、雑誌、インターネットなどを駆使し、国内外からできる限りの情報を収集し、調査した。特に展示資料を所蔵している館のウェブサイトを仔細に調べ、作品についてはもちろんのこと、その館がどういった教育プログラムを行っているかもチェックした。また、ゴーギャンたちが訪れたポン＝タヴァン村やブルターニュの雰囲気を知るために、Google Mapのストリートビューを活用し、何度もヴァーチャルな旅をした。

このように二次資料を入手し、資料やテーマについての知識を得たが、具体的にどの資料を選び、どう活用するかを決めるためには、色や明暗、手触り感、大きさ、額縁やケース、そして展示全体から生まれる雰囲気といった資料の一次情報が必要だった。展覧会に関連した教育プログラムは、基本的に展覧会がはじまるまでに完成させるため、教育プログラムをデザインする際には資料を見ることができない場合も多い。しかし今回は、同じ資料を展示した展覧会が鹿児島市立美術

館で行われていたため、鹿児島まで行き、資料を見る旅をした。実際に展覧会の空間に身を置き、資料を仔細に見ることで、作品を活用するために必要な一次情報を取得することができた。

　先に述べたように、このワークシートを使う学習者として小学校高学年から中学生の来館者が設定されていたが、実際にワークシートを手に取るのは、当館に多く来館する比較的高齢の成人であることが予想された。そのため、資料の選択に際しては、企画者が伝えたいと考えた「総合主義」に関係する資料を優先して選びつつ、ゴーギャンとポン＝タヴァン派の作家たちの関係や彼らに影響を与えたジャポニスムやブルターニュ地方といった、学習者により広い刺激を提供する周辺の事項についての情報を伝える資料を組み込んだ。また、チラシなどに取り上げられる資料だけでなく、ともすれば見落としてしまう可能性がある目立ちにくい小品も活用した。

　そして、西中氏が選択した資料をベースに全体の構成を整え、文字情報や年表や地図、イラストといったインフォグラフィクスを作成し、それらを1枚の紙に落とし込んでいくための数々の作業を行った。できあがった第一案を受け取った宮内氏は、担当学芸員としてのフィードバックを提供しつつ、館全体へ確認を取り、そこから出た意見や要望をまとめ、伝達してくれた。また同時に、選択した資料の扱い方などについて所蔵館へ確認し、ワークシートをどのように来館者に配布したり、来館者からの質問を受けるかといった運営面の調整や、印刷や折りを依頼する印刷会社との折衝など、さまざまな調整を行った。そうした数々の調整とやり取りを反映させ、更にブラッシュアップをして、ワークシートが完成し、展覧会で配布された（図表8、9）。

　このケースに見られるように、学芸員には、所蔵する資料を活用するだけでなく、外部からもたらされた資料を活用したり、資料の活用にあたって外部の専門家などと連携し、さまざまな調整を行う可能性

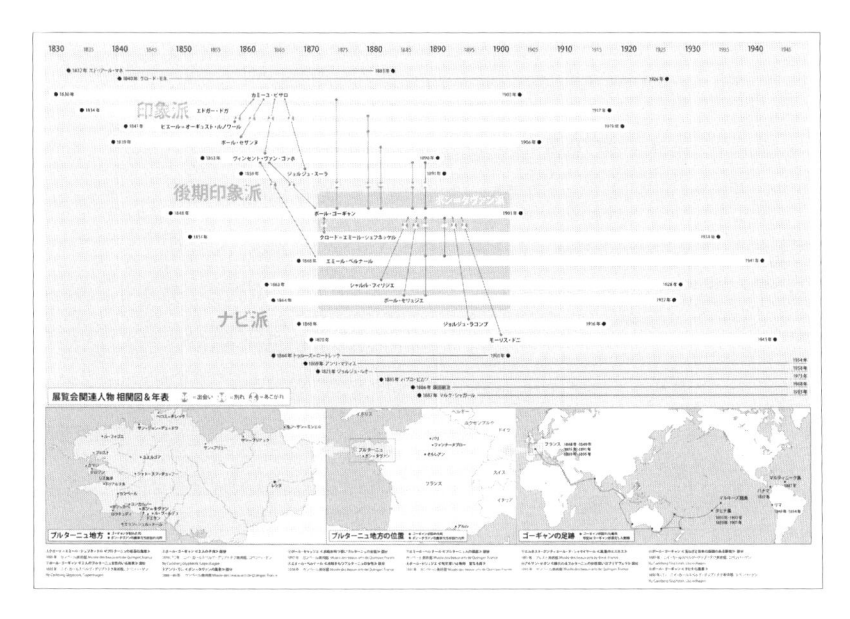

図表8、9 「ゴーギャンとポン=タヴァン派の画家たち展」で配布されたワークシート（左：表紙部分、上：広げた様子）。文字情報や年表、地図など、展示された資料と学習者をつなぐ情報が、さまざまな検討を経て1枚の紙にまとめられている　写真提供：パナソニック汐留ミュージアム

が常にあり、それに対応する能力が求められる。

　先にあげた ICOM の "Key Concepts of Museology" では、博物館と資料の関係について次のように述べられている。

〜 the museum is not only the place which shelters objects, but also a place with the principal mission of transforming things into objects.

博物館は資料を保全する場所であるだけでなく、モノを資料に変化させるという重要な使命をもった場所である。
（Eds. André Desvallées and François Mairesse 前掲書、p.61、筆者訳）

　対象となる学習者の特性を踏まえながら、彼らの自立した学びを最大化するために、さまざまな情報をもったモノを資料に転換し、活用するのが学芸員の仕事である。教育プログラムをデザインするという視点から、皆さんが出会うさまざまな資料を最大限に活用するように心がけてほしい。

参考文献
・大堀哲＋水嶋英治編著『博物館学Ⅰ——博物館概論＊博物館資料論』学文社、2012年
・加藤有次＋鷹野光行＋西源二郎＋山田英徳＋米田耕司編『新版博物館学講座 第5巻 博物館資料論』雄山閣出版、1999年
・木下周一『ミュージアムの学びをデザインする——展示グラフィック＆学習ツール制作読本』ぎょうせい、2009年
・倉田公裕＋矢島國雄『新編博物館学』東京堂出版、1997年
・佐々木利和＋湯山賢一編著『改定新版　博物館資料論』財団法人放送大学教育振興会、2012年
・ロンドン・テートギャラリー編、奥村高明＋長田謙一監訳『THE ART GALLERY HANDBOOK 美術館活用術〜鑑賞教育の手引き〜』美術出版社、2012年
・八尋克郎＋布谷知夫＋里口保文編著『博物館でまなぶ——利用と保存の資料論』東海大学出版会、2011年
・Mary Acton, *Learning to Look at Painting*, Routledge, 1997
・J.Hainard, La revanche duconservateur, in Dir. J.Hainard and R.Kaehr, *Objets prétextes, objets manipulés*, Neuchâtel, Musée d'ethnographie, 1984 in Eds. André Desvallées and

François Mairesse, *Key Concept of Museum*, International Council of Museums, 2009
・Eilean Hooper-Greenhill, *Museum and Gallery Education*, Leicester Museum Studies, 1991
・James Putnam, *Art and Artifact The Museum as Medium (Revised Edition)*, Thames & Hudson, 2009

参考サイト（2015 年 12 月現在）
・茨城県天心記念五浦美術館「日本画トランク」
　http://www.tenshin.museum.ibk.ed.jp/04_program/03_trunk.html
・文部科学省「平成 20 年度日本の博物館総合調査研究報告書」
　http://www.mext.go.jp/a_menu/01_l/08052911/1282292.htm
・パナソニック汐留ミュージアム「ゴーギャンとポン＝タヴァンの画家たち展」
　http://panasonic.co.jp/es/museum/exhibition/15/151029/
・Key Concept of Museology
http://icom.museum/fileadmin/user_upload/pdf/Key_Concepts_of_Museology/Museologie_Anglais_BD.pdf
・Tate "Learn"
　http://www.tate.org.uk/learn/online-resources/
・Tate "Tate Kids"
　http://kids.tate.org.uk/

おわりに

　ミュージアムを生み出す〈モノ＝資料〉と、ミュージアムを生かす〈コト＝経営〉。ミュージアムの母と父とも言える、この2つの領域に深く分け入っていく本をつくろう。そう最初の打ち合わせを行ってから約1年後、ミュージアムのプロフェッショナル17人が紡ぎだした、約400頁分のずっしりと重い原稿が私の元に届けられました。

　ミュージアムに興味、関心がある人であれば、どなたにでも読んでいただける内容となっていますが、この本は主に、武蔵野美術大学造形学部通信教育課程の科目「ミュゼオロジーⅡ」の教科書として使われるものです。編者として原稿を読みはじめましたが、読み終えてみて、これは編者の特権を濫用（？）し、通信課程の学生の皆さんより一足先に、大きな学びをさせていただいたのだと、深く、深く実感しました。

　ここでは1つ1つの論考の詳細に触れることはせず、それは皆さん1人1人の学びにお任せするとして、いま一度、目の前に置かれた分厚い原稿を手にとると、全く以ってそれは、教科書的ではない佇まいを備え、ミュージアムという生き物の営みをマクロとミクロの視点から解剖するような、それ自体が生き物のような本となっていました。

　皆同じ時期に原稿を書いているので、似通った情報が重なるところもありますが、17人それぞれ、語り口も目のつけどころもさまざまで、それはそのまま各著者の価値観の多様さを示していて、これこそが生きたミュゼオロジーであると考え、あえて整えることはしませんでした。

　イギリス、オックスフォードに、最初の公共的ミュージアムと言われるアシュモレアン美術・考古学博物館が生まれたとき、日本は、彼

らのはるか遠い東に海に囲まれ、国を閉じた小さな島国でありました。それから300年以上が経ったいま、海に囲まれた島国であることに何ら変わりはありませんが、日本は世界に向かって開かれ、流れ込む多種多様なモノや人、それらが生み出す情報に、否応なしに、向き合わなければならない状況に置かれています。日本固有のローカルな問題と、世界全体に関わるグローバルな問題、その両方に晒される時代に、私たちもミュージアムも生きているのです。

　21世紀に入り、自分の体を運ばなくとも、インターネットやIT技術によって、すべてをヴァーチャルに体験でき、人間はあたかも万能であるように感じられる時代になりました。しかし、それは真なのでしょうか。

　アジアの図像の1つに、大地に根を張り、幹を伸ばし、そこから幾本もの枝が絡まり合い、葉が生い茂った1本の樹があります。アノニマス（無名）なつくり手によって生み出された、大地の恵みと生命力を讃えるこの生命樹は、1つの〈モノ〉から無限に広がる世界をまとめあげるミュージアムを表しているようです。対して、ジョルジョ・ヴァザーリの『芸術家列伝』が如実に表すように、ルネサンス以降、自らの名前を作品に付与し、自らの存在を世界に示したいという強い欲望をもったつくり手も生まれてきました。

　名もない人々が生み出した〈モノ〉、自我をもち、自己の存在を示す人々が生み出した〈モノ〉、そして、地球の営みのなかで自然と生み出された〈モノ〉。出自の異なる、それらの〈モノ〉を、手に取り、眺め、耳を澄まし、撫で、匂いを嗅ぎ、味わう。生きた身体と精神をもつ人間にこそ許される、〈モノ〉との邂逅が起こり得る場、それがミュージアムなのだと思います。

　この原稿を書いているいまも、世界は刻々と変化し、私たち1人1人の価値観に大きな揺さぶりをかけています。私たちが〈モノ〉と出

会い、それらを通して自らを見つめ直し、他と我を擦り合わせるための学びを行うことができる場であるミュージアムは、これからさらに激変する世界において、ますます大きな役割を果たすでしょう。

　この時代にミュージアムに関わる（関わろう）と考える人たちは、〈モノ〉に謙虚に向かい合い、その声を聞き、それらがいま一度世界と人々とがつながる場を生み出し、その場を生かし続けていくために何ができるかを考え続けなければなりません。すべての頁を読み通したいま、この本が、この終わりのない挑戦にとって、1つの有用な道具となると感じています。

　ミュージアムの現場の最前線で日々感じ、考えることを惜しみなく提供してくださった共著者の皆さま、この野心的な本をお願いするにふさわしい執筆者をご提案くださった新見隆先生、自分の担当する原稿で手一杯の私に代わり、書き上げられた原稿を丁寧に読み、本の原形をつくってくださった金子伸二先生に、心からの感謝を捧げさせていただきます。

　そして、全方位的にミュージアムを語る、なんともまとめ難いこの本がこうして形になったのは、『ミュゼオロジーへの招待』に続き、忍耐強く私たちを待ち、励まし、原稿を丁寧にまとめあげてくださった、武蔵野美術大学出版局の奥山直人さんのおかげです。本当にありがとうございました。

2016年元旦、京都一乗寺にて
杉浦幸子

著者紹介（掲載順）

金子伸二（かねこ・しんじ）
1964 年生まれ。専門は、造形をめぐる言説の分析。現在、武蔵野美術大学造形学部通信教育課程芸術文化学科教授。著書に『造形学概論』（武蔵野美術大学出版局、2004 年）ほか。共著に『ミュゼオロジーへの招待』（同、2015 年）ほか。

新見 隆（にいみ・りゅう）
1958 年生まれ。専門は、美術史、デザイン史、美術館学。現在、武蔵野美術大学造形学部芸術文化学科教授。大分県立美術館館長。著書に『モダニズムの建築・庭園をめぐる断章』（淡交社、2000 年）、『キュレーターの極上芸術案内』（武蔵野美術大学出版局、2015 年）ほか。

河原啓子（かわはら・けいこ）
専門は、芸術社会学、アート・マネジメント。現在、武蔵野美術大学、立教大学、青山学院大学、国立音楽大学ほか非常勤講師。実務家（ジャーナリスト）の経験を踏まえて、研究、教育、取材、執筆活動を続けている。著書に『芸術受容の近代的パラダイム』（美術年鑑社、2001 年）、『「空想美術館」を超えて』（同、2011 年）。共著に『コミュニケーション学入門』（NTT 出版、2003 年）ほか。NHK 番組アーカイブス学術利用トライアル（学術トライアル I 第 2 期）研究員、第 3 期東京都生涯学習審議会委員ほかを歴任。博士（芸術学）。

小松弥生（こまつ・やよい）
1959 年生まれ。文部科学省勤務。文化庁政策課長、同文化部長、独立行政法人国立美術館理事兼事務局長を経て、現在、文部科学省研究振興局長。青山学院大学で文化遺産保護について、昭和音楽大学大学院で文化政策についての講義を受け持つ。

永山恵一（ながやま・けいいち）
1956 年生まれ。専門は、文化芸術政策、文化芸術振興組織運営論、政策科学。東京都庁、株式会社ぴあ総合研究所、株式会社文化科学研究所を経て、現在、株式会社政策技術研究所・代表取締役。地方自治体の文化芸術政策の立案・形成、文化施設整備など具体的な公共プロジェクトに多数関わる。

村井良子（むらい・よしこ）
1957 年生まれ。専門は、博物館学。現在、有限会社プランニング・ラボ代表取締役（ミュージアム・コンサルタント）。松戸市立博物館研究員。共著に『入門 ミュージアムの評価と改善——行政評価や来館者調査を戦略的に活かす』（アム・プロモーション、2002 年）、『博物館教育論——新しい博物館教育を描きだす』（ぎょうせい、2012 年）、『動物園学入門』（朝倉書店、2014 年）ほか。

大竹嘉彦（おおたけ・よしひこ）

1981年生まれ。専門は、近代デザイン史。世田谷美術館を経て、2008年より世田谷文学館学芸員。主な展覧会企画に「堀内誠一――旅と絵本とデザインと」（世田谷文学館、2009年）、「星を賣る店――クラフト・エヴィング商會のおかしな展覧会」（同、2014年）、「植草甚一スクラップ・ブック」（同、2015年）ほか。

児島学敏（こじま・がくとし）

1945年生まれ。建築家、都市環境デザイナーとして活動。現在、武蔵野美術大学造形学部芸術文化学科、同基礎デザイン学科非常勤講師。一般社団法人文理シナジー学会会長。共著に『建築設計資料集成3』（日本建築学会、丸善、1980年）、『スペースデザイン論』（武蔵野美術大学出版局、2003年）ほか。

安斎聡子（あんざい・あきこ）

1967年生まれ。博物館を中心とした文化施設や、展示の計画・設計に携わるほか、博物館ボランティアのコミュニティにおける学習をフィールドに研究を行う。ミュージアムプランナー。ワークショップデザイナー。聖学院大学非常勤講師。共著に『博物館展示論』（講談社、2014年）、『社会教育の施設論（講座転形期の社会教育3）』（学文社、2015年）ほか。

住友文彦（すみとも・ふみひこ）

1971年生まれ。東京都現代美術館などを経て、現在、アーツ前橋館長。東京藝術大学大学院国際芸術創造研究科准教授。キュレーターとして、「川俣正［通路］」（東京都現代美術館、2008年）、「あいちトリエンナーレ2013」などを手掛ける。共著に『キュレーターになる！』（フィルムアート社、2009年）、"From Postwar to Postmodern, Art in Japan 1945-1989: Primary Documents"（Museum of Modern Art New York、2012年）がある。

杉浦幸子（すぎうら・さちこ）

1966年生まれ。アートを活用したソーシャル・デザイン、特に美術館の生涯学習支援プログラムのデザイン・実施・研究を行う。森美術館パブリックプログラムキュレーターを経て、現在、武蔵野美術大学造形学部芸術文化学科教授。共著に『美術教育の題材開発』（武蔵野美術大学出版局、2014年）、『ミュゼオロジーへの招待』（同、2015年）ほか。

嘉藤笑子（かとう・えみこ）

専門は、ミュゼオロジー、アート・マネジメント、イギリス美術史。現在、武蔵野美術大学造形学部芸術文化学科、跡見学園女子大学マネジメント学部非常勤講師。特定非営利活動法人アート・オウトノミー・ネットワーク理事長として、文化芸術組織／個人のネットワーク構築と文化事業を多数手掛ける。共著に『東京アート・ガイド』』（美術出版社、2000年）、『20世紀の美術と思想』（同、2002年）、翻訳に『easy living：テレンス・コンランの休日スタイル』（エクスナレッジ、2003年）ほか。

杉山享司（すぎやま・たかし）

1957 年生まれ。専門は、工芸史（民藝運動を中心に）、工芸論、博物館学。現在、日本民藝館学芸部長。武蔵野美術大学造形学部芸術文化学科非常勤講師。書籍への主な執筆に「柳宗悦のこと――その生涯と仕事について」（『美の壺――柳宗悦の民藝』NHK 出版、2009 年）、「蒐集と創作――柳宗理の眼」（『別冊太陽　柳宗理』平凡社、2013 年）ほか。

蔵屋美香（くらや・みか）

専門は、明治期の洋画および今日の美術。東京国立近代美術館美術課長。主な展覧会に「ヴィデオを待ちながら――映像、1960 年代から今日へ」（東京国立近代美術館、2009 年）、「ぬぐ絵画：日本のヌード　1880 – 1945」（同、2011 年、第 24 回倫雅美術奨励賞）、第 55 回ヴェネチア・ビエンナーレ国際美術展日本館キュレーター（アーティスト：田中功起、特別表彰）、「高松次郎ミステリーズ」（東京国立近代美術館、2014-15 年、保坂健二朗・桝田倫広と共同キュレーション）など。

弘中智子（ひろなか・さとこ）

1979 年生まれ。専門は、日本近代美術。現在、板橋区立美術館学芸員。武蔵野美術大学造形学部通信教育課程非常勤講師。主な展覧会に「新人画会展」（板橋区立美術館、2008 年）、「福沢一郎絵画研究所展」（同、2010 年）、「井上長三郎・井上照子展」（同、2015 年）ほか。主な論考に「帝国美術学校学生とシュルレアリスム」（『武蔵野美術大学研究紀要』、2012 年）ほか。

小金沢 智（こがねざわ・さとし）

1982 年生まれ。専門は、日本近現代美術史。世田谷美術館を経て、現在、太田市美術館・図書館開設準備担当ディレクター。武蔵野美術大学造形学部通信課程、明治学院大学文学部芸術学科非常勤講師。共著に『20 世紀末・日本の美術――それぞれの作家の視点から』（アートダイバー、2015 年）ほか。

北澤智豊（きたざわ・ともと）

1980 年生まれ。21_21 DESIGN SIGHT を経て、現在、武蔵野美術大学 美術館・図書館勤務。彫刻、版画、陶磁器などのコレクションを担当する。主な展覧会に「杉浦康平・脈動する本」（武蔵野美術大学 美術館、2011 年）、「ET IN ARCADIA EGO 墓は語るか」（同、2013 年）、「近代日本彫刻展」（同、2015 年）ほか。

表紙デザイン：白尾デザイン事務所

ミュゼオロジーの展開　経営論・資料論

2016 年 4 月 1 日　初版第 1 刷発行

編　者　　金子伸二　杉浦幸子

著　者　　金子伸二　新見 隆　河原啓子　小松弥生　永山恵一
　　　　　村井良子　大竹嘉彦　児島学敏　安斎聡子　住友文彦
　　　　　杉浦幸子　嘉藤笑子　杉山享司　蔵屋美香　弘中智子
　　　　　小金沢 智　北澤智豊

発行者　　小石新八
発行所　　株式会社武蔵野美術大学出版局
　　　　　〒180-8566
　　　　　東京都武蔵野市吉祥寺東町 3-3-7
　　　　　電話　0422-23-0810（営業）
　　　　　　　　0422-22-8580（編集）

印刷・製本　図書印刷株式会社

定価は表紙に表記してあります
乱丁・落丁本はお取り替えいたします
無断で本書の一部または全部を複写複製することは
著作権法上の例外を除き禁じられています

©KANEKO Shinji, NIIMI Ryu, KAWAHARA Keiko, KOMATSU Yayoi,
NAGAYAMA Keiichi, MURAI Yoshiko, OTAKE Yoshihiko, KOJIMA Gakutoshi,
ANZAI Akiko, SUMITOMO Fumihiko, SUGIURA Sachiko, KATO Emiko,
SUGIYAMA Takashi, KURAYA Mika, HIRONAKA Satoko,
KOGANEZAWA Satoshi, KITAZAWA Tomoto, 2016
ISBN978-4-86463-049-8　C3070　　Printed in Japan